キリシタン
語学入門

岸本 恵実・白井 純 編

八木書店

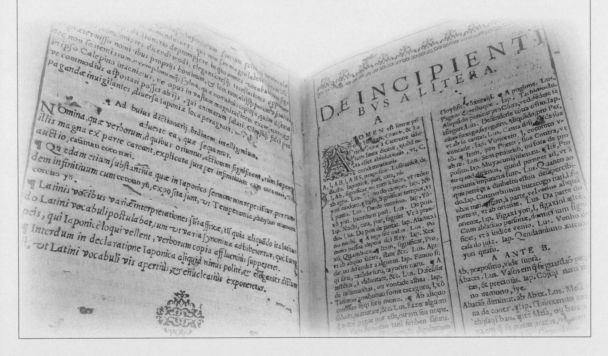

口絵①　アンジェリカ図書館所蔵の『ぎやどぺかどる』反故紙の束

キリシタン版は、ヨーロッパの活字印刷技術と日本の和紙の出会いから生まれた。
そこには幾多の技術的困難とその克服があったことだろう。　→「4. 印刷技術」(p.28)

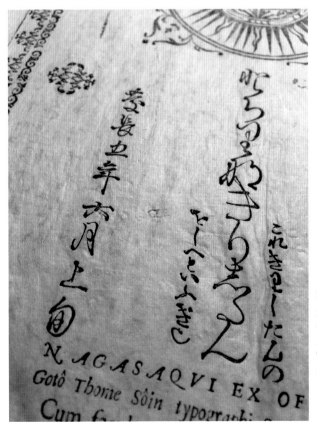

口絵②　高度な印刷技術を支える活字デザイン

カサナテンセ図書館所蔵の『どちりなきりしたん』。
キリシタン版国字本では、仮名・漢字・ラテンア
ルファベット活字が同一紙面上に違和感なく共存
する。その高度な印刷技術を支える活字デザイン
の巧みさにも注目したい。

→「4. 印刷技術」(p.28)
→「7.3. 日本語国字本（1）どちりなきりしたん」
　　(p.105)

口絵③　製本と用紙にみられる西洋と東洋のちがい

ライデン大学図書館所蔵の『ヒイデスの導師』。キリシタン版の欧文活字の本は雁皮紙に両面印刷した西洋式の製本、漢字・仮名活字の本は楮紙に片面印刷した東洋式の製本である。西洋の技術を利用した印刷機と活字を使いながら現地の技術をも柔軟に取り入れる姿勢に、イエズス会の宣教の精神が垣間見える。　→「4. 印刷技術」（p.28）

口絵④　インク油分の対面ページへの転写

ライデン大学図書館所蔵の『落葉集』。インク油分の対面ページへの転写がみられるが、インク成分に問題があったのだろうか。複製本では消されて見えないこうした物的徴証が、本文編集の過程を考察する手がかりともなる。　→「6.2. 落葉集」（p.48）

口絵⑤　新出資料 日本語で解説された西洋宇宙論

2019 年に発見されたヘルツォーク・アウグスト図書館
所蔵の『スヘラの抜書』。スヘラはラテン語 sphaera の
音写で、天球の意味。西洋の宇宙論が日本語に翻訳さ
れていたことを示す貴重な資料である。

→「コラム 東西コスモロジーの出会いとキリシタン文
　献」(p.39)

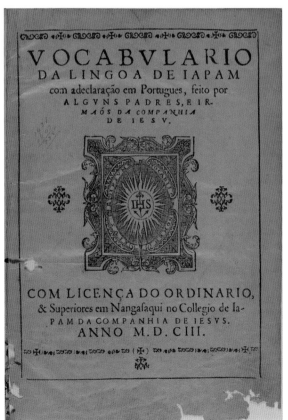

口絵⑥　相次ぐ新発見資料の報告

2018 年に中南米で初めてのキリシタン版として存在が
確認されたブラジル国立図書館所蔵のリオ本『日葡辞
書』。ブラジル皇帝ペドロ 2 世の后妃、テレザ・クリス
ティーナ・マリアの名前を冠したコレクションの一冊
として伝来した。日本国内でのキリシタン弾圧により
キリシタン版の殆どが喪失したため現存する資料には
孤本も多いが、世界各地で新発見資料の報告が続いて
いる。

→「6.1. 日葡辞書」(p.42)

口絵⑦　新発見資料が描き直すキリシタン版の世界

2021 年 11 月、ユトレヒト大学図書館でキリシタン版国字本『さるばとるむんぢ』（刊行年不明）の存在が確認された。標題紙から巻末語彙集までを含む状態の良い本である。同書にはこれまでカサナテンセ図書館に伝来する後期国字本の一冊（1598）が知られるのみだったが、発見者のオースタカンプ氏が報告するようにユトレヒト本の使用活字は前期国字本と同じで、組版もカサナテンセ本とは全く異なる。

　ここで紹介するのは同書表紙の補強紙として用いられた『どちりいなきりしたん』（1591?）の 68 丁表に相当する印刷用紙だが、これも孤本であるバチカン本とは異なる部分を含む異植字版である。新しい資料の発見は、既知の資料に新しい解釈をもたらす契機ともなる。

　→「7.3. 日本語国字本（1）どちりなきりしたん」（p.105）

詳しい解説はユトレヒト大学図書館ホームページ内の記事「Discovery of a unique book in Japanese script at Special Collections」にある。
ユトレヒト大学図書館：https://www.uu.nl/en/university-library
オースタカンプ氏の解説（英文）：https://www.uu.nl/en/utrecht-
　　university-library-special-collections/collections/early-printed-
　　books/theological-works/a-hitherto-unknown-jesuit-confessionary-
　　in-japanese-language-and-script-c-1595

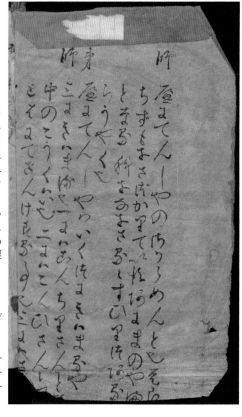

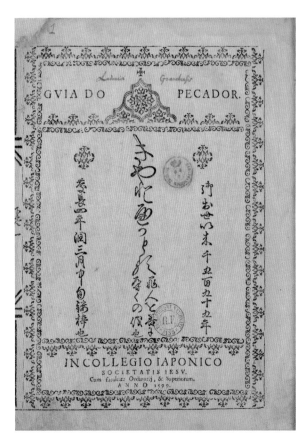

口絵⑧　成長するキリシタン版

フランス国立図書館所蔵の『ぎやどぺかどる』下巻標題紙。上巻には欧文活字のみの標題紙（本書 p.112）と漢字・仮名活字のみの標題紙の両方が置かれたが、ここで取り上げた下巻標題紙では和欧混植となり、キリシタン版らしさが感じられる成熟した姿を見せている。キリシタン版中の白眉と称される同書には、同時代の活字本を代表する風格がある。

　→「7.4. 日本語国字本（2）ぎやどぺかどる」（p.112）

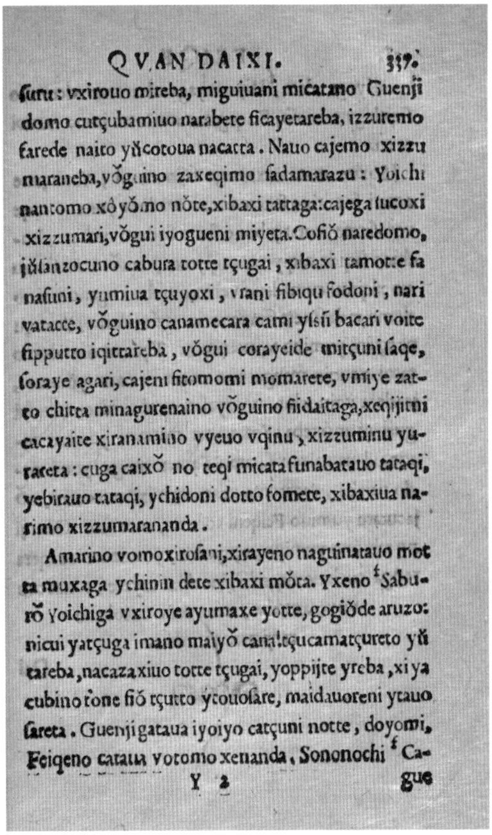

QVAN DAIXI. 337.

ſuru : vxirouo mireba, miguiuani micatano Guenji domo cutçubamiuo narabete ficayetareba, izzuremo farede naito yǔcotoua nacatta . Nauo cajemo xizzu maraneba,vǒguino zaxeqimo ſadamarazu : Yoichi nantomo xǒyǒmo nǒte,xibaxi tattaga:cajega ſucoxi xizzumari,vǒgui iyogueni miyeta.Coſiǒ naredomo, jǔſanzocuno cabura totte tçugai , xibaxi tamotte fanaſuni , yumiua tçuyoxi , vrani fibiqu fodoni , nari vatacte, vǒguino canamecara cami yſsũ bacari voite fipputto iqittareba , vǒgui corayeide mitçuni ſaqe, ſoraye agari, cajeni fitomomi momarete, vmiye zatto chitta minagurenaino vǒguino fiidaitaga,xeqijitni cacayaite xiranamino vyeuo vqinu , xizzuminu yuraceta : cuga caixǒ no teqi micata funabatauo tataqi, yebirauo tataqi, ychidoni dotto fomete, xibaxiua narimo xizzumarananda .

Amarino vomoxiroſani,xirayeno naguinatauo motta muxaga ychinin dete xibaxi mǒta. Yxeno [f]Saburǒ Yoichiga vxiroye ayumaxe yotte, gogiǒde aruzo: nicui yatçuga imano maiyǒ canaltçucamatçureto yǔtareba ,nacazaxiuo totte tçugai, yoppijte yreba ,xi yacubino fone fiǒ tçutto ycouoſare, maidauoreni ytauoſareta . Guenjigataua iyoiyo catçuni notte , doyomi, Feiqeno catana votomo xenanda , Sononochi [f]Cague

Y 2

口絵⑨　扇射よげに見えたれば

大英図書館所蔵の『天草版平家物語』巻第4。那須与一が神仏に祈ることで風が止み、見事に扇を射貫くという『平家物語』の名場面では、日本の神仏に祈るというモチーフを避け「与一、何ともせうやうもなうて、しばしたったが：風が少し静まり、扇射よげに見えた」と改編している。

→「7.1. 日本語ローマ字本（口語）と CHJ の使い方　天草版平家物語」（p.87）
→「8. キリシタン版を読んでみる」（p.126）

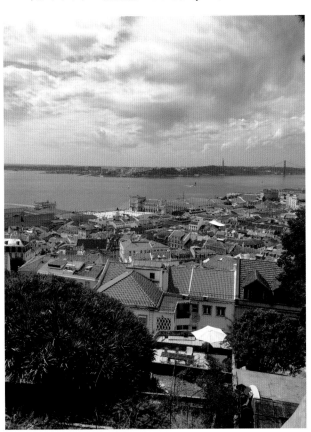

口絵⑩　サン・ジョルジェ城からみた現在のリスボンの街並み

多くの宣教師が日本宣教に向けてここから渡航し、天正遣欧使節の少年たちがヨーロッパに上陸した。

→「1. キリシタン文献とその歴史」（p.2）

口絵⑪　ウルバノ大学と、同大学の敷地からみたバチカンのサン・ピエトロ大聖堂

ウルバノ大学（The Pontifical Urban University）はもともと非カトリック圏への宣教を担当した布教聖省（Sacra Congregatio de Propaganda Fide）の管轄下にあり、そうした地域からの留学生を受け入れて宣教師を養成する機関であった。

　→「6.6. ドミニコ会 コリャード文典」（p.79）

口絵⑫　イエズス会ローマ文書館（ARSI）入り口

図書館によっては場所が分かりにくいうえ、一般住居の入口と区別が付かないこともある。現在は Google Map もあるので迷子になる心配は少なくなったが、路地裏で不用意に貴重品を取り出さないなど、現地の治安には気をつけて行動したい。

口絵⑬　カサナテンセ図書館（左）と
　　　　アンジェリカ図書館の表札

ロマンス語圏の図書館はライブラリーではなくビブリオテ
カ（Biblioteca：フランス語は Bibliothèque）という。ローマに
はバチカン図書館やイエズス会ローマ文書館もあり、キリ
シタン版や関係写本が特に多い。

口絵⑭　ボードレー図書館入り口に展示してある
　　　　活字印刷機

重厚な活字印刷機は、ヨーロッパの図書館では定
番の展示物である（但しこれはレプリカ）。本格的な
印刷博物館なら、プランタン・モレトゥス印刷博
物館（アントウェルペン）、グーテンベルク博物館（マ
インツ）、印刷博物館（東京）がお薦め。
　　→「4. 印刷技術」（p.28）

地図① 日本

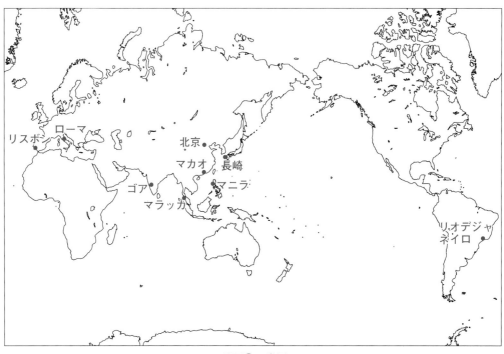

地図② 世界

本書を使われるかたがたへ

　キリシタン語学は、16世紀から17世紀、カトリックの日本宣教のために作成された各種文献を言語資料として研究する学問分野である。これらの文献を本書ではキリシタン文献と呼ぶが、日本語学上ではキリシタン資料（特に印刷されたものはキリシタン版）とも呼ばれ、日本語史を明らかにするための貴重な資料とされてきた。

　さらに近年では、宣教師たちの使用言語であるポルトガル語・スペイン語とラテン語、および日本以外の宣教地域の言語を視野に入れた、いわゆる Missionary Linguistics（宣教に伴う言語学）の資料として分析する研究が盛んになり、言語以外の諸研究分野（文学、歴史、思想、美術、音楽など）の進展とも相まって、国際的・学際的な研究がもたらす新しい成果が注目されるようになっている。キリシタン文献を多角的かつ総体的に捉えることの必要性が、今日、再認識されているといってもよい。

　そこで本書は、編者を含む13名の執筆者が、今後の発展が期待できる近年の研究を紹介しながら、一方でできるだけ平易な入門書として、キリシタン語学に関心のある全ての人たちへの研究・教育上のガイドとなることを目指して作られた。より具体的には、研究上の手引きとしてだけでなく、大学生・大学院生に指導する際の手引きとしての利用も想定している。

　全体を、概説および定評ある研究成果を紹介する理論編と、個々の文献の扱い方を学ぶ実践編との2部構成とし、相互に参照しながら実際に文献を読み進めることで、各自が研究テーマを見出し、そこからレポートや論文の執筆につなげていけるように構成した。また、キリシタン語学に関わる用語には右下部に＊を付して説明を加えた。説明文は主に共編者の白井が担当したが、網羅的ではないので、日本語学や歴史学など各種分野の辞典類、付録の参考文献も参照していただきたい。さらに、キリシタン文献を実際に読んだり、さらに興味を広げたりするためのコラム・付録を充実させた。そのほか、表記は以下のような原則で行った。

　・外国の人名・地名などのカタカナ表記は慣例に従った。
　・欧文原文引用のあとの（　）は現代日本語訳を表す。
　・原文がローマ字表記の日本語の場合、［　］は漢字ひらがな交じりの翻字を表す。

　本書の刊行が、キリシタン語学の新たな展開と、分野や言語を超えた研究ネットワーク構築を促すことを心から願っている。

編者
岸本恵実・白井　純

目　　次

口絵・地図

ii

理　論　編

実 践 編

付　　録

理　論　編

1. キリシタン文献とその歴史

1.1. キリシタン文献とは

　ヨーロッパの人々が非ヨーロッパ圏へ大規模な航海を行った 15 世紀から 17 世紀は、日本では「**大航海時代**」とも呼ばれている。大航海の中心となったのはポルトガル・スペインの**カトリック**
*p.125
２国であった。２国の海外進出では、交易・植民活動とともに、教皇庁の支援により宣教活動
*
が行われた。そのように各地域で宣教活動がなされた結果、宣教の手段として各地域の言語研究が行われた。日本宣教にあたり日本語の研究が実施されたのもその一例である。

　キリシタンとは、**ポルトガル語** Christão（キリスト教徒の意味）を借用した語であり、16 世紀半
*p.68
ば以降日本宣教を行ったカトリックの宣教師・日本人信徒を指す日本史上の用語である。本書では、日本国外から宣教に来た日本語を母語としない人々を「宣教師」、日本語を母語とする人々を「日本人」と呼ぶ。キリシタンに関係する文献には以下の通りさまざまな種類があるが、言語資料として主に用いられるのは、キリシタンが 16 世紀から 17 世紀にかけて宣教のために作成した（1）（2）である。本書では、これらをキリシタン文献と呼び、また、キリシタン文献を用いた現代の言語研究をキリシタン語学と称する。資料は（1）（2）が中心となるが、比較や文化史的考察を行うために、その他の資料を扱うことも少なくない。巻末の**参考文献**に、主な文献の複
→p.135
製の情報を記したので、実践編でとりあげられなかった文献にもできるだけふれていただきたい。なお、キリシタン文献はいずれも究極的には信仰に関わるものであるから、「信仰に関する」「直接信仰に関わらない」という区分はあくまでも相対的なものである。

＊カトリック：イエスを救世主と信じるキリスト教のうち、ローマ教皇を頭とするローマ・カトリック教派を指す。16 世紀、マルティン・ルターの活動をきっかけにヨーロッパに宗教改革運動が起こり、プロテスタントの諸宗派が生まれることになった。カトリック教会内でもトリエント公会議に象徴される改革運動が行われ、諸修道会による世界宣教を後押しすることになった。

表1　キリシタン文献の分類

作者・対象者	形態	内容（文献の例）
キリシタン（1）	版本	信仰に関するもの（『どちりなきりしたん』『サカラメンタ提要』） 直接信仰に関わらない実用のもの（『天草版平家物語』『日本大文典』）
キリシタン（2）	写本	信仰に関するもの（「バレト写本」『講義要綱』『妙貞問答』） 直接信仰に関わらない実用のもの（「貴理師端往来」バレト『葡羅辞書』）
非キリシタン	版本 写本	（『排耶蘇』『破提宇子』） （『切支丹宗門来朝実記』）
17 世紀後半以降作られた 二次的文献	版本 写本	（『日仏辞書』、プチジャン版） （キリシタン版の転写本、潜伏キリシタン資料）

キリシタン版

　上記（1）、すなわち 16・17 世紀日本宣教のために刊行されたものを広義の**キリシタン版**とする。
*p.43
広義の場合、国外で**イエズス会**が刊行したもの・**ドミニコ会**刊行のものも含む。ただし従来、と
*p.85　　　　　　　　　　*p.85
くに印刷史上、日本においてイエズス会が刊行したものに限定することが多かった。これを狭義

のキリシタン版とする。さらに白井（2015）は、印刷技術の面から、『こんてむつすむんぢ』（1611）をキリシタン版に含めない立場をとる。

　版本と写本は形態が異なるだけでなく、版本は複数の製作プロセスを経、会の出版認可を得ている点で公的性質が強いので、先に版本について述べる（断簡は除く）。

　文献の作られた目的や対象者を考える上で、形態や材料など書物のかたちとともに、キリシタン文献の場合、言語の種類・文字の種類が重要である。そしてこの書物のかたち・言語・文字の3つは、原則として以下のように対応している（豊島 2013：94-95）。

　　横組み、鳥の子紙、両面印刷、四折または八折

　　　　　　　　　　　　　　　　　　ラテン語（ポルトガル語・**スペイン語**）、ラテン文字
　　　　　　　　　　　　　　　　　　　＊p.68　　　　　　　　＊p.68
　　縦組み、美濃紙、片面印刷（袋綴じ）、美濃本または中本（美濃本の半分）

　　　　　　　　　　　　　　　　　　日本語、国字（漢字と仮名）

　さらに**判型**は、書物の内容とも関わっている。八折よりは四折、また、中本よりは美濃本とい
　　　　＊p.56
うように、大きい方が書物の格が上であることは日欧で共通しており、このことはキリシタン版にも当てはまる。

　使用言語はラテン語・日本語が主であり、ポルトガル語やスペイン語を含むものもある。ラテン語は当時、カトリック教会の公用語であり、典礼や聖書、公式文書にはラテン語が用いられていたから、キリシタン版にもラテン語で書かれたものが多い。一方、日本宣教を開始し、その後禁教まで宣教の中心であったイエズス会ではポルトガル出身の宣教師が多数を占めていたので、宣教師たちの日常会話は主にポルトガル語で行われていたとみられる。さらに、イエズス会年報の言語はラテン語またはポルトガル語と定められていたので、日本語母語話者の会員もポルトガル語を学んでいたようである。16世紀末ごろから来日した、フランシスコ会・ドミニコ会・アウグスチヌス会の宣教師たちの多くはスペイン語（正確にはカスティーリャ語）を母語としていた。彼らのうち（1）版本・（2）写本を残しているのはドミニコ会であり、ドミニコ会文献ではスペイン語も用いられている。

　文字の種類は、ラテン語・ポルトガル語・スペイン語にはラテン文字（いわゆるローマ字）、日本語には国字である漢字・ひらがなとカタカナ（初期版本と多くの写本）が用いられたが、作成目的や対象者によってその組み合わせが変わる場合があった。キリシタン版の例でいえば、現代語で「父と子と聖霊のみ名によって。アーメン」の意味のラテン語による祈りは、ローマ字本『ドチリナキリシタン』（1592, 1600）ではラテン文字であるが、国字本や『おらしよの翻訳』（1600）ではひらがなで印刷されている。国字本でも、『ぎやどぺかどる』の聖書（**ウルガタ訳**）引用のように、
　　　　　　　　　　　　　　　　　　　　　　　　　　　　　　＊p.122
ラテン文がラテン文字で印刷されていることもある。

　　ローマ字本『ドチリナキリシタン』（1600）

　　　In nomine Patris, & Filij, & Spiritus Sancti. Amen.
　　国字本『どちりなきりしたん』（1600）

　　　いんなうみねぱあちりすゑつひいりいゑつすぴりつさんちさんちあめん

　他に、同じ修養書でも、『コンテムツスムンヂ』（1596）はラテン文字、『こんてむつすむんぢ』（1611）は国字で印刷されたことが知られているが、前者は原著にある聖職者向けの内容を残し、後者はそれらを省略した一般信徒向けの内容になっている。

表 2　キリシタン版一覧（番号は本表での通し番号）

番号	通　称	書　名（主として標題紙による）	出版地	出版年	大きさ
1	日本のカテキズモ	Catechismus Christianae Fidei	リスボン	1586	四折
2	原マルチノの演説	Oratio Habita A Fara D. Martino	ゴア	1588	八折
3	キリスト教子弟の教育	Christiani Pueri Institutio	マカオ	1588	八折
4	遣欧使節対話録	De Missione Legatorum Iaponensium	マカオ	1590	四折
5	どちりいなきりしたん（前期国字本）	（どちりいな）	（加津佐？）	(1591?)	美濃本
6	サントスの御作業	Sanctos no Gosagueono Vchi Nuqigaqi	加津佐	1591	八折
7	ドチリナキリシタン（前期ローマ字本）	Doctrina	天草	1592	八折
8	ヒイデスの導師	Fides no Dŏxi	天草	1592	八折
9	ばうちずもの授けやう	（ばうちずもの授けやう）	（天草？）	(1592?)	美濃本
10	天草版平家物語	Feiqe no Monogatari	天草	1592	八折
11	天草版伊曽保物語（エソポのハブラス）	Esopo no Fabulas	天草	1593	八折
12	金句集	Qincuxǔ	天草	1593	八折
13	天草版ラテン文典	De Institutione Grammatica Libri Tres	天草	1594	四折
14	羅葡日辞書	Dictionarium Latino Lusitanicum, ac Iaponicum	天草	1595	四折
15	コンテムツスムンヂ（ローマ字本）	Contemptus Mundi	（天草？）	1596	八折
16	心霊修行	Exercitia Spirtualia	天草	1596	八折
17	精神修養の提要	Compendium Spiritualis Doctrinae	（天草？）	1596	八折
18	ナバルスの告解提要	Compendium Manualis Nauarri	（天草？）	1597	八折
19	さるばとるむんぢ	Confessionarium	（長崎？）	1598	中本
20	落葉集	Racuyoxu	（長崎？）	1598	美濃本
21	ぎやどぺかどる	Guia do Pecador	（長崎？）	1599	美濃本
22	ドチリナキリシタン（後期ローマ字本）	Doctrina Christan	（長崎？）	1600	八折
23	どちりなきりしたん（後期国字本）	Doctrina Christam	長崎	1600	美濃本
24	おらしよの翻訳	Doctrinae Christianae rudimenta	長崎	1600	中本
25	朗詠雑筆（倭漢朗詠集）	Royei Zafit	（長崎？）	1600	美濃本
26	金言集	Aphorismi Confessariorum	（長崎？）	1603	八折
27	日葡辞書	Vocabulario da Lingoa de Iapam	長崎	1603-04	四折
28	日本大文典	Arte da Lingoa de Iapam	長崎	1604-08	四折
29	サカラメンタ提要	Manuale ad Sacramenta Eccelesiae Ministranda	長崎	1605	四折
30	スピリツアル修行	Spiritual Xuguio	長崎	1607	八折
31	フロスクリ（聖教精華）	Flosculi	長崎	1610	四折
32	こんてむつすむんぢ（国字本）	Contemptus Mundi	京都	1610	美濃本
33	ひですの経	Fidesno Quio	長崎	1611	美濃本
34	太平記抜書	（太平記抜書）	？	1611/12?	美濃本
35	日本小文典	Arte Breve da Lingoa Iapoa	マカオ	1620	四折
36	ロザリヨ記録	Rosario Qirocu	マニラ	1622	十二折
37	ロザリヨの経	Rosario no Qio	マニラ	1623	四折
38	日西辞書	Vocabulario de Iapon	マニラ	1630	四折
39	日本文典	Ars Grammaticae Iaponicae Linguae	ローマ	1632	四折
40	懺悔録	Niffon no Cotoba ni yô Confesion	ローマ	1632	四折
41	羅西日辞書	Dictionarium sive Thesauri Linguae Iaponicae Compendium	ローマ	1632	四折

　日本語で書かれたものは、用途によって文体の違いがある。信仰に関わるものは当時一般的な書き言葉である和漢混淆文の文体で書かれている。一方、日本語の教科書として作られた『天草版平家物語』『天草版伊曽保物語』『金句集』は京都を中心とした**話し言葉（口語）**を基調としており、*p.12　『日葡辞書』『日本大文典』などにも多くの口語的表現を収めている。語彙の面では、ラテン語・ポルトガル語からの借用語（外来語）が多く収められていることが注目される。用語問題については **1.2.2.「宣教期前半」** で述べる。
→p.7

　ここまで版本を中心に述べてきたが、キリシタンは多数の写本も残している。それらのうち言語資料として注目されてきたのは、**マノエル・バレト**が来日後日本語学習のために書写した自筆資料「バレト写本」、『天草版平家物語』の「難語句解」である。写本はローマ字綴りなど版本とは異なる言語実態を映しているが、成立事情が明らかでないものが多いことから、やむを得ず個別資料の研究が多くなっている。しかし発見や成立事情の解明は近年も続いており、研究価値が高まっているものがある。バレト自筆『葡羅辞書』、**「吉利支丹抄物」**、エヴォラ図書館などが所蔵する古屏風の下張り文書などである。
*p.118
*p.115

　この他、現存しないものとして、刊本だったか写本だったかも不明の「散逸物語」と呼ばれる一群がある。これらは『物語』『黒船物語』など複数の書名で『日本大文典』や『日葡辞書』の引用文のみで確認されており、まとめて「散逸物語」と呼ばれている。引用を見る限り、多くはラテン文字で表記された口語体の創作物であったようである。

　二次的資料も研究の対象となりうる。それらには、非キリシタンによる文献や、17世紀後半以降にキリシタンおよびその継承者によって作成された文献がある。転写の過程で誤解や誤記を含むなど言語資料としての価値は低くなるが、元のキリシタン文献との相違およびその生じた理由を考える時、新たな価値が見出される場合もある。また、非キリシタンによる文献に「伴天連」「たばこ」などの外来語が散見されることは、語史研究の対象となる。

キリシタン語学書

　キリシタン文献の、冒頭 p.2 表1の（1）（2）の直接信仰に関わらない実用のもののうち、言語の意味や用法の習得を主目的としたものを、本書ではキリシタン語学書と称する。これらは目的により、大きく日本語学習書とラテン語学習書とに分けられる。

　また内容から、文法書・辞書と、読本とに分けられる。読本は、序文やタイトルにて言語習得が主と記されている主要なもののみあげた。『天草版平家物語』の目的が「日本の言葉とHistoria」の学習であるように、言語習得のみでないものが多い。また実際、これらの読本が印刷後どのように言語習得に使われたかについても、推測の域を出ない。

　日本語を含む語学書の文体は、『羅葡日辞書』を除き、口語が中心である。『日本大文典』のように文語を多く含むものもあるが、主体は口語であり、日本語学習では口語習得が重んじられたことは、**ロドリゲス**が『日本大文典』の序に述べていることからも明らかである。
*p.56

日本語学習書

　文法書　『日本大文典』、『日本小文典』、**コリャード**『日本文典』

　辞書　『羅葡日辞書』、『日葡辞書』、**「ことばの和らげ」**、『日西辞書』、『羅西日辞書』
*p.80

　読本　『天草版平家物語』、『天草版伊曽保物語』、『金句集』
*.98

ラテン語学習書

　文法書　『天草版ラテン文典』

　辞書　『羅葡日辞書』

読本 『キリスト教子弟の教育』、『天正遣欧使節対話録』など

本書では上記のうち、ラテン語読本以外のものはいずれも、**実践編**で一書をとりあげている。詳しくは実践編をご覧いただきたい。ラテン語読本については、1.2.2.「**宣教期前半**」でふれる。
→p.7

1.2. キリシタン文献の歴史

1.2.1. 日本宣教史

前節では現存する「もの」としてのキリシタン文献の枠組みを示した。ここではそれらが生まれた背景を把握し総合的に分析するために、日本宣教史のあらましを語学書中心に述べる。

以下の略年表では禁教と復活という歴史的事件を境に「宣教期」「禁教期」「復活前後」の3期に分けたが、キリシタン文献を論ずる場合は、宣教期をさらに**ヴァリニャーノ**来日前と来日後とで分けるのが理解しやすい。また禁教期以後は二次資料が主となるので、禁教期と復活前後をまとめて扱う。 *p.68

略年表

宣教期

1549	**フランシスコ・ザビエル**来日 *p.125
1579	イエズス会巡察師アレッサンドロ・ヴァリニャーノ来日
1580	キリシタンの学校制度組織化、ラテン語教育開始
1582	天正遣欧使節の派遣
1587	豊臣秀吉による伴天連追放令
1590	活字印刷機将来（ヴァリニャーノ再来日・天正遣欧使節帰国）
1591	『サントスの御作業』刊行（「ことばの和らげ」付）
1594	『天草版ラテン文典』刊行
1595	『羅葡日辞書』刊行
1596	二十六聖人殉教事件
1598	『落葉集』刊行
1603	『日葡辞書』本篇刊行
1604	『日本大文典』刊行（〜1608）

禁教期

1612	岡本大八事件、江戸幕府直轄地への禁教令
1613	全国禁教令、宣教師らの国外追放開始
1620	『日本小文典』**マカオ**にて刊行
1630	『日西辞書』マニラにて刊行 *p.7
1632	『日本文典』『羅西日辞書』**ローマ**にて刊行 *p.69
1637	島原の乱（〜1638）
1638	ポルトガル船入港禁止
1706	シドッチ密入国

復活前後

1853	ペリー来航
1865	プチジャンが浦上キリシタン発見
1867	パジェス『日仏辞書』パリにて刊行
1870	プチジャン『羅日辞書』ローマにて刊行
1873	明治政府キリシタン禁制高札を撤廃
1888	サトウ『日本耶蘇会刊行書誌』刊行

＊**マカオ**（Macau、**澳門**）：大航海時代のポルトガルの海外拠点の一つで、聖パウロ教会（聖ポール天主堂）はイエズス会の日本・中国宣教の足がかりとなった。日本を退去したジョアン・ロドリゲスが仮名活字を含む『日本小文典』（1620刊）をマカオで出版しているので、キリシタン版を印刷した印刷機と活字が移動したのは確からしいが現存しない。

1.2.2. 宣教期前半

イエズス会創始メンバーの1人であるフランシスコ・ザビエルは、インドの後マラッカで布教中、鹿児島出身のアンジロー（ヤジローとも）と出会った。ザビエルはポルトガル語で意思疎通ができるアンジローから日本と日本人に関心を持ち、宣教のための情報収集を始めた。一方、アンジローもゴアにてポルトガル語やキリスト教教理を学び、ザビエル、アンジロー、コスメ・デ・トルレス、ジョアン・フェルナンデスらの一行は1549年8月に鹿児島に到着した。

ザビエルはインドやマラッカなどで、主の祈り、使徒信条などの基本教義を29か条にまとめたドチリナを、各地の言語に訳して用いていたと記録にある。日本についても同様で、来日前からアンジローの助けを借りて日本語のドチリナを準備していた。またさらに詳しい、天地創造からイエス・キリストの生涯などの説明も日本語に翻訳して準備していたという。この極初期の活動については岸野（1998）が参考になる。

用語について

教義をどのような用語を使って説明するかは、宗教の種類、時代、地域、言語の種類を問わず、常に本質的な問題である。16世紀、カトリックの日本宣教の場合も同じ問題があった。用語問題に関する先行研究では、シュールハンマーの独文を要約した土井（1982）が読みやすい。日本では既存の宗教として神道・仏教・儒教の大きく3種があった。そのうち当時最も勢力があり、日本語にも大きな影響を及ぼしていたのは仏教であった。仏教で使われた用語、いわゆる仏教語の一部は、例えば「現世（げんぜ・げんせ）」「退屈」「縁」など、早くに一般語化していたことが知られる。文学や芸能の上でも、仏教の影響は極めて大きなものであった。ザビエルが頼ったアンジローも元仏教徒（おそらく真言宗信徒）であったことから、上に述べたザビエルの教義書2種には仏教で使われる用語が多く含まれていたようである。

用語が日本で大きな問題となったのは、いわゆるザビエルの「大日」問題が契機となった。ザビエルは、キリスト教でいう神（ラテン語Deus）は、アンジローの説明から、宇宙の根源である大日如来に近いものとみなし、日本人にわかりやすいように「大日」と呼んで布教を行った。しかしザビエルが仏教への理解を深めた結果、日本人の誤解を招いていると知ったようで、「大日」使用を廃しラテン語の「デウス」を用いることにした。これが、教義上重要な概念には原語を用いるという原語主義の始まりであった。

とはいえその後も、当時仏教の用語を用いずに新来の宗教を説明することは困難だったようで、このことは1555年バルタザル・ガゴの書簡から明らかである。この書簡で以下の通り行われた改革は今日、ガゴの用語改革とも呼ばれ、これにより「大日」問題以降の原語主義方針が確立されたとみられる。

　　われわれは長い間にわたって、日本人がその宗派において使った言葉をとって真実を説いてきた。然し偽りの言葉を以て真実を説くと、誤解を招くことに気づいたので、有害と認められる言葉に代えてわれわれの言葉を教えることに改めた。…そういう害毒を与える言葉は

50 語以上あった。今では、それらの言葉の意味とそれらが有害であることに併せてわれら
の言葉の意味を説くので、彼らもその相違を認めてくれる。 （土井 1982：40）

この方針を後年になり、あらためて明記しているのが『日本大文典』である。

　　日本語の発音法に関する論　　日本語に缺（か）けた語をわれわれの国語から取入れる方法並にそ
の語を如何に発音すべきかといふ事に就いて
　○日本語には、聖なる福音と共に齎（もたら）される幾多の新しい事柄を言ひ表すべき語の幾つかが
缺けてゐるので、或いは新しく作り出すか、一然しそれは日本では困難である一或いはわれ
われの語から採って来て、それを日本語の発音と一層よく合致するやうに崩して、固有語と
同じくするか、その何れかによる必要がある。さうして、葡萄牙語（ポルトガル）は多くの音節の上でも亦
発音の上でも、日本語とうまく結びつくので、さういふ名詞は拉丁語（ラテン）からもいくらか採られ
たけれども、普通には葡語から採り得るのである。それらの名詞は、デウスや聖者に関する
ものか、道義に関するものか、その他日本語に欠けてゐる事柄に関するものかである。…
　　デウスに関するもの
　　Deus, Trindade, Padre, Filho, Espirito sancto … （神、三位一体、父なる神、子なる神、聖霊…）
　　創造物に関するもの
　　Natura, 又は Natureza, Anjo, Arcanjo, Espirito, …Inferno, Paraiso, … （本性、天使、大天使、
霊魂…地獄、天国…）
　　An, dade 等の語尾を有する道義関係の名詞
　　Tentaçan, Confissan, Contriçan, Satisfaçan, Iustificaçan,… （誘惑、告解、痛悔、贖罪、義化…）
　　　　　　　　　　　　　　　　　　　　　　　　　　　　　　　　（『日本大文典』邦訳 pp. 642-645）

　ただしキリシタン版の中で「色身」「不退」などの仏教でも用いられる用語は少なくない。や
むを得ない選択であり妥協と解釈するか、既知の語にキリスト教的意味の付加を試みた積極的選
択と解釈するかは、判断が困難な場合が多い。
　ポルトガル語やラテン語を借用して用いる場合、キリシタン版国字本など本文が漢字ひらがな
交じり文の場合はひらがな、写本など漢字カタカナ交じり文の場合はカタカナで音写された。表
記にゆれがあるが、語頭語中の連続子音の間には次に来る母音と同一母音を挿入する（例、Graça
を「がらさ」とする）などの原則がある。詳しくは大塚（1996）を見られたい。ただし写本や、版本
でも『ひですの経』などでは、「安如」（Anjo 天使の意味）のように漢字をあてる例が見られる。

語学書の始まり

　文献史料によれば、1560 年代のドゥアルテ・ダ・シルヴァ、ジョアン・フェルナンデスによ
る日本語の文典・辞書が作られたというが（高瀬 2017）、いずれも現存は確認されていない。その
ような日本語の文法書・辞書の写本が複数存在し参照されていたことは、『日本大文典』序・『日
葡辞書』序からも知られる。

　　私がこの文典を編纂するに当っては、我々の伴天連の数品が言葉に関して作った数種の覚書
　　で写本によって行はれてゐるものの援助を受けた。その外、色々な点について、日本の言語
　　文字に深い知識を持った数名の本国人から長年にわたって注意され又教へられた事が助けと

なった。 『日本大文典』邦訳 p. 4）

すでに以前から辞書や文典の写本類が何種か存在し、それが新たに学習する者の助けになってはいた。 『邦訳 日葡辞書』p. 4）

　日本語を母語としない宣教師の日本語学習の他、宣教期前半の日本人のポルトガル語・ラテン語学習にも簡単にふれておく。アンジローはポルトガル語をおそらく個人指導で、ラテン語をゴアの聖パウロコレジオで学習したはずであるが、国外のことなのでひとまず置く（ヨーロッパで学んだ鹿児島のベルナルドも、ラテン語初級はゴアで学んだと思われる）。その後日本で宣教師とともに活動に従事した日本語母語話者たちが 1561 年府内にてポルトガル語を学習したようだが（シリング 1943）、ポルトガル語学習を主目的とした文献は残っていない。また、日本人キリシタンは祈禱文などをラテン語で唱えることがあったと思われるが、日本で日本語母語話者に対し文法の体系的な教授が行われていたかは不明であり、本格的な教授は次節でふれるヴァリニャーノ来日以降である。

1.2.3. 宣教期後半

　巡察師アレッサンドロ・ヴァリニャーノの来日後、いくつかの画期的な改革が行われた。日本をインド管区から独立した準管区とし、年報制度の確立、布教組織の整備、マカオとの生糸貿易による財政の確立などとともに、キリシタン語学と大きく関わるいわゆる適応政策が行われた。具体的には、日本人（日本語母語話者）を教育し、イエズス会員（神父・修道士）に採用すること、非日本語母語話者である宣教師たちは日本の言語、風習を学び順応することが目指された。

教育機関の設立とキリシタン版の始まり

　ヴァリニャーノは聖職者養成のための教育機関としてセミナリオ、ノヴィシアード、コレジオを設立した。セミナリオで学問の基礎を学び、ノヴィシアードで修道院での生活を経験して、コレジオで高度な学問を習得したあと司祭となることを目指してそれぞれが設立された。ヴァリニャーノの 1580 年当初の構想を示す「日本のセミナリオ規則」では、月曜日から土曜日、毎日ラテン語は 1 時間半から 5 時間半、日本語は 2 時間から 4 時間が設定されており、この 2 言語の学習が重視されたことがわかる。

　1595 年ごろまでのキリシタン版の多く、特に『キリスト教子弟の教育』や『天草版ラテン文典』はこうした教育機関での使用を念頭に印刷された教科書であることは明らかである。ヴァリニャーノは 1592 年の段階で、日本人たちが日本語の学習には全力を傾注する一方ラテン語には意欲が低く、わずかな成果しかあげていないとも述べているが（高瀬 2017：761-762）、原マルチノなどラテン語作文能力を身に付けた日本人も少なくなかった（渡邉 2012、2013a・b）。

　教育内容や場所はイエズス会と彼らを巡る状況によって大きく変化したが、ラテン語・日本語以外の講義の実態を写した写本が、エヴォラ屏風文書の一部である「日本ノカテキズモ」「イルマン心得ノ事」と、『講義要綱』である。準管区長 **ペドロ・ゴメス** によりラテン語を一通り学んだ日本人イルマンらに対し、哲学・神学の要点をまとめた講義がラテン語と日本語とで行われた。*p.40 今日その『講義要綱』のラテン語・日本語両方の稿本が現存しており、コインブラ大学で哲学の教授もしていたゴメスが、ヨーロッパの哲学・神学を日本でどのように伝えたかをうかがい知ることができる。

9

さまざまな版本と写本

その他教育機関でのテキストというよりも、宣教活動・信仰生活に直結した、説教や修養の目的で編纂されたとみられる日本語およびラテン語の書が相次いで印刷された。日本語では『サントスの御作業』や『ぎやどぺかどる』、ラテン語では『精神修養の提要』などである。これらは欧文（ラテン語、スペイン語、ポルトガル語）原典に基づき、日本語訳や編集がなされたものである。文献ごとに成立事情が異なるので、**実践編**でとりあげたものの他は、上智大学キリシタン文庫のウェブサイト上のデータベースや、出版されている各複製の解説をよく読んでいただきたい。

聖書についていえば、日本でもヨーロッパのカトリック教会と同じく典礼はラテン語で行われ、聖書も公式にはラテン語のウルガタ訳が用いられていた。日本で用いられていたラテン語聖書は現存せず、ラテン語本中の引用に見られるのみである。一方日本語訳についても説教のために早くから福音書が翻訳されていたようで、まとまったものとしては「バレト写本」中に残る他、『スピリツアル修行』などにも部分訳がある。

キリシタン版の著編者たち

他の文献と同様、キリシタン文献の場合も「作り手」の指す範囲は広い。版本の場合なら本書「**4. 印刷技術**」にあるように、作成に複数の段階があり、写本の場合も通常複数の転写者がいる
→p.28
ので、それぞれの段階で関与した「作り手」たちがいる。文献に著者名が明記してある場合でさえ、その人物がどの作業を行ったか（あるいは、どの作業を行っていないか）を解明することは困難である。しかしそれでも、関与した人々の母語や経歴を知ることは慎重な結論を導き出す上で必須である。

キリシタン版のテキスト翻訳・編集に関わったことが明記されている日本宣教関係者には、**実践編**で名前のあがるイエズス会宣教師のロドリゲス、バレト、ゴメス、ドミニコ会宣教師のコリャード、イエズス会日本人イルマンであった**不干ハビアン**、**養方パウロ**、**洞院ヴィセンテ**の他、
*p.88
『ヒイデスの導師』を訳したというペロ・ラモンがいる。その他にも、史料では多くの宣教師・
*p.98
日本人の関与が報告されている。この他、印刷に関わった者では、ジョルジュ・デ・ロヨラ、ジョヴァンニ・バプティスタ・ペッシェ、コンスタンチノ・ドゥラード、イチク・ミゲルらの名が知られている。これらの人々の経歴は、『日本キリスト教歴史人名事典』（2020）や Schütte (1975) *Textus Catalogorum Japoniae, 1553-1654* を見られたい。

キリシタン版末期

日本イエズス会をめぐる情勢は 1587 年伴天連追放令以降悪化していったが、秀吉の死後江戸幕府の確立までの間はむしろ編集・印刷活動に従事する時間的余裕があったようである。しかし禁教期の前後からキリスト教信者への迫害が悪化したため、文献作成の場所や目的は変わっていった。『こんてむつすむんぢ』『ひですの経』『太平記抜書』は、国内で印刷されたキリシタン版のなかに含めているが、印刷形態・テキストの内容などにそれまでのものとは異なる点が見られる。『日本小文典』は、マカオのコレジオの日本語授業で用いるために印刷されたものである。またドミニコ会のものは全て国外で印刷されたローマ字本であり、日本宣教準備者向けに作られた。

1.2.4. 禁教期以降

禁教の後も国外で日本宣教をめぐる動きは継続し、メキシコで刊行されたオヤングレン『日本文典』（1738）のような二次資料も作られた。19 世紀にヨーロッパにおいて日本学が勃興し、ランドレスによるロドリゲスの『日本小文典』仏訳（1825）や、パジェスによる『日葡辞書』のポ

ルトガル語部分を仏訳した『日仏辞書』(1867) が刊行された。一方国内では、潜伏キリシタンにより日本語・ラテン語による典礼文などが、転訛した形で伝承された。また、日本の蘭学者・洋学者がオランダ語などヨーロッパの言語を学んだり、滞日欧人が日本語を学んだりした結果、大槻玄沢『蘭学階梯』(1788)、ホフマン『日本文典』(オランダ語版 1867 年・ライデン刊) などの語学書が作成された。このことは、キリシタン語学書とは目的や時代が異なるが、日欧の言語を比較しつつ記述していること、キリシタン語学書を参照しているものもあることから、特筆すべきであろう。

　復活後パリ外国宣教会のプチジャンがキリシタン用語を使った『聖教初学要理』(1868)、キリシタン版を再編集した『羅日辞書』(1870) などを出版したが、1895 年以降近代の新たな訳文が使用されるようになり、キリシタン時代の用語は潜伏時代の信仰形態を継承したカクレキリシタン (潜伏の必要がなくなった人々を、潜伏時代と区別した用語として今日カタカナで表記することが多い) が使用していたものと、「キリシタン」「ゼンチョ」など一般語化していた一部の用語以外は失われていった。プロテスタントの方では、幕末以降、聖書の翻訳と出版・教育活動が活発に行われており、その結果として、近現代の日本語に与えた影響はカトリックより大きいといえる (鈴木 2006)。プロテスタントでは「神 (キリシタン用語では「デウス」)」「洗礼 (キリシタンは「バウチズモ」)」「教会 (キリシタンは「エケレジア」)」など、漢字語が多く、プロテスタントからカトリックへ、さらに一般社会へと使用が広がった語も少なくない。

参考文献

大塚光信 (1996) 『抄物キリシタン資料私注』清文堂出版

岸野久 (1998) 『ザビエルと日本 キリシタン開教期の研究』吉川弘文館

白井純 (2015) 「原田版「こんてむつすむん地」の版式について」『訓点語と訓点資料』135、pp. 左 1-17

D. シリング著・岡本良知訳 (1943) 『日本に於ける耶蘇會の學校制度』東洋堂 (覆刻大空社、1992)

鈴木範久 (2006) 『聖書の日本語—翻訳の歴史—』岩波書店

高瀬弘一郎 (2017) 『キリシタン時代のコレジオ』八木書店

土井忠生 (1982) 「16、7 世紀における日本イエズス会の教会用語の問題」(土井忠生『吉利支丹論攷』三省堂)

豊島正之編 (2013) 『キリシタンと出版』八木書店

豊島正之 (2013) 「日本の印刷史から見たキリシタン版の特徴」(豊島正之編『キリシタンと出版』八木書店)

日本キリスト教歴史大事典編集委員会編 (2020) 『日本キリスト教歴史人名事典』教文館

丸山徹 (2000) 「ザビエルとロドリゲス」『南山大学ヨーロッパ研究センター報』6、pp. 15-27 (丸山徹 2020 所収)

丸山徹 (2020) 『キリシタン世紀の言語学—大航海時代の語学書—』八木書店

渡邉顕彦 (2012) 「原マルチノのヴァリニャーノ礼讃演説—古典受容の一例として—」『大妻比較文化 大妻女子大学比較文化学部紀要』13、pp. 3-19

渡邉顕彦 (2013a) 「キリシタン時代の日本セミナリヨ卒業生によるラテン語作文—西洋古典学、特に古典受容の視点から—」『キリシタン文化研究会会報』142、pp. 29-41

渡邉顕彦 (2013 b) 「キリシタン時代日本人のラテン語作文にみられる古典受容—ジョルジュ・ロヨラの 1587 年 12 月 6 日付書簡 (ARSI Jap. Sin. 10. II. 296) と伊東マンショの 1592 年 12 月 1 日付書簡 (ARSI Jap. Sin. 33. 66) を中心に—」『東京大学西洋古典学研究室紀要』8、pp. 65-101

Schütte, Joseph Franz (1975) *Textus Catalogorum Japoniae, 1553-1654.* Roma: Monumenta Historica Soc. Jesu

【岸本恵実】

2. 研 究 史

2.1. 2つのキリシタン語学

　キリシタン語学の研究は、**文献学**的な資料研究と、音韻研究・文法研究を中心とする中世日本語史の研究が従来から行われてきた。最近では**宣教に伴う言語学**の観点で、**キリシタン版**の編集に影響を与えたヨーロッパの辞書・文法書との比較研究が活発になっている。良質なレポートや論文を書くために先行研究の整理と理解は不可欠だが、各分野とも研究の蓄積があり、それらを逐一挙げたのでは紙幅を費やすので、ここでは視点を変えて、これからレポートや論文を書くためにはどうすれば良いのか、という関心から研究史をまとめる。

　レポートや論文では優先性（プライオリティ：最初にその事実を指摘した人が尊重される）と独自性（オリジナリティ：知られていない事実を発見することが尊重される）に配慮することが大切である。ある事実を指摘した最も古い論文を紹介・引用するのが原則だが、本章では現時点での入手可能性を重視して、同一著者であれば先に発表された論文よりも後で刊行された研究書を優先した。実際にレポートや論文を書くためには、ここで挙げる論文や研究書の内容を理解し、原著論文や参考文献を芋づる式に辿って研究史を正しく把握することに努めてもらいたい。

　中世は日本語に大きな変化があった時代である。それまで無かった**口語**資料として**抄物・狂言**台本があり、外国資料としてキリシタン版や朝鮮資料もある。多角的で幅広い視野が必要になるためか、音韻研究や文法研究を中心として優れた研究が多く蓄積されてきた。但し、キリシタン版の文語は中世の日本語を引き継いでいて変化がゆるやかなので、日本語が急激に変わったというより、口語資料が残るようになったことで文語と異なる口語の存在が文献上も明らかになった、とみるのが正しいだろう。

　キリシタン語学という用語には、**大航海時代のカトリック**修道会（**イエズス会・ドミニコ会**）による日本宣教のための日本語学習・実践と、それらに対する現代の文献学的研究・中世日本語研究という2つの意味がある。ここでは後者の立場から、これからキリシタン語学を学び、研究しようとする人が効率的に理解できるように、いくつかの研究分野の歴史と現在の研究動向について紹介する。

　＊口語（話し言葉）：口語（話し言葉）は文語（書き言葉）よりも変化が早く、新しい特徴が現れやすい。また、規範によって古い状態が保護された文語とは異なり生の日本語に近いため、当時の日本語の実態を反映しやすい点で資料的価値が高い。抄物は漢籍などの講義録であり、狂言台本は能と共に当時の言葉で演じられた喜劇の台本である。口語資料として、キリシタン版にも日本語学習の目的で出版された『天草版平家物語』と『天草版伊曽保物語』がある。

2.2. はじめに読むべき研究書

　キリシタン語学を学ぶために優先して読むべき研究書は、橋本（1961）、土井（1971）、福島（1973、1983）、森田（1993）、小島（1994）、豊島編（2013）である。これらの諸書を読むことでキリシタン

版の資料的価値と最新の研究動向を知ることができる。橋本（1961）はキリシタン版のローマ字表記と中世日本語の音韻研究を結びつけた先駆的研究である。土井（1971）はキリシタン語学を創始した研究で、『日葡辞書』と『落葉集』という2つの辞書の具体例をもとに体系化を行った。福島（1973）は概説と資料紹介が簡潔にまとめてあり、各資料上の諸特徴がどのように日本語史研究に関連するのかを学ぶことができる。福島（1983）は先行研究を効果的に引用しつつ、版本と写本のローマ字表記の相違によって導かれる音韻史的課題を中心に扱う。森田（1993）は『邦訳 日葡辞書』を編集した知見を語学面に展開した研究で、音韻、表記、語彙、文法など日本語学の各研究分野から『日葡辞書』を分析し、キリシタン版のローマ字表記の特徴や**開合**・
四つ仮名などキリシタン版で注目すべき点を論じている。小島（1994）は研究史をまとめ、翻訳論・
*p.54
語彙論に新しい成果を得た。豊島編（2013）は印刷という行為がキリシタン版に与えた影響を中心として、大航海時代の歴史、宗教思想史、新発見資料からみたキリシタン版の規範性、外国語・日本語辞書、日本語文法書、写本など多岐にわたる最先端の知見をまとめており、新しいキリシタン語学の広がりが理解しやすい。本書と合わせて参考にしてもらいたい。

　上記の諸書を読む前に、土井・森田・長南編訳（1980）の『邦訳 日葡辞書』解題・補説を真っ先に読むことをお薦めしたい。『日葡辞書』はローマ字表記の辞書なので文法や漢字仮名表記に関する内容は不十分だが、キリシタン版の概説だけでなく、中世日本語の特徴についてローマ字表記から読み取るべき内容が『日葡辞書』の用例に則して説明されており理解しやすい。辞書はその性格を理解して使ってこそ資料的価値がある。例えば『邦訳 日葡辞書』の「†」や「‡」がどういう意味の記号なのか理解して引用しているだろうか。その意味で凡例は言うまでもないが、解題と補説にも必ず目を通しておきたい。また、**新村出**の一連の著作は近年参照される
*p.131
ことが少なくなっており、研究の進展に伴って内容の更新が必要な部分があることは否めないが、現在の研究では忘れがちな論点を再確認するためにも、筑摩書房から出ている『**新村出全集**』
「**南蛮**紅毛篇」（巻5〜7）の一読をお薦めする。日本語学とキリシタン語学に関する知識がついて
*p.40
きたら、音韻史を中心とする中世日本語についての重要な提言を多く含む亀井（1971-1992）に読み進め、理解を深めたい。

2.3. キリシタン語学の研究分野

2.3.1. 音韻研究

　キリシタン版はローマ字表記の研究が早くから注目され、多くの研究がキリシタン版を参照している。その有用性は疑い得ないが、本書**付録「仮名・ローマ字綴り対照表」**にあるように同
→p.146
一の仮名に複数の表記が対応することは珍しくない。カの直音 ca と、合拗音 qua のようにローマ字表記が当時の発音の違いに対応することがある。しかしキでは、本来の表記 qi に**ポルトガル語**正書法に影響された qui が混入するがそこに発音の違いはない。ザ行ジの Ii は大文字活字
*p.68
に J や U がないため I を用いたに過ぎないが、ji と gi は四つ仮名の発音の違いで摩擦音 [zi] と破擦音 [dzi] の違いに対応する。ア行オの vo は語頭、uo は語中と助詞に用いる表記である。

　文献に現れた表記上の単なる表記のゆれを除き、何らかの発音上の特徴に対応した書き分けだとして、それが意味するところは次のどれかである。

1. 音韻の対立を反映している。
2. 音韻の対立ではなく音声の区別があり、それを反映している。

3. （音韻の対立も）音声の区別もないが、（伝統的な）規範に従って書き分けている。

4. 言語的な実態や規範には無関係で、印刷上の統一に過ぎない。

ローマ字・仮名を問わず、表記には語をどのように綴るかという規範（正書法：Orthography、日本語なら仮名遣い）が介在するため、そこから音韻を復元するには慎重な態度が求められる。森田（1985）は既発表論文をまとめた研究書だが、室町時代から江戸時代にかけての音韻変化についての概要を知るために一読するとよい。福島（1983）は『サントスの御作業』の版本と写本の相違に注目しつつ音韻史を中心とする様々な指摘を行っており、今後の深化を待つ研究の芽も含まれている。森田（1976）は宣教師**マノエル・バレト**による『天草版平家物語』の語彙集「難語句解」^{＊p.118}の綴り字を扱い、印刷本とは異なる写本の綴り字から当時の音韻の実態を探っている。

キリシタン版時代のオ段長音の開合について、橋本（1961）によれば開音 [ɔː] と合音 [oː] で定説となっているが、豊島（1984）では [oo]（[oː]）と [ou]（[ow]）だという。謡曲や能楽伝書などの芸能関係資料には開合や濁音という当時の日本語で変化しつつあった発音に言及したものがあるので、あわせて考えるべきである。

キリシタン版ローマ字本で「仏神」butjin で表記される**漢字音のt入声**について、橋本（1961）は「やはり文字通り t と発音したのであらう」とした。犬飼（2012）が t 入声を上品な語り口を象徴する選択可能な古形であるとしたのもこれと同じ立場だろう。これとは異なる立場として、佐々木（2011）「中世初期浄土真宗の一部資料に見られた入声点の急・緩と、中世末期キリシタン資料における規範的なローマ字表記とを根拠として、舌内入声の閉促性が、すべての場・位相において中世を通じて保たれていた、と考えてはならない」、肥爪（2019）「いくら教養層における知識音だったにしても、室町末期までの数百年間にわたって、安定的に日本語話者に維持されていたとは、にわかに信じがたい」などは、キリシタン版のローマ字表記をそのまま当時の日本語の音声の反映とみることに否定的である。

拗長音は『日葡辞書』の「例言」で Fiǒrǒ（兵糧）を Feǒrǒ と書き、Fiô（豹）を Feô で組版することを挙げ「われわれは本書で、これらの語をば区別なく E 字でも I 字でも記している」と説明し音声上の区別には無関係であることを宣言している。『邦訳 日葡辞書』の補説 2 でも「開音合音ともに、同じ語に〜 io、〜 eo 両形を併用しているものが少なくないのであるから、それら両形は別音を示すのではなくて、表記上の違いと見るべきものと考えられる」として追認する。竹村（2011、2012）は iǒ（iô）と eǒ（eô）の出現頻度の多寡が前接する子音によって影響されることに注目し、表記の違いは音声上の口蓋化の度合いの反映だとした。ローマ字表記の再解釈として重要な指摘だが、豊島（2015）では同一用紙、同一丁などの印刷単位毎に表記が統一されることを根拠に「単なる綴り字上の変異」だとする。本書「**4. 印刷技術**」に説明したように、版下を用いて版木を作る木版（整版）^{＊p.15}に比べ、活字印刷は版下をもとに文選工が活字を選び植字工が組版するので工程が増え、書き手の意図とは異なる要素が介入しやすい。キリシタン版の規範性は活字印刷上の統一が担った部分もあることに留意すべきだろう。

＊漢字音のt入声：日本語の音節構造は基本的に母音で終わる開音節だが、漢字音には入声音（-p、-t、-k）の子音（入声韻尾）で終わる閉音節があるため、日本漢字音としてこれを発音する場合には、寄生母音を与えて開音節化するか、閉音節を維持するかという問題がある。中世日本語では開音節化が進んでいだとみるのが通説だが、漢文訓読（または漢文直読）の場面では閉音節を維持していたとも考えられる。そのためキリシタン版の入声音表記には、当時の漢字音の反映とする見方と、規範

的漢字音に対応する表記とする見方がある。

＊整版：木版（桜などの木板）に文字を浮彫（文字の部分が盛り上がる）にした版木、および、それによっ
て印刷された書物のこと。西洋では十分に発達しないまま活字印刷に移行したが、日本では印刷技
法として中近世を通じて一般的で、中世末期から近世初期に活字印刷が現れた際にもこれと並行し、
17世紀半ば以降再び支配的になり幕末期に至る。キリシタン版はこの技術を全く使用せず、ヨーロッ
パから輸入した印刷機と金属活字（活字は日本でも製造）を用いて出版された。

2.3.2. 文法研究

キリシタン版の文法書に『日本大文典』『日本小文典』がある。土井（1955）は『日本大文典』
の注釈・索引付き日本語訳で、現在の研究もこれに頼ることが多いが、古い研究であり刷新が期
待される。日埜（1993）は『日本小文典』の翻刻・複製・索引付き日本語訳で、同書には池上（1993）
の翻訳もある。土井（1982）は『日本大文典』の翻訳を行った知見に基づいてこれらの文法書の
注目すべき点を挙げ、**ロドリゲス**の生涯や著作（特に『日本教会史』）などの関連情報を中心にまと
めている。小鹿原（2015）は新しい研究で入手もしやすい。日本語の文法書に当時スペインの植
民地だったメキシコで出版された文法書の影響があるとしたのは大胆な主張だが、豊島（2016）
はデータベース使用上の誤解として否定している。ロドリゲスの文法書は音韻や正書法に関する
記述もあるが、やはり文法が中心である。当時の日本には他に文法書と呼べるようなものはない
ので意義は計り知れないが、表面的な翻訳では理解しがたく、また、誤解しやすい点もある。現
代のキリシタン語学には、キリシタンの日本語研究の意義を正しく理解・整理してその真価を再
提示することが求められる。

中世は音韻だけでなく文法にも大きな変化があった時代である。二段活用の一段化、終止形
の連体形への合流が代表的だが、形容詞シク活用の消滅、仮定条件を表す已然形＋バの出現など
も、キリシタン版の用例に変化を観察できる。『天草版平家物語』『天草版伊曽保物語』の口語に
は文語に現れなかった新しい要素が多くみられ、そのことは文法面にも及んでいる。江口（1994）
はその代表的な研究であり、語彙と文法の両面にわたる日本語の変化を論じている。鎌田（1998）
も文法的問題を扱うが、原拠本との対照研究が中心となっている。

中世に変化のあった疑問文については、柳田（1985）は真偽疑問文について、『竹取物語』（中古語・
文語）では文末に「や」と「か」の両方がみられるが、『天草版伊曽保物語』（中世語・口語）では「か」
だけ、疑問詞をもつ疑問文では中古語では文末「ぞ」もしくは係り結びの「か」、中世語では文末「ぞ」
もしくは「か」だとする。また衣畑（2014）は、中世に係り結びの衰退によって真偽疑問文では
文末の「や」が衰えて「か」が多くなり、疑問詞をもつ疑問文に「か」が使われなくなって「ぞ」
が多くなるとする。竹村・金水（2014）はキリシタン文献の『天草版平家物語』と『サントスの
御作業』を比較し、どちらも疑問詞をもつ疑問文では文末「ぞ」が多く、『天草版平家物語』で
は疑問詞と文末「か」の組み合わせ、『サントスの御作業』では疑問詞と文末「や」の組み合わ
せがみられるという。

キリシタン版の日本語文法は当時の日本語として違和感がない。このことはキリシタン語学の
水準の高さを物語っているが、いくつかの点で当時の日本語にみられない特徴もある。例えば敬
語法について、白井（2001）は『日本大文典』でも主格助詞の1つとされる助詞「より」がキリ
シタン版で神や聖人を中心とする上位者を表す主格表示の機能を持つことを指摘した。日本側文
献に場所を表す奪格表示はあるが、「デウス」「聖パウロ」など場所に関係しない主体を表示した

例はなくキリシタン版独特の表現である。「XよりYされる」という受身文を能動文として解釈し、助動詞「らる」が補助動詞「給ふ」に置き換わることで「XよりYし給ふ」という新しい用法が生じたのだろう。誤解によるとも言えるが、当時は主格助詞が未発達だったので、主語の明確化を追求する独自の合理的な文法だと見ることもできる。また、『日本大文典』では「させらる」に敬語と使役（＋敬語）の両義があることを指摘するが、キリシタン版宗教書の文献用例では誤解を避けるために尊敬の「させらる」が僅少でもっぱら使役に用いる（白井2003）ことなども文法合理化の一例であり、文法書と文献用例の関係を考えるうえで興味深い。但し、文法書や辞書（土井1971：67-112）によればロドリゲスは『日葡辞書』の編者ではない）の文法記述とキリシタン版の実態が食い違うこともあり注意が必要である。

2.3.3. 語彙研究

　キリシタン版を読む際に真っ先に気がつく「デウス」「アンジョ」「御作者」「御大切」などの独特な用語について、土井（1982：14-61）はシュールハンマーの『十六・七世紀における日本イエズス会布教上の教会用語の問題』を解説し、キリスト教の神を「大日」と翻訳して失敗した話など、当初はキリスト教で重要な語を日本語に翻訳し、後に誤解を避けて原語を用いるようになった経緯を紹介している。日本イエズス会の原語主義は宣教師ガゴの用語改革によって定着し、神を表す用語にはDeus（デウス）を用いることが定着したとされるが、1590年代前半の文献では「天主」「天道」が少数用いられるなど完全に定着していない。また、キリシタン版末期の国字本『ひですの経』では「尊主」もみられるが、これらの用語がイエズス会の関係写本では一般的であり、教会用語として日本イエズス会内で通用していたためである（白井2013）。キリシタン用語の実態はそれほど単純ではないので、原典との対照研究も含めてどのような原語や訳語が用いられたのかを明らかにしたい。

　文法と同じく、キリシタン版の語彙にも口語と文語の違いが顕著に現れている。先に挙げた江口（1994）の他、福島（2003）は論文集であるため内容は多岐にわたるが、『天草版平家物語』の用語に関する言及が多い。『日葡辞書』の語釈については松岡（1991）にまとまった研究がある。『日葡辞書』の語釈と現代日本語の国語辞典の記述を比較すれば意味が大きく違う語があって興味深いが、著者自身も書くように意味の記述を巡っては客観性の担保が難しいという課題がある。中野（2021：191）は『日葡辞書』の例文の約95％、注記（言い換え）に現れる語の90％以上が見出し語として立項されることから、学習用辞書としての「閉じた辞書」の性格に言及する。また、岸本（2018）は『日葡辞書』と『羅葡日辞書』を取り上げ、キリシタン版の話しことばと書きことばの違いについて文献用例との比較を行っている。その他の『日葡辞書』の語彙研究については、本項「2.2. はじめに読むべき研究書」「2.3.5. 資料研究」も参照していただきたい。
→p.12　→p.17
　『落葉集』は日本側の『古本節用集』と『倭玉篇』を合わせた構成で、内部では殆どの漢字を共有するが、日本側の辞書と比べて「本篇」の漢語が相対的に多く、「小玉篇」の漢字が少ない。土井（1942）は「本篇」が伊勢本系『節用集』と部分的に一致することを根拠として引用関係を示唆したが、新版（1971）では削られていて言及がない。白井（2017）は「本篇」の漢語を構成する漢字が約1,800字種と少なく基本的な漢字が多いことに注目し、あらかじめ選別された常用性の高い漢字によって構成可能な漢語を列挙したもので先行辞書からの引用ではないとした。

　漢文などの難解なテキストを読むための注釈を音義、その集積を音義書といい、掲載語がテキスト内の語彙に限定され、排列も出現順であることなどテキストに密着した形式を持つことがあ

る。山田（2004）はキリシタン版巻末の「**ことばの和らげ**」（巻末語彙集）が基本的にはテキストに
*p.98
依拠しつつもアルファベット順排列であり、テキストから離れて汎用的な語彙リストを志向する
側面があるとした。辞書編集の過程として興味深い指摘だが、豊島（2015：55-56、2017）はそれを
否定し、むしろテキストに依存する特徴が顕著だという。

宗教文献の語彙について、小島（1987）は『スピリツアル修行』のポルトガル語原典から日本
語への翻訳方法についてのまとまった成果である。小島（1994）はそれを含み、『サントスの御作
業』の著者による用語選択の相違、『コンテムツスムンヂ』のローマ字本と国字本の違いという様々
な観点で論じている。松岡（1993）は『コンテムツスムンヂ』の翻訳論で、選択される用語を原
文とローマ字本・国字本の相違という点から説明する。松岡の研究は小島（1994）と比較するの
も良いだろう。イエズス会の宣教方針を反映して原語が多いことがキリシタン版の特徴だが、宗
教的な概念を表すために漢語、とくに仏教語を使用することも多い。『日葡辞書』にも仏法語（Bup.）
という注記がみられるが、出自が仏教語であっても一般語に転用する語もあり、どの語が仏教語
なのかという明確な定義が難しい。折井（2010）はカトリックの哲学的・神学的理解がキリシタ
ン版の翻訳に与えた影響を論じている。日本語学研究者からみれば難解で敬遠される内容かもし
れないが、**ルイス・デ・グラナダ**原著の『ヒイデスの導師』『ぎやどぺかどる』『ひですの経』を
*p.114
はじめとするキリシタン版を読み、日本語学の知識だけでは誤解しがちな部分を正しく理解する
ためにも一読しておきたい。

2.3.4. 表記研究

表記研究は、ローマ字本については本項「**2.3.1. 音韻研究**」に綴り字と音韻研究の関係として
→p.13
説明した。また、国字本についても本書「**6.2. 落葉集**」、「**7.3. 日本語国字本（1）どちりなきり**
→p.48
したん」に詳しい説明があるので繰り返さない。
→p.105

2.3.5. 資料研究

各資料の特徴について知りたければ各資料の複製本所収の解題・解説を読むのが第一である。
『日葡辞書』なら始めに土井・森田・長南編訳（1980）の充実した解題と補説を読むのが良いだろ
う。開合の問題を取り上げるなら同書補説2「オ段長音の表記」は必読であり、そこから森田（1993）
に読み進めれば、中世日本語に対する問題意識が効率的に養われるだろう。

代表的な資料目録にJ. ラウレス（1985）がある。キリシタン版だけでなく、日本宣教に関わる
西洋の著作や、幕末明治期の再宣教時代の著作なども含まれている。原文の書誌情報は英語だが、
上智大学「ラウレスキリシタン文庫データベース」で原文と共に日本語訳が閲覧できる。最新の
資料情報として本書の他に豊島編（2013）に各文献の所在情報（請求番号を含む）の一覧表がある。
松田（1967）は国内外の日本関係のキリシタン版本・写本の所在一覧を含む資料研究で、日本史
学の関心が中心であるため写本が中心である。

現存30点あまりのキリシタン版だが、現在でも新しい資料の発見が続いている。岸本・白井
（2019）はヘルツォーク・アウグスト図書館蔵『コンテムツスムンヂ』の書誌と、用紙を中心とす
る印刷上の特徴を紹介している。タシロ・白井編（2020）はブラジル国立図書館所蔵の現存が確
認できる4冊目の『日葡辞書』の複製本で、中南米で初めて発見されたキリシタン版である。折
井（2021）によりフランス国立図書館に『サントスの御作業』があることも再確認されたが、過

去にはパンフレットで簡単に紹介されただけで存在が忘れられていたらしい。2009 年にボストンで発見された『ひですの経』もそうだが、海外の図書館には現在でも正体が分からないまま埋もれているキリシタン版があるかもしれず、資料の博捜が必要である。

2.3.6. 印刷術研究

本書「4. 印刷技術」に詳しい説明があるので省略する。
→p.28

2.4. 複製・索引・データベース

キリシタン版の複製としてまとまったものに『珍書大観　吉利支丹叢書』(大阪毎日新聞社)や『南欧所在吉利支丹版集録』(雄松堂書店)、『天理図書館蔵きりしたん版集成』(天理大学出版部)がある。各文献の複製も完備されており、近年は高精細カラー複製本の出版も続いているが、『朗詠雑筆』(エル・エスコリアル図書館蔵)のように極めて不鮮明な複製しかないものもあり更新が期待される。『日葡辞書』『落葉集』(ともに一部欠、フランス国立図書館)、『サントスの御作業』(ボードレー図書館)、『コンテムツスムンヂ』(ヘルツォーク・アウグスト図書館)、『どちりいなきりしたん』(バチカン図書館)、『ひですの経』(ハーバード大学ホートン図書館)などは各図書館がオンライン画像を公開している。この他、国立国語研究所が大英図書館蔵の『天草版平家物語』『天草版伊曽保物語』『金句集』を、国文学研究資料館学術リポジトリが小島(1978)による『落葉集』本文および索引のスキャン画像を、それぞれ公開している。本書付録の**参考文献**も参照していただきたい。
→p.135

　各文献の索引も充実しているが、現時点では主要なローマ字本である『サントスの御作業』『ヒイデスの導師』『スピリツアル修行』には公開された索引・テキストがない。

　キリシタン語学は早い段階からデータベースの拡充が進んだ分野である。LGR(対訳**ラテン語**語彙集)はその代表的なもので、『日葡辞書』と『羅葡日辞書』の全文を、『羅葡日辞書』の引用元
＊p.68
に近いラテン語辞書と共に検索できる。LGRM(丸山徹校訂ポルトガル語正書法書類)ではロドリゲス『日本大文典』を、その編集に影響を与えたバロスの『ポルトガル語文典』と共に利用できる。今後は、日本で出版されたキリシタン版の語学書を西洋の文法書史のなかで位置づけ、影響関係を理解して日本語に関する記述を吟味することが必要となるだろう。また、辞書の構造や注記について論じるためには、西洋の辞書史の概要を理解しておくことが望ましい。そうした意味で、丸山(2020)はポルトガル語の語学書からロドリゲスの語学書をみるという立場で書かれており、周辺領域の論考も含めて大航海時代の「宣教に伴う言語学」という考え方がよく理解できる。同書は直接的に日本語史に関わる内容以外にも、学術的に慎重な態度と、できるだけ簡明な言葉で飾らずに説明するという執筆態度が示されており、学ぶべき点があるだろう。

　本書「7.1. 日本語ローマ字本(口語)と CHJ の使い方　天草版平家物語」で詳しく説明する『日
→p.87
本語歴史コーパス』では、現時点で『天草版平家物語』『天草版伊曽保物語』が利用できる。コーパスは検索アプリケーション「中納言」からコーパスを指定して利用するが、多機能であることと引き換えに使用には検索の挙動を熟知する必要があるので、機能を十分に理解してから使用するようにしたい。

2.5. 中世語研究との関連

キリシタン版は中世語の資料の 1 つであるため、その研究は中世語や日本語史にとっても意味があることは言うまでも無い。ここでは、中世日本語研究の 1 つとしてキリシタン版を取り上げ、他の日本側資料や朝鮮資料と比較する研究を紹介する。

安田（2005、2009）は中世語研究の手法として、キリシタン版に加えて朝鮮資料である『捷解新語』を挙げて比較する。外国人による日本語学習という点で共通性があるため、それらを分析することで得られる成果は大きいだろう。大塚（1996）では抄物とキリシタン版の双方から横断的に中世日本語の特徴を明らかにする方法に注目したい。菅原（2000）にはキリシタン版から中世日本語を考えるための様々な視点が含まれ、特定の分野に偏らず、客観的な論拠に基づいて手堅く結論を出す方法を学ぶことができる。

キリシタン語学では、文献学として各文献の由来や記述内容を見極めようとする研究が活発である。そうした知見のなかには日本語学の枠内では論じられないものも少なくない。一方で、キリシタン版が中世日本語研究にとって不可欠な資料であることは変わっていない。文献学的な新しい発見を日本語学に還元する接点もまた重要であり、そうした研究は今後も大きな進展が期待できるだろう。

参考文献

池上岑夫（1993）『ロドリゲス 日本語小文典』上・下、岩波書店

犬飼隆（2012）「天草版平家物語と平家正節の t 入声」『愛知県立大学説林』60、pp. 81-90

江口正弘（1994）『天草版平家物語の語彙と語法』笠間書院

衣畑智秀（2014）「日本語疑問文の歴史変化―上代から中世―」（青木博史・小柳智一・高山善行編『日本語文法史研究』2、ひつじ書房）

大塚光信（1996）『抄物キリシタン資料私注』清文堂出版

小鹿原敏夫（2015）『ロドリゲス 日本大文典の研究』和泉書院

折井善果（2010）『キリシタン文学における日欧文化比較―ルイス・デ・グラナダと日本―』教文館

折井善果（2021）「フランス国会図書館蔵『サントスのご作業』（1591 年）について」『キリシタン文化研究会会報』158、pp. 15-22

鎌田廣夫（1998）『天草本平家物語の語法の研究』おうふう

亀井孝（1971-1992）『亀井孝論文集』吉川弘文館

岸本恵実解説・三橋健書誌解題（2017）『フランス学士院本 羅葡日対訳辞書』清文堂出版

岸本恵実・白井純（2019）「新出本・ヘルツォーク・アウグスト図書館蔵ローマ字本『コンテムツスムンヂ』（1596 年天草刊）について」『大阪大学大学院文学研究科紀要』59、pp. 37-53

岸本恵実（2018）「キリシタン版対訳辞書にみる話しことばと書きことば」（高田博行・小野寺典子・青木博史編『歴史語用論の方法』ひつじ書房）

小島幸枝（1978）『耶蘇会板落葉集総索引』笠間書院

小島幸枝（1987）『キリシタン版『スピリツアル修行』の研究』笠間書院

小島幸枝（1994）『キリシタン文献の国語学的研究』武蔵野書院

佐々木勇（2011）「中世浄土真宗資料に見られる急・緩入声点と舌内入声音」『広島大学大学院教育学研究科紀要 第 2 部』60、pp. 322-314

白井純（2001）「助詞ヨリ／カラの主格標示用法について―キリシタン文献を中心として―」『国語学』206 (52-3)、pp. 1-14

白井純（2003）「キリシタン宗教文献に於ける使役と尊敬―（サ）セ給フ・（サ）セラル表現について―」

『国語と国文学』80-6、pp. 39-52

白井純（2013）「キリシタン語学全般」（豊島正之編『キリシタンと出版』八木書店）

白井純（2017）「落葉集本篇の掲載語彙について―古本節用集との比較をとおして―」『訓点語と訓点資料』139、pp. 左95-104、大阪大学国語国文学会

新村出（1971-1983）『新村出全集』筑摩書房

菅原範夫（2000）『キリシタン資料を視点とする中世国語の研究』武蔵野書院

竹村明日香（2011）「ローマ字本キリシタン資料のオ段合拗長音表記―抄物の表記との対照を通して―」『語文』96、pp. 56-69

竹村明日香（2012）「『日葡辞書』の開拗長音」『国語国文』81-3、pp. 1-26

竹村明日香・金水敏（2014）「中世日本語資料の疑問文―疑問詞疑問文と文末助詞との相関―」『日本語疑問文の通時的・対照言語学的研究　研究報告書（1）』3-20

タシロ エリザ・白井純編（2020）『リオ・デ・ジャネイロ国立図書館蔵 日葡辞書』八木書店

土井忠生（1942）『吉利支丹語学の研究』靖文社

ジョアン ロドリゲス原著・土井忠生訳註（1955）『日本大文典』三省堂

土井忠生（1963）『吉利支丹文献考』三省堂

土井忠生（1971）『吉利支丹語学の研究　新版』三省堂

土井忠生・森田武・長南実編訳（1980）『邦訳 日葡辞書』岩波書店

土井忠生（1982）『吉利支丹論攷』三省堂

豊島正之（1984）「開合に就て」『国語学』136、pp. 152-140

豊島正之編（2013）『キリシタンと出版』八木書店

豊島正之（2015）「キリシタン版の辞書」『文学』16-5、pp. 48-60

豊島正之（2016）「キリシタン文典に見える「語根」に就て」『国語と国文学』93-6、pp. 51-64

豊島正之（2017）「キリシタン版ローマ字本「言葉の和らげ」の文脈依存性に就て」『上智大学国文学論集』50、pp. 176-162

中野遙（2021）『キリシタン版 日葡辞書の解明』八木書店

橋本進吉（1961）『キリシタン教義の研究（橋本進吉博士著作集11）』岩波書店

肥爪周二（2019）『日本語音節構造史の研究』汲古書院

ジョアン ロドリゲス著・日埜博司編訳（1993）『日本小文典』新人物往来社

福島邦道（1973）『キリシタン資料と国語研究』笠間書院

福島邦道（1983）『続キリシタン資料と国語研究』笠間書院

福島邦道（2003）『天草版平家物語叢録』笠間書院

松岡洸司（1991）『キリシタン語学―16世紀における―』ゆまに書房

松岡洸司（1993）『コンテムツス・ムンヂ研究』ゆまに書房

松田毅一（1967）『近世初期日本関係南蛮史料の研究』風間書房

丸山徹（2020）『キリシタン世紀の言語学―大航海時代の語学書―』八木書店

森田武（1976）『天草版平家物語難語句解の研究』清文堂出版

森田武（1985）『室町時代語論攷』三省堂

森田武（1993）『日葡辞書提要』清文堂出版

安田章（2005）『国語史研究の構想』三省堂

安田章（2009）『仮名文字遣と国語史研究』清文堂出版

柳田征司（1985）『室町時代の国語　国語学叢書5』東京堂出版

山田健三（2004）「キリシタン・ローマ字文献のグロッサリー」（田島毓堂編『語彙研究の課題』和泉書院）

J. ラウレス編（1985）『上智大学吉利支丹文庫』（新訂第3版）臨川書店

【白井　純】

3. キリシタン時代の文法書

3.1. キリシタンの日本語文法に影響のあった文法家

キリシタンの日本語文法に直接の影響を与えた文法家は、当時のスペイン最大のラテン文法家で初の**スペイン語**文法の著者でもある**アントニオ・ネブリハ**と、**イエズス会**の標準ラテン文法を
*p.68　　　　　　　　　　　　　　　　　　　　　　　　　　*p.125　　　　　　　　　　　　　　　　　　　　　　　　　　*p.85
著した**マノエル・アルバレス**である。ネブリハの『ラテン文典』は、1481 年の初版以来、1599
*p.57
年までだけでも 200 以上の版を重ねた。

これより古い文法家であるドナトゥス、プリスキアヌス、更に遡ってディオメデス、クィンティリアヌス、ウァッロ、…といった名は、いずれもネブリハやアルバレスの引用中に現れるだけで、キリシタン語学書が独自に引用するものではない。また、アルドゥス・マヌティウス、デスパウテリウス、**スカリゲル**、及びポルトガルのカルドーゾのラテン文法も、同時代ではあるが、これ
*p.72

図　Nebrija(1495) Introductiones latinae (71r) Real Biblioteca de San Lorenzo de el Escorial 本

らは、キリシタン語学書には、何の影響も与えていない様である。

ネブリハのラテン文法には多数の版があるが、キリシタン文献に歴然と影響があるのは、その第 3 版 edición extensa（広本）で、これは中央に本文を置き、周りを小活字の scholion（教授用注）で囲んだ大きな folio（二折）判である。現存初出は 1495 年サラマンカ版（図、エル・エスコリアル図書館等に所蔵）。別に、注を除いた第 3 版 edición abbreviada（略本）が、比較的小さな quarto（四折）判として並行して出版され続ける。「第 3 版」という呼称は、Nebrija 自身が（後になって）tertia editio（第 3 版）と書いたためで、初出には無い。初版（1481）と第 3 版（1495）の間に様々な試みの版が現れるが、一括して「第 2 版」と呼ばれている。（ネブリハの諸版は、Martín Baños 2014 に詳しい）。

アルバレスのラテン文法は、イエズス会が標準の文法として、それ以外の教授を禁じたために、（当然ながら）イエズス会の日本語文法に強い影響力を持つ。

61. Qua vtendum grammatica. Aequum est nostris in scholis non aliam, quam P. Emmanuelis Aluari Grammaticam exponi. Quod si quotidianis fere experimentis compererit Praepositus Prouincialis illam accuratioris esse methodi, quam in sua Prouincia ferat puerorum captus, licebit aut vti ₁Emmanuele in Romanam methodum nuperrime redacto, aut consulto Praeposito Generali illam ₂alia quapiam ratione suorum consuetudini, & ingenijs adaptare, salua tamen ipsa vi ac proprietate omnium praeceptorum Emmanuelis.

（第 61 条：文法書に使うべきもの。我々の教程は、等しく Emmanuel Alvares 著以外の文法を用いぬもの
とする。経験上、こちらの方が今は自らの地域では学生により実りをもたらすメソッドであると考える地
方総監は、<u>近時ローマ教授法風に直され、総長により認可された Emmanuel 文法の方を使うのでもよく、</u>
<u>各自の環境に応じて、その他如何様にも工夫して適応させてよいが</u>、但し、Emmanuel の文法教程の全
ての力と性質を含むものでなければならない。）

（イエズス会教憲 Ratio atque institutio studiorum 学習の根拠と教程 (1591, Roma) 19r)

　ここで下線 1 "in Romanam methodum nuperrime redacto..."（近時ローマ教授法風に直された）と
いうのは、*nuper est ad veterum fere grammaticorum rationem revocatus*（旧文法家達の論に整合させたる
新版）とある 1584 ローマ版のイタリア語対応『小文典』を指し (Lukács 1986 : 123)、これは、その
後ヴェネチアなどで再版される。下線 2 "alia quapiam ratione suorum consuetudini, & ingenijs
adaptare"（各自の状況に応じて、如何様にも工夫して適応 adaptare させてよい）とは、教授地の現地語へ
の対応をいうのであり、**キリシタン版**の『天草版ラテン文典』(1594) は、正にこの adaptatio（適
応版）の 1 つである。標準文法書と言っても、全世界で同一の「検定済教科書」を使った訳ではない。*p.43

　尚、キリシタン文典への、中南米文典や中世思弁文法の影響を説くものがあるが、全て該当の
キリシタン文典自体の解読に問題があることは、豊島（2016、2018）を参照。

3.2. アルバレス文法の特異点

　アルバレス文法が、ネブリハ、或いは、アルドゥス・マヌティウス、デスパウテリウス、カル
ドーゾ等のアルバレス以前の文法と異なる点は多数あるが、キリシタン語学に大きく関わるもの
としては、次の 2 点である。

　A) 存在動詞（be 動詞）*sum* を、動詞活用の先頭に置く。

　B) optativus（希求法）と conjunctivus（接続法）の法としての区別を踏襲し、更に potential（可能法）、
　　permissivus・concessivus（譲歩法）も、conjunctivus（接続法）から区別して立てる。

　A) 存在動詞（be 動詞）*sum* は、アルバレス以前の文法では、単なる不規則活用動詞の 1 つで、
規則活用 4 種（*amo/doceo/lego/audio*）の後に、*eo/volo* 等の不規則活用と並んで出るのが普通である。
しかし、アルバレスは、*sum* が規則動詞の受動態完了（*amatus sum*）等に規則的に現れることを
以て、これを第一に説き、次いで規則動詞の受動態を説くために、存在動詞 *sum* を動詞活用の
先頭に置いた。尚、*sum* を先頭に置く例は、同じポルトガルでは、Cardoso (1552) が早い。

　これは、**ラテン語**ならば、それなりにもっともな主張で、ロマンス語の中でも、フランス語や
イタリア語のように、やはり受動態に存在動詞を全面的に使う言語でなら理解できるが、日本*p.68
語には何の関係も無いことで、**ロドリゲス**『大文典』が、日本語動詞活用を存在動詞ゴザルから
始めるのは、アルバレスの呪縛としか言い様が無かろう（ロドリゲス『小文典』は、子音幹規則動詞か*p.56
ら始める）。**コリャード**も規則動詞を先に置くが、「無イ」は否定存在動詞 verbum substantivum
negativum と認めて、規則活用の後に別置する (p. 32) 他、文語ナリ・ケリは存在動詞 verbum*p.80
substantivum として、文法の最後に加えた (p. 74)。

　B1)　optativus（希求法）と conjunctivus（接続法）

　optativus と conjunctivus (subjunctivus) は、ギリシャ語では別形で、ラテン語でも、既にウァッ
ロ (X-31) が、genus optandi（願いの類）として *dicam*、*faciam*（共に接続法現在 1 人称単数）を挙げるので、

古来の区別である。ラテン語でのこの2つの区別は、このように、もっぱら意味により、形態ではない。つまり、接続法の一用法に過ぎないので、現代のラテン語文法では、希求法を別に立てるものは、あったとしても稀だろう。

ネブリハのラテン文法も両者を区別し、1700年バルセロナ版に至っても、なお区別を維持する程なので、キリシタン版当時は、両者の区別は疑いを容れないものであった。

しかし、内実が異なる（以下 N: ネブリハ・A: アルバレス）。

1. 現在と不完了を区別しない点、未来を立てる点で、N・A 同じ。

2. 過去完了を立てるのは A のみで、N の完了 (amavissem) が A の過去完了と、ズレ。

表1　希求法と接続法

	ネブリハ希求法／接続法		アルバレス希求法／接続法		カルドーゾ希求法／接続法	
現　在	amerem	amem	amarem	amem	verberem	←
不完了	↑	amarem	↑	amarem	verberarem	←
完　了	amavissem	amaverim	amaverim	amaverim	verberaverim	←
過去完了	↑	amavisssem	amavissem	amavissem	verberavissem	←
未　来	amem	amavero	amem	amavero	無し	vereravero

ネブリハの希求法完了 amavissem は、ネブリハ自身の接続法で過去完了になる。これがアルバレスには気に入らなかったらしく、希求法の過去に接続法と同形を配置した。カルドーゾは、（動詞凡例に amo の代わりに verbero を使うが）、未来を置かず、現在・不完了を区別する点で特異で、実質的には希求法と接続法は同一である。

ネブリハのスペイン語文法 (Nebrija, 1492) の方でも、optativo・subjunctivo は区別されているが、スペインアカデミー文法（1771）は、subjunctivo のみを立てる。

B2)　potential（可能法）と permissivus・concessivus（譲歩法）

これは、文学作品への配慮としてアルバレスが特立するもので、ネブリハ、アルドゥス・マヌティウス、スカリゲル、デスパウテリウス、或いはそれ以前のプリスキアヌス等は立てない。ロドリゲスは（『大文典』『小文典』共に）modo permissivo ou concessivo と、アルバレスの表現のままに、これを conjuntivo（接続法）とは別に立て、コリャードも permissvum subjunctivi（接続法の譲歩法）と、（接続法の一用法という立場ではあるが）別掲するのは、やはり「上ゲタマデヨ／ママヨ」（ロドリゲス『大文典』20v、コリャード文典 p. 23）のような語法が無視できなかったからであろう。

3.3. アルバレス大文典と小文典

アルバレス『ラテン文典』には、教授用注（scholion）が大量に付された『大文典』と、初学者への便宜のために、『大文典』から教授用注を大幅に削除した『小文典』の2種が存在する。いずれも、巻1:形態論(名詞・形容詞や動詞の語形変化)、巻2:統語論、巻3:韻律論の3巻構成である。『大文典』初版（1572、Lisboa）は全247丁（494ページ）、1575年『大文典』改訂版（Venezia）は527ページ、1573年『小文典』初版は全149丁（298ページ）で、『大文典』の記述の多くが削除されたことが理解できる。

アルバレス『大文典』は、quarto（四折）、『小文典』は octavo（八折）であることが多い。**判型** *p.56 が小さいほど、安価になるため、『小文典』序文で言及された「貧富を問わず、凡ゆる者が手に

取れるように」というイエズス会の配慮が反映されていると言えよう。『大文典』『小文典』共に扉に示される標題が全く同一であり（cf. ジョアン・ロドリゲスの『日本大文典』『小文典』は、タイトルが異なる）、判型に関しても、『天草版ラテン文典』（1594）のように、『小文典』ではありながら、quarto（四折）という版本も存在するため、それぞれ内容を見ない限り、『大文典』『小文典』の判別はできない。

　『小文典』初版（1573）では、『大文典』初版（1572）の形容名詞（形容詞）の第 3 変化活用の例acer, brevis/breve, prudens の後に形容詞の比較級の表が追加され、形容詞 prudens の変化表は、felix の変化表に変更されている。この『小文典』初版は、（『小文典』には珍しく）scholion を追加して、prudens の複数属格 (prudentum / prudentium) が誤解を招くために felix (felicium) に差し替えた、と変更理由が書かれている。これは、その後の『大文典』改訂初版（1575）や、各国語版『小文典』にも引き継がれる。

3.4. 小文典の系譜

　アルバレス『小文典』は、その内容から①イベリア半島系列と②非イベリア半島系列の 2 種に大別することができる。アルバレス『小文典』初版（1573pt）は**ポルトガル語**対応版であるが、後年出版されるイベリア半島系列の『小文典』（1578es・1583pt）とは異なり、アルバレス『大文典』（1572・1575）の抄本といった傾向が強いため、ここでは分類の対象外とし、次の 2 系列 4 種を、*p.68　次の略号で扱う。

① イベリア半島系列：1578es（1578 年リスボン刊スペイン語対応版：エヴォラ図書館蔵、著者アルバレス
　　手沢本）、1583pt（1583 年リスボン刊ポルトガル語対応版：ローマ国立中央図書館蔵）

② 非イベリア半島系列：1584it（1584 年ローマ刊イタリア語対応版：バイエルン州立図書館蔵）、1598fr
　　（1598 年リヨン刊フランス語対応版：リヨン市立図書館蔵）

　①、②の大きな違いは、接続法の解説項目において、ラテン語接続詞 Quamvis を伴う接続法を特立して扱うか否かにある。いずれの『小文典』も、ラテン語接続詞 Cum を伴う接続法を、接続法の代表的な形態として提示するが、ラテン語接続詞 Quamvis を伴う接続法を扱うのは、①のみである。因みに、アルバレス『小文典』日本語対応版に当たる『天草版ラテン文典』（1594）も Quamvis を伴う接続法を特立しており、①の影響を色濃く受けていることが分かる。

　また、②は、Cum を伴う接続法と、ラテン語の接続法の下位分類に当たる Modi potentialis ［可能法］、Modi permissivi, sive,concessivi ［許可法・譲歩法］への、それぞれの言語の法（mode）の当て嵌め方で更に細分類できる。

　「Cum を伴う接続法」、「可能法」、「許可法・譲歩法」、①イベリア半島系列の版本では、「（Quamvisを伴う）接続法に対応する固有の語形」と、ラテン語の接続法に少なくとも 4 種の区別がなされるが、それぞれの言語版でラテン語接続法にどの法を対応させたかを表 2 から概括すると、次のようになる。

1) Cum を伴う接続：①イベリア半島系列では、「直説法」、②非イベリア半島系列では「直説法」
　　及び「接続法」の両者でラテン語の接続法のパラダイムに対応させる。

2) 可能法：①イベリア半島系列も②非イベリア半島系列も、殆どが「条件法」・「接続法」で
　　対応させる（例外として、「直説法」を当てる箇所もある）。

3) 許可法・条件法：①イベリア半島系列も②非イベリア半島系列も、殆どが「接続法」で対

表2　アルバレス小文典の接続法

A) cum を伴う接続法

		1578es	1583pt	1584it	1598fr
現	cum legam	leo【直】	leo【直】	legga	je lis/je lise【直／接】
不	cum legerem	leya【直】	lia【直】	leggessi &leggerei【接／条】	je lisoy/je leusse【直／接】
完	cum legerim	ley【直】	lii【直】	habbi letto	j'ai leu/j'aye leu【直／接】
過	cum legissem	avia leydo【直】	lera【直】	havessi & havrei letto【接／条】	j'avoy leu /j'eusse leu【直／接】
未	cum leger【直】	leyere【直】	ler【直】	leggerò, & havrò letto【直】	je liray/j'auray leu【直】

B) Modi potentialis（可能法）

		1578es	1583pt	1584it	1598fr
現	legam	lea	lea	legga	je lise
不	legerem	leeria【条】	leria【条】	leggerei【条】	je liroy【条】
完	legerim	pude leer【直】	pude ler【直】	habbi letto	j'aye peu lire
過	legissem	leyera	lera【直】	havrei letto【条】	j'eusse leu
未	leger【直】	leeria【条】	leria【条】	leggerei【条】	je pourray lire【条】

C) Modi permissivi, sive,concessivi（許可法・譲歩法）

		1578es	1583pt	1584it	1598fr
現	legam	lea	lea	legga	je lise
不	legerem	leyera	lera【直】	leggessi	je leusse
完	legerim	aya leydo	lesse	habbi letto	j'eusse leu* (j'aye leu の誤か)
過	legissem	uviera leydo	lera【直】	havessi letto	j'eusse leu
未	legero（直）	venga a leer	venha a ler	habbi da leggere	je liray【条】

D) Conjunctivi propriae voces Hispanae/Lusitanicae（スペイン語／ポルトガル語の固有の接続法形）

		1578es	1583pt
現	legam	lea	lea
不	legerem	leyera	lera
完	legerim	aya leydo	tenha lido
過	legissem	uviera leydo	tivera lido
未	legero【直】	leyere	無し

いずれも一人称単数形
【直】：直説法、【接】：接続法、【条】：条件法、無印は【接】（接続法）
※これは、あくまで現代文法での呼称であり、当時の文法によるものではない。

応させる（例外として「直説法」・「条件法」を当てる箇所も少数ある）。

4)（Quamvis を伴う）接続法に対応する適切な語形：①イベリア半島系列にのみ存在し、②非イベリア半島系列には項目からして存在しない。ラテン語未来形（legero）を除き、ラテン語接続法に、スペイン語・ポルトガル語の「接続法」を確実に対応させており、「接続法専用」項目とも言える。

①イベリア半島系列の言語の場合のみ「propriae voces」（固有の語形）の項目があるのは、スペイン語やポルトガル語の接続法をそのまま掲載できる modus（法）が必要だったからであろう（イタリア語・フランス語ならば、許可法・譲歩法が、殆ど接続法そのものなので、別に立てる必要がない）。

スペイン語とポルトガル語の差は、ラテン語の許可法・譲歩法にどの法を当てるかという点に見られる。スペイン語が、許可法・譲歩法の5時制全てに接続法を当てるのに対し、ポルトガル語では許可法・譲歩法不完了形と過去完了形に直説法過去完了形（lera）を当てている。これは

ラテン語の許可法・譲歩法（接続法）の不完了形と過去完了形に対応するポルトガル語接続法が存在しないことを示している。

　可能法で、ラテン語の不完了形・未来形に、スペイン語・ポルトガル語の条件法不完了形・未来形が法を跨いで当てられたように、ラテン語動詞のパラダイムの１つ１つに対応する口語（スペイン語・ポルトガル語等）動詞のパラダイムには空白があってはならず、無理にでも何らかの形態が掲出されるのが基本姿勢である。

　ポルトガル語対応版で、ラテン語 Quamvis を用いた接続法に対し、ポルトガル語の接続法未来形が掲出されない。その理由を、『小文典』(1583pt, 24v) は次のように説明する。

　　　Quorsum,inquies, Coniunctiuum pueris inculcas? Primùm vt intelligant esse huius etiam modi proprias voces Lusitanis, adhibitis nonnullis particulis: deinde vt Lusitanum sermonem in Latinum conuertant. Futurum praetermisi, quòd semper eodem modo reddatur Lusitanè, quacunque praecedente particula. （何故、学生たちに接続法の学習を強いるのかと君は（私に）尋ねるだろう。第一には、ポルトガル語も、それぞれ固有の語形で、この接続法を表現することがあるのを学生達に理解して貰うためである。但し、未来形に関しては、前にどのような小辞が来ようとも（cum の接続法と）常に同じ法を用いるため省略した。）

cum や quamvis 等の接続詞ごとに、それに対応するポルトガル語は別の表現を用いる。

a) ラ cum amem：ポ como eu amo（cum を伴うラテン語の接続法現在形には、ポルトガル語の直説法現在形を）

b) ラ quamvis amem：ポ posto que eu ame（quamvis を伴うラテン語の接続法現在形には、ポルトガル語の接続法現在形を）

　しかし、接続法未来形に関しては、接続詞の種類の別に関係なく、ポルトガル語は全て cum の場合に対応するのと同じ表現（人称不定法）を用いて表現する（例：ラ cum amavero［接続法未来］：ポ como eu amar［現代文法で言う、人称不定法］）と主張している。即ち、quamvis の場合も（掲示はされないが）posto que eu amar［人称不定法］となるということである。

参考文献

豊島正之（2016）「キリシタン文典に見える「語根」に就て」『国語と国文学』93-6、pp. 51-64

豊島正之（2018）「キリシタン日本語文典の典拠問題と電子化テキスト」『訓点語と訓点資料』140、pp. 122-108（左1-15）

Cardoso, Jeronimo (1552) *Grammaticae introductiones breuiores et lucidiores* (Lisboa)

Nebrija, Antonio (1492) *Gramática* [*de la lengua castellana*] (Salamanca)

Nebrija, Antonio (1495) [*Introductiones latinae*]（edición extensa：広本）(Salamanca)

Real Academia Española (1771) *Gramática de la lengua castellana* (Madrid)

Lukács, Ladslaus (László) (1986) *Ratio atque institutio studiorum Societatis Iesu 1586 1591 1599* (*Monumenta Paedagogica Societatis Iesu V, Monumenta Historica Societatis Iesu vol. 129*) (Institutum historicum Societatis Iesu, Roma)

Martín Baños, Pedro (2014) *Repertorio bibliográfico de las Introductiones latinae de Antonio de Nebrija* (Editorial Academia del Hispanismo, Vigo)

【黒川茉莉・豊島正之】

〔コラム〕実務家としてのロドリゲス

　このコラムでは、**ツヅ・ロドリゲス**が持つ別の側面について簡潔に述べたい。筆者が「ツヅ」と聞いて思い浮かべるのは、**イエズス会**[*p.56]の上長が秀吉や家康に面会する際の「通事」としての姿と、長崎に来航するポルトガル商船がもたらすイエズス会の割り当て商品を日本国内の流通ネットワークに乗せ、そこから得た利益をそれぞれ適切な場所に分配する財務担当としての姿である。[*p.85]

　ザビエル[*p.125]による日本布教の開始からおよそ30年間、日本人とヨーロッパ人宣教師の対話は、多少日本語を学んだヨーロッパ人と**ポルトガル語**[*p.68]を若干了解する日本人修道士の、互いに流暢とは言えないコミュニケーションで成立していた。1570年から81年までイエズス会の日本布教長を務めたフランシスコ・カブラルは、日本人とヨーロッパ人の意思疎通は容易ではなく、最も日本語ができるフロイスでも日本人の前では説教したがらない、と記している（Schütte1951：295）。それゆえヨーロッパ人で日本人の為政者の間で通訳ができたツヅの日本語能力における非凡さは並々ならぬものであったと想像される。とりわけ家康はツヅを重用し、スペイン人やポルトガル人との外交・通商に関する審議の場にも同席させた。

　もう1つの彼の重要な仕事は、「プロクラドール」と呼ばれる財務担当であった。イエズス会と**南蛮**貿易の深いつながりについては、高瀬弘一郎の研究でも明らかにされてきたが、その関わりは長崎で船から荷物を降ろして終わりではなかった。イエズス会は輸入生糸の搬入において、独自の割り当て分を**マカオ**の共同出資組合（アルマサン）の中に保有していたが、それ以外にもポルトガル船で運ばれてくる多[*p.7]くの商品の差配に関わっていた。長崎には諸国から商人が集まり、イエズス会の便宜を得て、より良い条件での取引を願う者が後を絶たなかった。このような商人のネットワークは少なくとも九州から上方へと広がっており、イエズス会の布教もそのネットワーク上で拡張したと考えられる（岡2021：398-400）。

　ツヅの日本での布教、財務、語学、印刷事業における功績は多岐に及んだが、1610年、図らずも長崎からマカオへと異動することになる。その背景には貿易業務をめぐる長崎奉行長谷川左兵衛と同代官村山等安との確執があったと言われる。また村山等安の妻との、司祭と信徒の関係を超えた親密さも異動当時大きな問題とされた（高瀬2017：657-661）。筆者がかつて分析したことがあるクリティカルな内容の「日本プロクラドールの覚書」はツヅによるものと考えられるが、日本布教を解任されたことに対する鬱積は相当なものであったことが、その内容からも推察される（岡2010：241-279）。

　とはいえ、マカオに異動してからも、言語を学ぶことへの熱意は衰えず、日本語の知識を生かして中国語も習得したようで、マカオ政府から明宮廷への使節に通訳として同行した。ちょうどロドリゲスと同時期に明に赴いた李氏朝鮮の官僚鄭斗源一行は、イエズス会内で漢訳されていた天文学、暦学、地理の書などを入手し、さらには紅夷砲の製造法も学んだ。一行の訳官李栄後はロドリゲス（漢名陸若漢）と書翰を交換し、暦の算出方法等の仔細を学ぶことに努めたが、これらの交流は西洋文物・科学が朝鮮に伝えられる最初の契機となった（鈴木2011）。彼は、新しいことを学び、それを人に教えることに悦びを感じる、豪放磊落な性格であったようで、その人物像についても興味が尽きない。

参考文献

岡美穂子（2010）『商人と宣教師―南蛮貿易の世界―』東京大学出版会

岡美穂子（2021）「海と権力―宣教師報告に見る畿内＝九州移動ルートの分析を手掛かりに―」『国立歴史民俗博物館研究紀要』223、pp. 387-406

鈴木信昭（2011）「朝鮮仁祖八年間安官崔有海の伝聞した西学情報」『朝鮮学報』221、pp. 83-115

高瀬弘一郎（2017）『新訂増補 キリシタン時代対外関係の研究』八木書店

Schütte, Joseph Franz (1951) *Valignanos Missionsgrundsätze für Japan*, vol I. Rome: Edizioni di storia e letteratura

【岡美穂子】

4. 印刷技術

4.1. キリシタン版と活字印刷

4.1.1. 活字印刷の歴史

キリシタン版（Jesuit Mission Press in Japan）はすべて西洋式金属活字プレス印刷術（typography）_{*p.43}によって出版された。中国を起源とする活字印刷術は 15 世紀半ばにドイツのマインツでグーテンベルク（Johannes Gutenberg, 1400? - 1468）によって改良されてヴェネチア、パリ、**ローマ**、ケルン、_{*p.69}アントウェルペンなどのヨーロッパ各地に急速に拡大し、15 世紀後半には 300 都市の 1,200 を超える印刷所が**インクナブラ**（incunabula：揺籃期活字本）を出版したが、日本における**イエズス会**の_*活字印刷術は、**ヴァリニャーノ**の起案した天正遣欧使節がヨーロッパから活字印刷機とローマン_{*p.68}体ラテンアルファベット活字および前期国字本の仮名漢字活字を持ち帰ったことにより 1590 年頃に始まった。これは朝鮮式銅活字印刷術と並んで、日本における最も早い時期の活字印刷の実践である。但し、活字はキリシタン弾圧に伴い**マカオ**に持ち出された後、行方不明となった。_{*p.7}

> **＊インクナブラ**：インキュナブラともいい、15 世紀の活字本をいう。黎明期の活字印刷本については Carter (2002)、Werner (2019) が詳しい他、国立国会図書館ウェブサイト「インキュナブラ　西洋印刷術の黎明」https://www.ndl.go.jp/incunabula/index.html がカラー画像多数で理解しやすい。

4.1.2. 活字印刷の技法

　西洋式金属活字プレス印刷術は、活字製作、組版、インク、用紙、印刷、校正、裁断、製本などの様々な要素から成り立っている。

　金属活字は、①活字父型（punch）を堅い金属棒から削り出し、②父型を柔らかい金属棒の側面に打ち込んで母型（matrix）を作成し、③母型を鋳造機（hand mould）に固定し、④鉛とスズを主成分とする融解合金を流し込み、⑤冷え固まったら枠を外して活字（type metal）を取り出す、という工程によって制作され、1つの父型から手作業で活字を量産する（図1）。

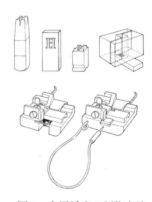

図1　金属活字の制作方法
（Gaskell, 1972 より転載）

　活字箱（case）に収められた活字は、文選工・植字工という職人により草稿にしたがって並べられ、活字固定と調整のため字間にスペース（space）やクワタ（quad）、行間にインテル（interline-leads）という込め物を配置して版面（composition）を構成し、並べた活字の外周を縛り、字面を上にして木製の印刷機（press）に固定する。

　用紙は二折の大型本の**判型**（format）をフォリオ（folio）、四折本をクワルト（quarto）、八折本を_{*p.56}オクタボ（octabo）といい、キリシタン版の欧文やローマ字国字本もこれに基づく。重ねた用紙を紙押さえに挟んで位置を調整した後、活字面にタンポ（ink ball）に含ませたインクを塗り、用紙を載せて裏側から強い圧力をかけて印刷される（図2）。

　インクは油煙（炭素から成る煤）、亜麻仁油（植物性油脂）、辰砂（硫化水銀の鉱物）などを混合し煮

図2　西洋式活字プレス
印刷機

（Die so nöthing als nützliche,
Theil 1, 1740 口絵　ヘルツォー
ク・アウグスト図書館蔵）

図3　袋綴じの本

カサナテンセ図書館の『どちりなき
りしたん』49 オ - 54 オ（筆者撮影）

図4　オクタボ版（第1種配置）
の折丁と製本

用紙オモテ

3r ↑	6v ↑	5r ↑	4v ↑
2v ↓	7r ↓	8v ↓	1r ↓

用紙ウラ

2r ↑	7v ↑	8r ↑	1v ↑
3v ↓	6r ↓	5v ↓	4r ↓

詰める。この配合は印刷物の出来を左右し、印刷所の秘伝とされていた。用紙は 19 世紀にパルプが使われるまでぼろ布の繊維を洋紙の原料として用いたが、日本で出版されたキリシタン版は日本で現地調達した和紙を好んで用いた（豊島 2014）。ラテンアルファベットを用いる横書き（欧文・日本語文）の本は宣教師が「鳥の子」と呼ぶ雁皮紙（がんぴ）に両面印刷して折りたたんで折丁（quire）を作り、重ねた後に裁断して製本する西洋式の製本技術、漢字仮名を用いる縦書きの国字本は楮紙に片面印刷して袋綴じする日本の製本技術（図3）による。折丁の 1 枚の全紙は何度か折り畳み裁断して製本するが、原則として片面を 1 度に印刷するため、切り出した際に天地やページ配置が適切になるよう組み付け（imposition）が行われた（図4）。

　印刷が進行するのと同時に校正が行われた。修正はその場で直ちに行われたが、修正前の印刷済み用紙も廃棄されずしばしば製本に利用され、現存する『落葉集』諸本のように内容がすべて微妙に異なることがある（小島 1978：3-11）。これに間に合わなかった部分は正誤表（errata）として巻末に付されたが、『日葡辞書』の補遺は修正を含みつつ本文の内容を増補し、本篇の印刷段階から補遺作成を予定していたことが序文からもうかがえる。また、『ひですの経』表紙裏打ちに使われた同書第 8 丁断簡のように、1 丁の冒頭と末尾を意識的に揃えながら内容が大きく変わった例がある。これは全体が刷り上がった後、何らかの理由により 1 丁全体を差し替えた、もしくは差し替えようとして果たさなかったことを意味する（折井・白井・豊島 2011：141-146）。

　製本は印刷とは別工程なため、キリシタン版の表紙は様々で、バチカン図書館には献呈本とみられる立派な装丁の本がある。印刷された用紙はしばしば裁断前の状態で保管され、『天草版ラテン文典』（1594 刊）表紙の芯に『ぎやどぺかどる』（1599 刊）の反故紙が利用されるように、刊行年次が早い本の表紙補強紙に後から印刷された本の反故紙を使用することがある（カルロス・アスンサン／豊島 2012：285）。また、四折本『サカラメンタ提要』（1605 刊）や『日本小文典』（1620 刊）には、印刷後に同一丁が重ねて積まれたために 4 丁毎に同一箇所に虫損・水損が認められる（豊島 2001：361-362、豊島 2009：80）。合冊で通しページが付けられた『天草版平家物語』（1593 刊）と『天草版伊曽保物語』（1594 刊）も、全体が出来上がってから序文が印刷されている（豊島 2019）。

　印刷上の課題として、活字面に圧力が均等にかからないと印字が欠け、圧力が強すぎると活字

図5　印圧によるへこみと空押し
カサナテンセ図書館の『どちりなきりしたん』8ウ
（筆者撮影）

が紙を突き破って穿孔（strike-through）し、インクの配合や濃度が不適切だと刷りムラ（mottling）や裏移りなどの問題が生じる。印字の際には紙面がへこむ程の強い圧力がかかる（図5）ため、固定が不十分だと活字面に凹凸が生じることがあり、1枚板の木版刷りに比べて印刷工程は複雑だが、西洋で木版刷りが普及せず活字印刷術が普及したのは、活字の量産と回転襲用（再利用）によって、こうした欠点に勝る効率性が認められたからである。

　ところで、キリシタン版の金属活字は西洋式の踏襲であるとみられてきたが、Pratt（2003）による**グーテンベルク聖書**の活字印刷の精査により、これらに微妙な形状の相違があることが指摘されている。このことの理由として鋳型が金属ではなく砂か粘土であったとする説もあるが、Pratt（2003）はこれを否定している。キリシタン版の一部の金属活字にも同様の特徴が認められるが、何に由来するのか明らかではない。

　＊**グーテンベルク聖書**：ドイツのマインツでグーテンベルクが活字印刷技術を改良し、1455年頃に印刷した聖書である。**カトリック**教会が採用した標準**ラテン語**訳聖書（**ウルガタ訳**）で、1ページ42行組みなので42行聖書ともいわれる。紙および羊皮紙（ベラム：Vellum）に印刷した約50点が現存する。慶應義塾大学によって電子画像が公開されている。

4.2. 活字印刷と正書法の関係

　活字印刷本は大量生産と流通を前提とする点で写本とは異なり、綴り字を統一する正書法（orthography：表記法の統一）が必要だった。西洋では活字印刷の普及によってラテン語以外の俗語が国語として印刷され始めるが、国家的権威による正書法が存在しない時代には、印刷工房における文選工・植字工の方針が事実上、各国語の標準語の表記を決定した。注意すべきは、それが言語的に根拠のある規範なのか、単なる印刷上の統一に過ぎないのか、判断が難しいという点である。

　例えば、**ポルトガル語**で印刷されたキリシタン版『日本大文典』と『日本小文典』の著者**ロドリゲス**の自筆本の綴り字は印刷本の綴り字と一致せず、さらに印刷本相互でも一致せず、自筆本でゆれがある表記が『日本大文典』では前半と後半で異なる綴り字で統一されるなどの特徴があり、ロドリゲス自身がポルトガル語正書法に積極的に関与したとは考えにくい（丸山2020：117-148、豊島編2013：133-134）。

　また、和欧混植を行うキリシタン版国字本『ぎやどぺかどる』の冒頭に近い部分には版心の魚尾の白黒が交互に現れるが、それと連動して、欧文のベースラインが中央と左寄りで変化する。意図的に切り替えたとは考えられず、組版方針の異なる担当者がいたことを示唆する。中盤以降見られなくなり左寄りのベースラインで固定されることからみて、印刷工程上での方針の統一なのは明らかである（豊島2009：73-78）（図6）。

　その他、本書コラム「キリシタン文献・ローマ字本の分かち書きについて」にも説明があるように、キリシタン版日本語ローマ字本は1591年から1593年頃にかけて助詞の分かち書きを行うが、その後分かち書きを止めている。多少の不統一はあるものの『天草版平家物語』のp. 207

で方針が変わるが、章立てなどの内容の切れ目ではなく下部の**丁合符号***（signature）“O” が示すように新しい折丁がここから開始することによる（豊島 2019、白井 2019）（図 7）。

> * **丁合符号**：下部欄外の次ページ冒頭の語（catchword）と共に、乱丁を防ぐ目的で下部中央などに入れた記号。『日葡辞書』では、A 部冒頭 1 丁オモテが “A”、2 丁オモテが “A2” で、5 丁オモテが “B”、以下順に “Aa”、“Aaa”、“a”、“aa” がそれぞれ Z (z) まで進む。このことは、扉や序文、允許状、**出版許可***p.118状は本体と別紙であり、印刷順序が連続的でなかった可能性を示唆している。

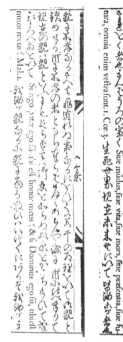

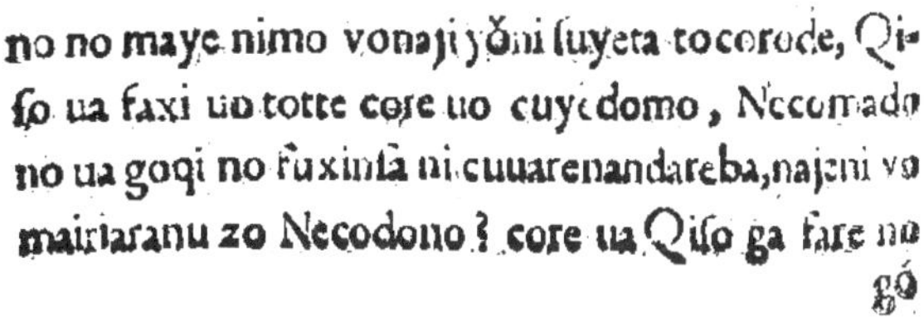

図 6　ベースラインの相違

黒魚尾の奇数丁では欧文のベースラインが行の中央にあるため全体が右に寄りすぎているのに対し、白魚尾の偶数丁ではベースラインが行の左側にあるため収まりが良い。（上巻 9 ウ、20 ウ）

草稿段階でこの位置での分かち書き方針切り替えが計画されていたとは考えられず、印刷工程で初めて実現した特徴である。用紙切り替えの際には活字組版の解体と次の組版が行われ、その間に分かち書きの方針が変わったのだが、そうした変更がイエズス会の日本語正書法として計画的に実施されたか、植字工の判断によって現場優先で実施され、その後に追認・定着したのか判断が難しい。

キリシタン版の拗長音の表記に Biǒ と Beô の “i / e” のように 2 通りあることは『日葡辞書』の「序言」にも説明があり、当時の仮名遣いやポルトガル語の正書法が介入した同音異表記とするのが通説である（土井・森田・長南 1980 : 848-853、森田 1993 : 177-184）。『日葡辞書』における i/e の分布は一見すると無秩序だが、用紙の折単位で方針が異なると考えれば説明が付くので、こうした特徴に言語上の規範の問題を絡めるべきではない（豊島 2015）。

キリシタン版は、それが活字印刷されたという点において原理上、写本の延長にある木版とは性格が異なり様々な思惑が介入する余地がある。その結果、言語表現として現れる特徴が印刷上の特徴に一致することも珍しくない。キリシタン版を言語資料として利用するためには、活字印刷の技術的特徴に配慮することが不可欠である。

no no maye nimo vonaji yǒni ſuyeta tocorode, Qi-
ſo ua faxi uo totte core uo cuyedomo, Neccorado
no ua goqi no fuxinſa ni cuuarenandareba, najeni vo
mairaranu zo Necodono? core ua Qiſo ga fare no
gô

図 7-1　p. 206 下部

ſoua curumano vchide nocqeni tauorete, chô no
faneuo firogueta yǒni, ſayǔno ſodeuo firoguete
voqeôto ſuredomo, yǒca voqirareô; nauomo go
rocuchǒ fodo fiqizzuttani, Canefira muchini abu-
O　mi

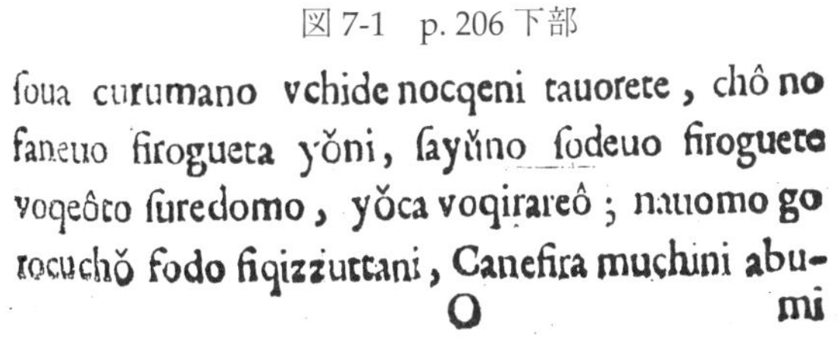

図 7-2　p. 207 下部
丁合符号 "O" がみえている

4.3. 活字印刷とキリシタン版の関係

4.3.1. 欧文および日本語ローマ字本

キリシタン版の活字に関する研究は、洋書と同じ印刷技術を用いた欧文および日本語ローマ字本が先行した。天理図書館編（1973）は欧文書体の歴史、キリシタン版における各書体の使用状況を明らかにしている。主要なローマン体活字は 7 種類あり、天正遣欧使節が持ち帰った 3 種類

のローマン活字は、西洋では旧式化していた Canon Roman（約 48 ポイント）がタイトル用（RⅠ：分類名称は天理図書館編 1973 に従う）、大文字、大文字小文字を備え 16 世紀のアントウェルペンのプランタン印刷所が採用した Double Pica（約 22 ポイント）が主に小見出し用（RⅡ）、同じく Pica（約 11 ポイント）が本文用（RⅣ）で、『サントスの御作業』（1591 刊）など初期のみ Petit Romain が主に注記用（RⅤ）であり、後に日本製の第 3 種群（RⅢ a Ⅲ b Ⅲ c）が加わるが、『サントスの御作業のうち抜書』（1591 刊）と『日本大文典』（1604-08 刊）の扉を比較すれば、活字デザインと組版精度の違いが理解できる（図 8）。

SANCTOS	第 1 種ローマン体大文字（RⅠ）約 48 ポイント
NOGOSAGVEONO	第 2 種ローマン体大文字（RⅡ）約 22 ポイント
VCHINVQIGAQI	第 5 種ローマン体大文字（RⅤ）約 10 ポイント
quan dai ichi .	同　小文字（RⅤ）
FIIENNOGVNITACACVNOGVN	第 4 種ローマン体大文字（RⅣ）約 11 ポイント
IESVSNOCOMPANHIANOCOLLEGIO	第 5 種ローマン体大文字（RⅤ）
Cazzusa ni voite Superiores no von yuruxi uo co	同　小文字（RⅤ）
muri core uo fan to nasu mono nari. Goxxuxe irai	
MDLXXXXI.	第 4 種ローマン体大文字（RⅣ）

リスボンで出版された『日本のカテキズモ』にイタリック体がみられるのはリスボンの印刷工房に印刷を発注したためで、天正遣欧使節はイタリック体活字を持ち帰らなかった（豊島 2013：151-152）。ローマン体とイタリック体の混用は、当時の西洋の書物では当然の姿である。

したがってキリシタン版のイタリック活字はすべて日本製で使用開始が遅れ、当初は小文字しかなく不完全だった。その後、『ぎやどぺかどる』末尾の "FINIS"（完）に大文字の Pica Italic（約 11 ポイント）が初出し、『ドチリナキリシタン』（1600 刊）以降には小

図 8　『サントスの御作業』（1591 刊）1 巻標題紙（左）と『日本大文典』（1604-08 刊）標題紙（右）

文字も併用される。さらに『日葡辞書』（1603-04 刊）に大・小文字を備える Paragon Italic が登場したことで「この文字の出現をえてきりしたん版は、書物美の上から、また印刷文字配合の上から、もっとも優れた段階に立つにいたった」（天理図書館編 1973：111。このことは富永 1978：168-170 に詳しい）。それにより、『羅葡日辞書』（1595 刊）で Lusitanice（ポルトガル語）と Iaponice（日本語）を "Lus" と "Iap" で切り替えていたところを、『日葡辞書』ではローマン体が日本語、イタリック体がポルトガル語に対応し、言語の区別に役立っている（図 9）。

4.3.2. 国字本
美濃判の和紙を用いた片面刷り袋綴じを基本とする国字本は、使用活字によって極初期の試行

版、前期版、後期版に区分できる。京都で唯一出版された原田アントニオ出版の木活字版『こんてむつすむんぢ』は活字形状こそキリシタン版に類似するが活字使用の特徴がキリシタン版とは大きく異なり、キリシタン版とは考えにくい（白井 2015）。

極初期は試行段階の断簡が残るのみである。

前期国字本は 1591-1592 年頃に印刷された『どちりいなきりしたん』『ばうちずもの授けやう』で、リスボン刊『日本のカテキズモ』（パッソス・マノエル校本およびサラマンカ大学本）の扉にこれらに使ったのと同じ活字で漢字「世主子（ぜすす）」と仮名「満理阿（まりあ）」が押印されていることから、前期国字本の活字は天正遣欧使節に随行したジョルジュ・デ・ロヨラの筆跡に基づき西洋で製作され、日本に持ち帰った活字により印刷されたことが確認された（豊島 2010）。使用活字の特徴は漢字や連綿が少ないことで、後期国字本に比べれば未熟な印象がある（山口 1992、中根 1999：118-121、大内田 2000：28-31）（図 10）。

後期国字本は 1598 年以降に印刷された国字本で、『さるばとるむんぢ』『落葉集』『ぎやどぺかどる』（1599 刊）『朗詠雑筆』（1600 刊）はイエズス会版、『おらしよの翻訳』『どちりなきりしたん』（ともに 1600 刊）および『ひですの経』（1611 刊）は後藤宗印が担当した**後藤版**で振り仮名に特徴がある。『太平記抜書』（刊行年不明）は、版面が乱れ粗悪な木活字が大量に投入されているためキリシタン版末期の印刷とされるが、使用活字を精査すれば別の答えが得られるかもしれない。
*p.106

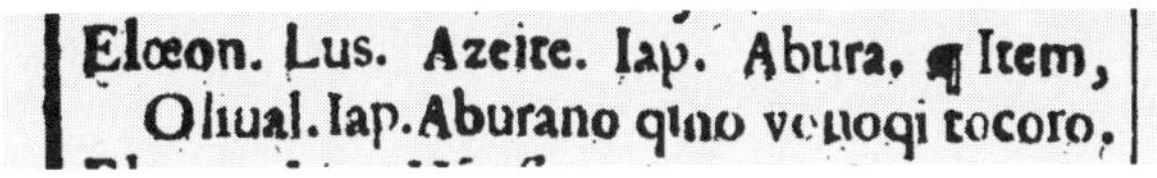

4.3.3. 木活字を用いたハイブリッド印刷

活字印刷に必要となる活字を準備するためには、活字の種類と個数を見積もる必要があり、印刷しようとする言語に関する知見が必要である。

活字の種類については、ラテンアルファベットを用いる言語では基本となるローマン活字に句読点などの約物を加え、大文字やイタリック活字、更に大きさの異なる活字を複数用意しても必要となる種類に迷うことがない。活字の個数は、子音字の "q" や "z" に比べて母音字が多く必要となる（図 11）が、『日葡辞書』の "q" の部では、本来ならローマ体に統一されるべき日本語の

Elæon. Lus. Azeite. Iap. Abura, ¶ Item, Oliual. Iap. Aburano qino veuoqi tocoro,

図 9-1 『羅葡日辞書』の "Elaeon"（油） p.236

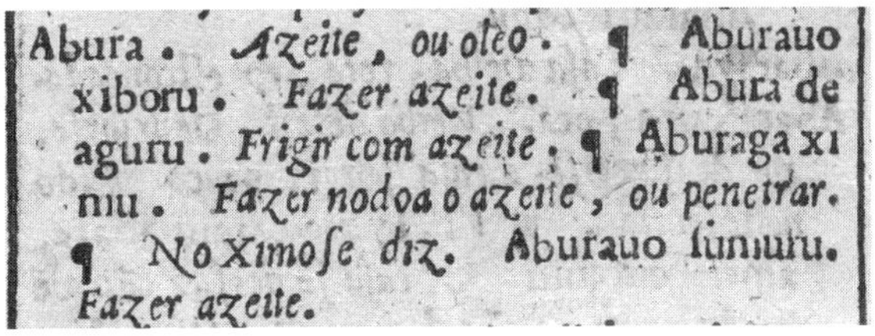

Abura. Azeite, ou oleo. ¶ Aburauo xiboru. Fazer azeite. ¶ Abura de aguru. Frigir com azeite, ¶ Aburaga xiniu. Fazer nodoa o azeite, ou penetrar. ¶ No ximose diz. Aburauo iumuru. ¶ Fazer azeite.

図 9-2 『日葡辞書』の「油」 1v

『羅葡日辞書』では言語を一々明記する必要があったが、『日葡辞書』は頻繁な言語の切り替えに書体の切り替えで対応し、洗練した仕上がりを見せている。

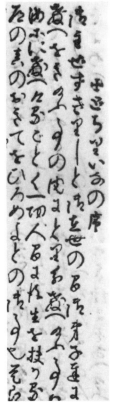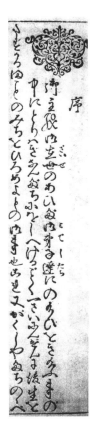

図 10 前期国字本『どちりいなきりしたん』と後期国字本『どちりなきりしたん』

前期国字本（1オ：左）は字間が広いため散漫な印象を受けるが、後期国字本（1ウ：右）は連綿活字を多用して緊密な組版となっている。

見出し語にポルトガル語を組版するイタリック体が混入し、もともと少ない活字を集中利用したために生じた不足を補っている（中野 2021：19-33）。

　日本語の漢字・仮名について、種類と個数の双方から必要性を予測し過不足なく活字を用意するのは西洋の言語に比べてはるかに難しい問題だが、活字の種類については、漢字辞書『落葉集』（1598 刊）所収の約 2,160 字種の漢字（異体字を除く）とその和訓 *p.50 が基盤となって『ぎやどぺかどる』が刊行されており、日本語学習のための辞書を編集する目的と、キリシタン版国字本印刷のための活字を製作する目的とが密接に融合した計画的な漢字整理があった（豊島 2002）。しかし、活字の個数は文脈に大きく依存するため予測が困難であり根本的な解決が難しい。

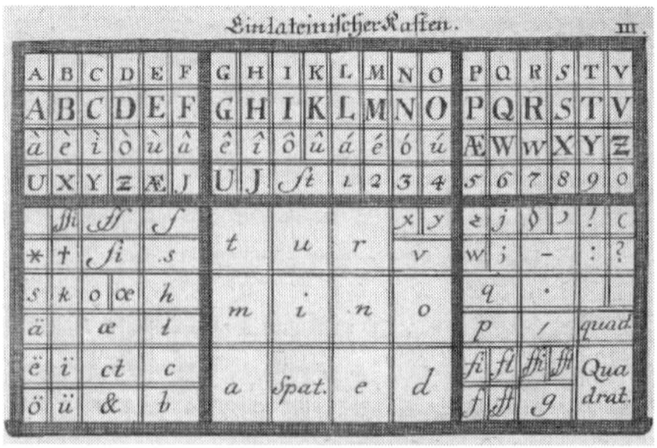

　活字印刷のイメージに反するが、高々 1 個しかないと思われる活字が予想外に多いこともキリシタン版後期国字本の特徴である。それらは同一丁内に 2 個、3 個必要となると次々に異形の活字が現れてくるが、同一父型に基づく金属活字の量産ではなく、1 個ずつ形状の異なる木活字の追加であり、この特徴は『ぎやどぺかどる』（1599 刊）、『どちりなきりしたん』（1600 刊）にも認められる（新井 1958、白井 2004）。同一父型に基づく活字の量産という常識に反しており、かなり早い段階で金属活字の製作が不可能になったことを示している。

　このような問題は、日本の古典に基づく『朗詠雑筆』『太平記抜書』で原文の表記に従うことによって顕著になり、それを補填するために木活字が濫造される。また、医学・自然科学分野の内容を含む『ひですの経』では宗教書に現れにくい人体に関する漢字で問題が顕著になっている。『ひですの経』で、分布および形状からみて量産された金属活字ではないと推定できる活字印影を囲って示した（図 12）。

　このような活字不足の他に、既存の在庫活字を探さず（探せず）場当たり的に印刷を進めたことも混乱の原因になったらしい。『落葉集』の 2,000 字水準で常用的な漢字と和訓を選び出したキリシタン版の漢字整理は、表現や表記をある程度まで自由に選べる翻訳宗教文献には対応できても、漢文脈を含む『朗詠雑筆』や大規模な『太平記抜書』の漢字表記に忠実に対応できない。

　木活字はその問題を解決するために計画的に導入されたものであり、基盤部分を金属で製作し、不足部分を木で補うという効率的なハイブリッド印刷が、日本語の漢字に対応するキリシタン版の活字印刷の第 2 段階として早い段階で構想された姿だったと考えたい。但し、これは仮説の域を出ておらず、今後の検証が必要である。

図 11　活字箱
（Die so nöthing als nützliche, Theil 1, 1740 p.106 付属図版　ヘルツォーク・アウグスト図書館蔵）

活字箱の例では手前側中央の大きな区分けによく使う文字が集まっている。こうした調整は経験の蓄積によって十分に対応可能だっただろうが、キリシタン版の漢字活字ではどうだろうか。

図 12　『ひですの経』58 オの木活字

頻出する「歯」活字にはすべて異なる形状の木活字が使われている。

参考文献

カルロス アスンサン・豊島正之（2012）『天草版ラテン文典 エボラ公共図書館所蔵』八木書店

新井トシ（1958）「きりしたん版国字本の印行について（3）」『ビブリア』11、pp. 34-41

小宮山博史・府川充男企画編集（2009）『活字印刷の文化史—きりしたん版・古活字版から新常用漢字表まで—』勉誠出版

大内田貞郎（2000）「きりしたん版について」（印刷史研究会編『本と活字の歴史事典』柏書房）

折井善果（2010）『キリシタン文学における日欧文化比較—ルイス・デ・グラナダと日本—』教文館

折井善果・白井純・豊島正之釈文・解説（2011）『ひですの経』八木書店

小島幸枝（1978）『耶蘇会板落葉集総索引』笠間書院

佐々木孝浩（2016）「キリシタン版国字本の造本について—平仮名古活字本との比較を通して—」『斯道文庫論集』51、pp. 33-61

白井純（2004）「中近世の印刷術」『日本語学』23-12、pp. 75-81

白井純（2015）「原田版「こんてむつすむん地」の版式について」『訓点語と訓点資料』135、pp. 左1-17

白井純（2019）「キリシタン版ローマ字日本語文の分節標示と疑問符—疑問文の文末位置以外にみられる疑問符を中心として—」『国文学攷』243、pp. 左1-20、広島大学国語国文学会

鈴木広光（2015）『日本語活字印刷史』名古屋大学出版会

高野彰（2014）『洋書の話 第二版』朗文堂

土井忠生・森田武・長南実編訳（1980）『邦訳 日葡辞書』岩波書店

豊島正之（2001）「ぎやどぺかどる　解説」（尾原悟編『ぎやどぺかどる』教文館）

豊島正之（2002）「キリシタン文献の漢字整理について」『国語と国文学』79-11、pp. 47-59

豊島正之（2009）「キリシタン版の文字と版式」（小宮山・府川編（2009）所収）

豊島正之（2010）「前期キリシタン版の漢字活字に就て」『国語と国文学』87-3、pp. 45-60

豊島正之編（2013）『キリシタンと出版』八木書店

豊島正之（2014）「キリシタン版の形」『上智大学国文学論集』47、pp. 1-17

豊島正之解説（2014）『サクラメンタ提要 長崎版』勉誠出版

豊島正之（2015）「キリシタン版の辞書」『文学』16-5、pp. 48-60

豊島正之（2019）「キリシタン版の表紙絵裏の本文の印刷に就て」『上智大学国文学論集』52、pp. 左1-12

豊島正之（2021）「キリシタン文献」（藤本幸夫編『書物・印刷・本屋—日中韓をめぐる本の文化史—』勉誠出版）

天理図書館編（1973）『きりしたん版の研究』天理大学出版部

富永牧太（1978）『きりしたん文字攷』富永牧太先生論文集刊行会

中野遙（2021）『キリシタン版 日葡辞書の解明』八木書店

中根勝（1999）『日本印刷技術史』八木書店

丸山徹（2020）『キリシタン世紀の言語学—大航海時代の語学書—』八木書店

森田武（1993）『日葡辞書提要』清文堂出版

山口忠男（1992）「初期キリシタン版の国字大字本について—「ばうちずもの授けやう」の印刷面を中心として—」『ビブリア』98、pp. 16-25

Carter, Harry (2002) *A View of Early Typography: Up to About 1600*, Oxford: Clarendon Press

Gaskell, Philip (1972) *A new Introduction to Bibliography*, Winchester, UK : St. Paul's Bibliographies ; New Castle, Del. : Oak Knoll Press ; New York : Distributed in the USA by Lyons & Burford

Pratt, Stephen (2003) The myth of identical types: a study of printing variations from handcast Gutenberg type, *Journal of Printing Historical Society, New Series 6*, pp. 7-1

Werner, Sarah (2019) *Studying Early Printed Books, 1450-1800 : A Pratical Guide*, Hoboken, USA : Wiley Blackwell

【白井　純】

---

5. 日本語学の枠組みを超えて

5.1. 諸言語への視点

　キリシタン語学は、対象とする文献の成立上、地域（日本）・学問分野（言語学）の枠組みを超えた知識が必須であるし、そのようにしてこそ発展性のある分野である。本書でも、**理論編・実践編・コラム**の各項目でその例が示されているが、本章ではそれを近年の研究動向とともに概観する。

　まず地域について述べる。キリシタン文献は**大航海時代**の宣教活動の一産物であり、丸山（2000）は、「キリシタン文献」には少なくとも次の3つの角度から光を当ててみる必要があるとした。
＊p.125

　①（16・17世紀の）**ラテン語・ポルトガル語**語学書成立の背景
　　　　　　　　　　＊p.68　　　＊p.68
　②同時代のアフリカ・ブラジル・インド、そして日本における（ポルトガル語で書かれた）現地語
　　文法書・辞書成立の背景
　③中世日本語の姿

　これまで日本においては主として上記③の観点から研究がすすめられてきたが（日本人の関与、日本語文献の引用改変など）、こうした語学書が、同時代のヨーロッパにおける語学書の構成に倣って（世界各地の現地語について）書かれているからには、上記①・②の観点を研究に導入することは不可欠である。

　①は、豊島（2019）、兵頭（2021）、そして**実践編**にも示されるように、原典との対応がほぼ判明している。これから解明されるところも多いが、研究は着実に進んでいる。

　しかし②の方は、方法論が確立しておらず、研究はまだ始まったばかりといえる。①・③をふまえた上で②を進める必要があり、少なくとも①のラテン語／ポルトガル語／**スペイン語**、③の日本語、②のさらに別の現地語の少なくとも3言語を比較する必要がある。例えば、ラテン語
＊p.68
Deus の日本・中国での用語の問題を例にとると、当時のヨーロッパ・カトリック教会の Deus の概念、その概念を表す日本のキリシタン文献の用語の変遷と Deus に類似する日本既成宗教の概念（「大日」「神」など）、さらに中国語による宣教文献の用語の変遷と Deus に類似する中国既成宗教の概念（「天」「上帝」など）とを比較すれば、日本（日本語）だけ見ているよりも、各用語の概念がより明確に把握できそうである。ただしこの例の場合、中国での用語「天主」は日本でも Deus を表すのに用いられたことがあるから（『日葡辞書』Tenxu の語釈）、相互の影響関係も考慮する必要がある。

　②を、範囲を広げて詳しく見ると、以下のようにも分類できよう。
　　宣教師の使用言語　ラテン語、ポルトガル語、スペイン語、etc.
　　宣教先の言語（現地語）　日本語、中国語、タミル語、コンカニ語、ベトナム語、etc.
　　地域　日本、中国、インド、ベトナム、etc.
　　文献の種類　文法書、辞書、教義書（ドチリナ）、その他
　　語彙の種類　文法用語、キリスト教用語、その他一般語彙

16 世紀以降、ポルトガルの支援を受けポルトガル人が多い**イエズス会**と、スペインの支援を
受けスペイン人が多い托鉢修道会（**ドミニコ会**・フランシスコ会・アウグスチヌス会）とが、アジア・
アフリカ・ラテンアメリカの各地で宣教活動を行った。日本宣教はイエズス会が開始し、主導し
たので、日本と比較がしやすいのはイエズス会がアジアで宣教した日本以外の地、中国、インド、
ベトナムである。その他の地域では、アジア外でイエズス会が宣教したブラジルやエチオピア、
アジアで日本と同時期に托鉢修道会が宣教したフィリピンなどである。托鉢修道会が宣教したラ
テンアメリカの諸地域も、メキシコのナワトル語・ケチュア語、ペルーのアイマラ語などの文法
書・辞書・ドチリナが複数刊行されており、**Missionary Linguistics**（**宣教に伴う言語学**）の立場か
らも研究が進められている。日本・日本語との関係は先に挙げたアジア諸地域と比べると薄いか
もしれないが、ヨーロッパの語学書類の影響を比較する上で重要である。

Missionary Linguistics の概要をつかむためには、日本語学を中心に Missionary Linguistics の
視点を具体的例もあげながら解説している丸山（2018）、イエズス会（ポルトガル語）の文法書お
よび辞書を中心とし、日本語についても扱っている Zwartjes（2011）が有用であろう。学界全体
の動向は 2003 年より開催されている研究大会やその大会論文選集である *Missionary Linguistics/
Linguistica Misionera* I-VI（John Benjamins, 2004-2021）を見ることで大勢を知ることができる。他に
も言語史・宣教史に関する学会で関連研究がしばしば発表されているので、詳しくは**実践編**をご
覧いただきたい。

比較する対象としては、欧文文献・2 種類以上の現地語の文献を用い、文法書における文法の
枠組みや文法用語、教義書（ドチリナ）におけるキリスト教概念の翻訳が取り上げられることが
多い。近年日本語で書かれた研究では、コンカニ語・コンゴ語のドチリナを日本語版と比較した
丸山（2020）、ラテンアメリカの複数の現地語文法書を、ラテン語文法との関係から位置づけた鈴
木（2020）が、日本語を含む複数の現地語テキストを具体的に分析したものであり、本節で紹介
した研究の方法論、方向性を考える上で大いに参考になる。

> **＊宣教に伴う言語学**（Missionary Linguistics）：アフリカ、アジア、中南米などの世界各地での宣教活
> 動には、現地語を学習して辞書や文法書を編集し、ラテン語やスペイン語・ポルトガル語の文献を
> 現地語に翻訳するという課題があった。それらの活動に共通する要素を横断的にとらえ、またそこ
> から個々の事例を改めて説明しようとする立場を Missionary Linguistics（宣教に伴う言語学、宣教と
> 言語学）といい、近年、国際的・学際的研究が活発になっている。

5.2. 諸分野への視点

次に、学問分野の枠組みを超えた研究について述べたい。キリシタン文献に記された言語を探
究するためには、大きく言えば、それが宣教活動の一部であることを認識し、活動をめぐる人や
ものについても併せて知る必要がある。

明治時代日本に**文献学**がもたらされた時、キリシタン文献に対しても歴史・思想・言語・文学・
美術などの面から総合的に分析しようとする姿勢がみられ、その必要性は常に認識されてきた。
キリシタン文化研究会による『**キリシタン研究**』（1942-）の刊行などはその一例であろう。しか
し学問の細分化の中で、日本史・西洋史・思想史・文学・美術史・音楽史などとの諸分野と日本
語研究との隔たりは大きくなり、方向性・方法論の違いもあって、互いの成果が共有されないこ
とが少なくない。また、日本語以外の言語で発表された成果は特に目に入りにくい。宣教活動を

めぐる何もかもを把握することはできないけれども、例えば、**ロドリゲス**は日本語研究者であったわけではなく、聖職者としてミサ典礼を行い、イエズス会の通訳や財政などの実務を担当した宣教師であったこと、16・17世紀のポルトガル人（ただし母国に居たのは10代まで）であったこと、中国に滞在した後『日本教会史』を書き残したことなどは、『日本大文典』『日本小文典』の内容とあわせて考える必要があろう（本書コラム「**実務家としてのロドリゲス**」参照のこと）。
→p.27

　上のようなキリシタン文献を総合的に捉える試みは、近年も活発に行われている。川村編（2021）など歴史学を柱とした研究が多いが、ここでは、本書と関わりの深い3点を取り上げたい。1つはMissionary Linguisticsだけでなく歴史・印刷史の視点を多く取り入れた豊島編（2013）である。本書『キリシタン語学入門』は、豊島編（2013）の入門編を意図したところがある。2点目は、末木編（2014）である。**不干ハビアン**が仏教を批判している『妙貞問答』上巻（吉田文庫本）の影印・翻刻・注に付したこの論文集は、仏教だけでなくキリスト教・神道、文学や語学の分析も含めており、キリシタン文献の多面性をあらためて示している。3点目は齋藤晃編（2020）である。ラテンアメリカやアジアの宣教活動における事例をテーマに、宣教において現地社会への「適応」がどのように行われたかを論じた共同研究の成果であり、「適応」の過程でなされた翻訳のありようも浮き彫りにしている。

　本書『キリシタン語学入門』は従来の研究を継承する意味で、**土井忠生**『吉利支丹語学の研究』に由来する「キリシタン語学」の名を冠している。しかしこれまで述べてきたとおり、日本語資料としての性格はキリシタン文献の一面に過ぎない。日本語学の成果の蓄積を土台としながら、その枠組みをどのように超えていくかが今後の課題である。

　＊キリシタン研究：キリシタン文化研究会（上智大学）が1942年に創刊した論文集・資料集。

　＊土井忠生：土井忠生（1900-1995）は京都大学卒で、広島大学などで教鞭を執った国語学者。**キリシタン版**の語学的特徴についての体系的な研究を行い、現在のキリシタン語学の基盤を築いた。代表的著作に『吉利支丹語学の研究』（1942 靖文社、新版は1971 三省堂）や『日本大文典』の訳註（1955）がある。『邦訳 日葡辞書』共著者の森田武（1913-1994）とは師弟関係がある。

参考文献

川村信三編（2021）『キリシタン歴史探求の現在と未来』教文館

齋藤晃編（2020）『宣教と適応』名古屋大学出版会

末木文美士編（2014）『妙貞問答を読む―ハビアンの仏教批判―』法蔵館

鈴木広光（2020）「「適応」と言語普遍」（齋藤晃編『宣教と適応』名古屋大学出版会）

豊島正之編（2013）『キリシタンと出版』八木書店

豊島正之（2019）「キリシタン文献の典拠問題」『国語と国文学』96-5、pp. 74-87

兵頭俊樹（2021）「『伊曽保物語』の翻訳底本から文語祖本説の再検討へ」『和歌山大学クロスカル教育機構研究紀要』2、pp. 8-44

丸山徹（2000）「ザビエルとロドリゲス」『南山大学ヨーロッパ研究センター報』6、pp. 15-27（丸山徹2020所収）

丸山徹（2018）「キリシタン資料」（日本語学会編『日本語学大辞典』東京堂出版、丸山徹2020所収）

丸山徹（2020）『キリシタン世紀の言語学―大航海時代の語学書―』八木書店

Zwartjes, Otto (2011) *Portuguese Missionary Grammars in Asia, Africa and Brazil, 1550-1800.* Amsterdam: John Benjamins

【岸本恵実】

〔コラム〕東西コスモロジーの出会いとキリシタン文献

　キリシタン時代の日本に伝来したヨーロッパの学知のひとつに、宇宙の構造やそれを貫く原理・法則について探求するコスモロジー（宇宙論）があった。その内容を現代に伝える書物が『天球論（De sphaera)』である。『天球論』は、**ペドロ・ゴメス**が1593年に編纂した日本**イエズス会**の『講義要綱』に収録される**ラテン語**宇宙論教科書で、球形の大地を諸天球が取り巻く宇宙の構造論（いわゆる天動説）や、さまざまな天文・気象現象の説明など、16世紀西洋宇宙論の大要を述べたものである。ゴメスは来日前にポルトガル・コインブラのイエズス会コレジオで哲学や神学を教授した経歴を持つ、来日宣教師随一の学者だった。『講義要綱』は、これまで司祭叙階を目指すコレジオ修学生向けの教理教科書と言われることが多かったが、実際には説教者として布教活動に貢献することが期待された日本人イルマンや同宿向けに講義されていたことが、近年の高瀬弘一郎の研究により明らかとなっている。

　宣教師がこうした科学知識を日本布教に導入した背景には、キリスト教の唯一創造神（デウス）の存在を確実かつ効果的に伝道する、という明確なねらいがあった。西洋の自然神学の伝統では、被造物としての自然は、神が編んだ一篇の書物に他ならず、それを読み解くことで神の御業を理解することができると考えられた。宣教師らは、自然界の秩序や法則からデウスの存在を導く論法（デザイン論 design arguments）を、とくにキリシタンの初入者に対して多用しており、宇宙論はそれを説得力ある形で展開するための「霊的道具」として導入されたのである。

　ラテン語による『天球論』の成立後に作成されたはずの日本語版は、長らく未発見だった。しかし2019年にスエン・オースタカンプ氏は、ドイツのヘルツォーク・アウグスト図書館所蔵の日本語版『講義要綱』写本を発見し、そこに収録される『スヘラの抜書』（ペドロ・モレホン択編）がそれにあたることをはじめて指摘した。モレホンは1590年に来日したイエズス会士で、1593年に天草コレジオではじまった『講義要綱』の最初の講義を担当した宣教師として知られている。しかし彼が『講義要綱』収録著作の編纂にまで関与していたことはこれまで知られておらず、この『スヘラの抜書』が初めての発見となる。現在その影印・校注の出版計画が進められている。今後同書の内容を詳しく検討することで、400年前の日本人が学んだ西洋コスモロジーの詳細について、多くの新事実が明らかとなるにちがいない。

　注目すべきは、この宇宙論教科書が禁教後もキリスト教的言辞が取り除かれた日本語著作として生き残り、江戸時代を通じて写本のかたちで流布したことである。その流布と受容のプロセスは、西洋のコスモロジーを本来の出自であるキリシタンの文脈から切り離し、自らの学問世界に取り込もうとする「自己化 appropriation」の過程に他ならなかった。

　たとえば『スヘラの抜書』においては、『天球論』における専門用語はおおむね**ポルトガル語**音訳されたが（たとえば「planeta（惑星）」を「パラネタ」とする等）、天文や気象に関わる学説を日本語訳するにあたり、東アジア的な「気」の概念（「陽気」「湿気」など）を使わずに済ませることはできなかった。また禁教後に『スヘラの抜書』からキリスト教的要素を取り除いてつくられた『二儀略説』において、それらの音訳語はすべて漢語化されたが、その作業はこの新しいコスモロジーを東アジア天文暦学の概念や術語を通じて解釈し、自らのものとする試みに他ならなかった。

　それとはやや独立するかたちで、元イエズス会士の**クリストヴァン・フェレイラ（沢野忠庵）**が翻訳した宇宙論書である『乾坤弁説』（17世紀中頃成立）においても、西洋のコスモロジーを中国の医学・気象理論である運気論（五運六気説）を通じて解説・翻訳しようとする傾向がみられる。さらに同じく忠庵の訳稿に由来する『南蛮運気論』（17世紀中頃成立）にいたっては、中国の運気論書からの引用や術語の改変などが色濃く施され、同書を手にした後代の学者たちは、それを**南蛮**の翻訳書ではなく、日本人医家の著作とみなしたほどだった。

　こうして南蛮渡来のコスモロジーは、東アジアの伝統科学とさまざまな異種交配を引き起こしつつ、近世日本社会に取り込まれていった。キリシタンという出自から離れて、新たな解釈や意味を付与されつつ自立的に流通したこれらのテクストは、東西コスモロジーの出会いと融合の歴史を示す証人でもあっ

たのである。

* **ペドロ・ゴメス**：Pedro Gómez（1533/35-1600）はスペイン出身でポルトガル・コインブラのイエズス会コレジオで哲学と神学を講義し、博学を以て知られていた。日本渡航後に積極的に宣教活動を続けた功績が認められ、1590年にイエズス会日本準管区長に任命された。キリシタン写本『講義要綱』に収録される『天球論』は、アリストテレスの宇宙論に基づいており、江戸時代に流布した日本人による宇宙論の書物である『二儀略説』の典拠となった。
* **クリストヴァン・フェレイラ（沢野忠庵）**：Cristóvão Ferreira（1580頃-1650）はポルトガル出身のイエズス会士で、1609年に来日した。禁教後も日本準管区長代理として宣教活動を続けたが、1633年に捕縛され中浦ジュリアンと共に拷問を受け棄教した。その後はキリシタン取り締まりに協力しながら、排耶書（キリスト教を攻撃する書物）『顕偽録』（1636成立）を著した。遠藤周作の小説『沈黙』に登場することでも知られる。
* **南蛮**：中国で南方の異民族を言い、『日葡辞書』にも「南の地方」という語釈がみえる。日本では東南アジアを指す言葉だったが、それらの地域を経由して日本を訪れるポルトガル人やスペイン人、および、それによって舶来する文化や物品全般を意味するようになった。但し、ヨーロッパ人でも後から来日したオランダ人は紅毛人としておおむね区別された。

参考文献

高瀬弘一郎（2017）『キリシタン時代のコレジオ』八木書店

平岡隆二（2013）『南蛮系宇宙論の原典的研究』花書院

平岡隆二（2021）「アリストテレスを運気論で読み解く―『南蛮運気論』と17世紀長崎における西学理解―」（武田時昌編『天と地の科学―東と西の出会い―』臨川書店）

【平岡隆二】

実 践 編

6.1. 日葡辞書
<ruby>日葡辞書<rt>にっぽじしょ</rt></ruby>

―日本語・ポルトガル語の対訳辞書―

6.1.1. 標題紙と本文冒頭 （ブラジル国立図書館蔵本）

図1　標題紙

図2　本文冒頭

　本文冒頭は Dos vocabulos que comecam polla letra A（A の文字から始まる語彙）に続いて、見出し語「A.［あ］」から始まる。

6.1.2. 基本書誌

正式書名　Vocabulario da Lingoa de Iapam com a declaração em Portugues, feito por alguns padres, e irmaõs da companhia de Iesu.（**イエズス会**のパアデレ達とイルマン達によって編纂され、**ポルトガル語**の説明を付した日本語辞書）
*p.85　　　　　　　　　　　　　　　　　　　　　　　　　　　　　　　　　　*p.68

成立・刊行　1603 年・長崎にて本篇刊行、翌 1604 年・同じく長崎にて補遺篇刊行

著編者　不明（複数のイエズス会のパアデレ・イルマン）

構成　標題紙・**許可状**・認定書・序文・例言・本篇・補遺篇
*p.118
　（但し、ボードレー本は許可状・認定書の順番が逆になっており、パリ本・リオ本はそもそも許可状と認定書の両方を持たない。エヴォラ本は許可状・認定書の順序は正しいが、その前に序文・例言が配されている。）

判型　クワルト

言語・活字　日本語・ポルトガル語、ローマン活字・イタリック活字

所蔵　オックスフォード大学ボードレー図書館（イギリス）、エヴォラ図書館（ポルトガル）、フランス国立図書館（パリ本）、ブラジル国立図書館（リオ本）　この他、写本がアジュダ文庫（ポルトガル）に所蔵されている。また、かつてマニラのサント・ドミンゴ修道院文庫に収められていた本もあるが、戦後行方不明となり、2021 年現在依然として行方が知られていない。マニラ

本の写真版は、上智大学キリシタン文庫に収められており、閲覧可能である。

ボードレー本には土井（1960）、亀井（1973）、月本（2013）がある。エヴォラ本には大塚（1999）、パリ本は石塚（1976）、リオ本はタシロ・白井（2020）がある。アジュダ文庫蔵写本の複製版も、三橋（出版年不明）がある。

各本にそれぞれ表記や活字などの僅かな違いが見られるが、内容の大きな違いは確認できない。但し、165r から 168v にかけては諸本間での活字の組み方や表記の異同が集中して見られる箇所であり、この箇所の組版に何らかのアクシデントが生じた可能性を示唆していると考えられる。尚、この「r」と「v」は、それぞれ recto と verso（印刷の表面と裏面）の頭文字を取った略記である。

＊ **recto と verso**：**ラテン語**由来の用語。洋書において、ページや丁（フォリオ）に丁付けがない場合や表側のみに丁付けがある場合、丁の表側（recto）を「r」、その裏側（verso）を「v」と省略して示
＊p.68
すことがある。従って、1r は第 1 丁オモテ、2v は第 2 丁ウラを意味する。

6.1.3. 解　説

キリシタン時代末期に刊行された、日本語・ポルトガル語対訳辞書であり、日本語を見出し語としたヨーロッパ言語との初の対訳辞書でもある。本文は全文ラテン文字活字のみで印刷されており、漢字仮名活字は用いられていない。辞書の体裁は、先に刊行された『羅葡日辞書』に倣ったとされる。見出し語数は全篇で約 33,000 語と、当時の日本語辞書・ポルトガル語辞書のどちらにおいても他に類を見ない大部な辞書である。辞書全体の規模だけではなく、同じ**キリシタン**
版語学辞書である『羅葡日辞書』の補遺篇が僅か 151 語であるのに対し、『日葡辞書』は補遺篇
＊
に約 7,000 語を立項しており、その補遺篇のボリュームも特筆される。

また、方言や卑語、女性語、幼児語といった**口語**表現から、仏法語、文書語、詩歌語まで、掲
＊p.12
載されている見出し語が多岐に亘っている点も特徴的である。当時の日本語辞書には、話し言葉や俗語表現を採っているものは殆ど無い。『日葡辞書』はそうした語も見出し語に立項し、更にはローマ字によって表記しているため、その当時の日本語の実態を窺い知ることができる貴重な資料だと言える。

これは、『日葡辞書』が宣教師達にとって必要な、実用的な辞書であったことによる。宣教師達にとっては、自身が人々と話す際には正しく丁寧な言葉を使う必要があったが、一方で、市井の人々の話を聴くためには、話し言葉や俗語的な表現、様々な位相の言葉を理解する必要があった。外国人宣教師の日本語学習用辞書としての特徴も、『日葡辞書』を考える上で重要な点である。

＊**キリシタン版**：対象とする範囲が異なる場合があるので注意が必要である。広義には、イエズス会が主催した天正遣欧使節の活動に伴う『日本のカテキズモ』（1586・リスボン刊）や『遣欧使節対話録』（1588・**マカオ**刊）、**ドミニコ会**の『日西辞書』（1630・マニラ刊）などを含む 16・17 世紀に日本宣教
＊p.7　　　　　　＊p.85
のために刊行された文献を意味する。狭義にはそのなかでイエズス会が日本で出版した 30 点あまりの欧文・和文の文献をいう。狭義のキリシタン版の出版地は加津佐（長崎県）・天草（熊本県）・長崎だが、唯一、京都で原田アントニオが『こんてむつすむんぢ』を出版した。但し使用活字は木活字でイエズス会とは異なり、活字の使用方法にも相違がみられるので、イエズス会版を模した古活字版とみられる（白井 2015）。

6.1.4. 本文より

『日葡辞書』は本文中にローマン活字とイタリック活字を併用しており、原則として、日本語をローマン活字、ポルトガル語（一部ラテン語）をイタリック活字というように、活字種による言語切替を行っている。尚、以下のポルトガル語の日本語訳部分は『邦訳 日葡辞書』の訳を引用した。

図3　例1『日葡辞書』（30v）

Cacugo . *Aparelho, preparação.* ¶ Ca-
cugono mayede gozaru. *O eſtar apare-
lhado, ou aduertido para algũa couſa.*

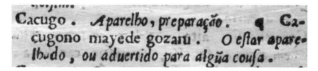

Cacugo.［覚悟］*Aparelho, preparação.*（用意、準備。）

¶ Cacugono mayede gozaru.［覚悟の前で御座る］

O estar aparelhado, ou aduertido para algũa cousa.（物事をするための用意ができている、または、心積もりをしている。）

例1では、日本語の見出し語と日本語による例文がローマン活字、見出し語の後の語釈と日本語例文に対応するポルトガル語訳がイタリック活字となっており、言語種による活字の切替があることが分かる。

現在刊行されている影印本の中では、リオ本の画像が最も鮮明であり、原本の印刷の様子が克明に確認できる。但し、先述の通りリオ本は許可状と認定書、そして補遺篇を持っておらず、また一部本体の状態の悪さから本文が不鮮明になっている場合がある。そのため、参照の際にはリオ本のみを見るのではなく、その他の諸本の影印も確認することが望ましい。特に、月本（2013）は補遺篇も持つボードレー本のフルカラー影印であり、『日葡辞書』原本を参照する際の影印本の第一候補に挙げられる。ポルトガル語本文の参考には、データベース「対訳ラテン語語彙集」があり、日本語部分とポルトガル語部分の訳については土井・森田・長南（1980）『邦訳 日葡辞書』がある。『邦訳 日葡辞書』はただの邦訳版というだけではなく、邦訳の際の問題点や注意事項などの説明も充実しており、研究書としても大きな意義がある。また、森田（1993）『日葡辞書提要』は『日葡辞書』についての必読の研究書であり、中野（2021）『キリシタン版 日葡辞書の解明』も『日葡辞書』解読の助けとなるだろう。

しかし、『邦訳 日葡辞書』だけを参照していては、『日葡辞書』の記述を誤読し兼ねない点もあり、必ず原文を確認する必要がある。以下に、その具体例も挙げつつ、『日葡辞書』を資料として扱い、精確に読み解く際の注意点を示す。

先ず、『日葡辞書』の最も基本的な語釈は、次のような日本語見出し語に対してポルトガル語語釈が付されるものである。

図4　例2『日葡辞書』（12v）

Aſaaqe. *Manhaã clara.*

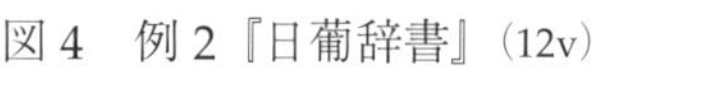

Asaaqe.［朝明け］*Manhaã clara.*（夜が明けたころ。）

これは最もシンプルな『日葡辞書』の語釈の例であるが、実際には『日葡辞書』の中には種々の注記が用いられており、精確な読解にはその注記の理解が必須となる。

例えば、次の例 3 は、見出し語とポルトガル語語釈の間に、日本語による注記が挿入されている。

図 5　例 3『日葡辞書』(63v)

Cuguiŏ . Vyauyaxicu vyamŏ. *Venerar cõ grande reuerencia.*
Cuguiŏ . Curuximi voconŏ . *Aspera penitencia.* *Vt*, Nanguiŏ cuguiŏuo xinegu. *Passar fazendo grande penitencia, ou sofrendo grandes trabalhos, & afliçoẽs pella saluação.*

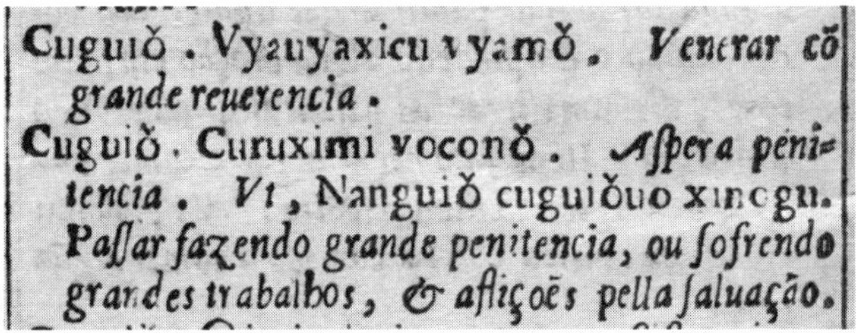

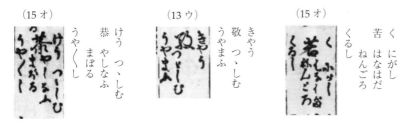

Cuguiŏ.［恭敬］Vyauyaxicu vyamŏ.［恭しく敬ふ］*Venerar cõ grande reuerencia.*（深い尊敬の念をもってあがめ敬うこと。）

Cuguiŏ.［苦行］Curuximi voconŏ.［苦しみ行ふ］*Aspera penitencia.*（きびしい苦行。）　（以下略）

図 6　例 4『落葉集』

（15 オ）

けう
恭　つゝしむ　やしなふ　まぼる
うや〳〵し

（13 ウ）

きやう
敬　つゝしむ
うやまふ

（15 オ）

く
苦　にがし　はなはだ　ねんごろ
くるし

見出し語・語釈間に置かれる訓釈は、見出し語の構成漢字の**定訓**＊p.50を用いて、見出し語の漢字表記を示す機能を持つ。定訓は、その漢字表記と最も定着している、現代の常用漢字訓のような字訓のことである。『日葡辞書』に先行する漢字字書『落葉集』の「小玉篇」で確認することができるため、原文を読み解く際は参照が望ましい。次に「恭」「敬」「苦」の『落葉集』「小玉篇」の例を参照する。それぞれ、「まぼる」「つゝしむ」「ねんごろ」など複数の字訓を持っているが、その中で最も定着している訓が、各漢字の左側に付された「うや〳〵し」「うやまふ」「くるし」であり、例 3 の訓釈と一致する。

このように、『日葡辞書』の訓釈は、原則として『落葉集』の定訓と一致しており、例 3 の「voconŏ.」も「行」の定訓である。訓釈は例 3 のような同音異義語に偏って用いられており、同音異義語の区別にも有効である。

この他、次のようにラテン語由来の注記を用いる例もある。

図 7　例 5『日葡辞書』(206v)

Raiguat . *l*, raiguet . Qitaru tçuqi . *Mes, ou lũa que vem .*

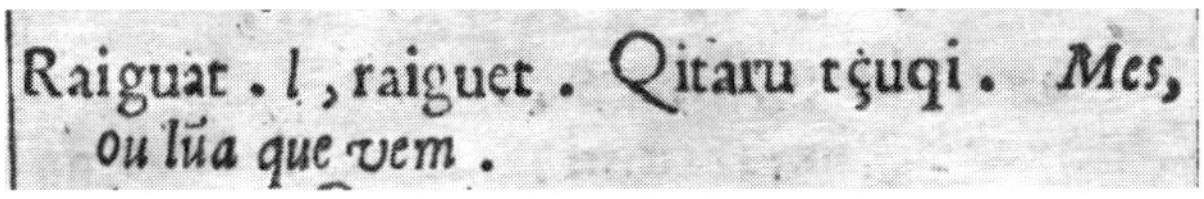

Raiguat.［来月］l. raiguet.［来月］Qitaru tçuqi.［来たる月］*Mes, ou lũa que vem.*（次の月。）

図 8　例 6『日葡辞書』(164r)

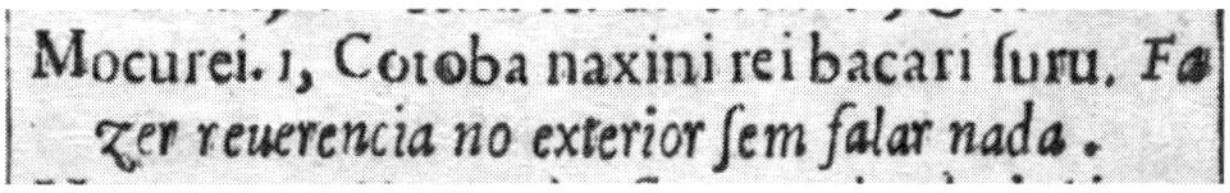
Mocurei. i, Cotoba naxini rei bacari suru. Fazer reuerencia no exterior sem falar nada.

Mocurei.［黙礼］i. Cotoba naxini rei bacari suru.［言葉無しに礼ばかりする］*Fazer reuerencia no exterior sem falar nada.*（何も言わないで、敬礼の動作をすること。）

例 5 は見出し語「Raiguat.」の後に「l. raiguet.」と、例 6 では見出し語「Mocurei.」の後に「i. Cotoba naxini rei bacari suru.」とある。この「l.」と「i.」は、それぞれラテン語「vel（または）」と「id est（すなわち）」に由来する略記号であり、『日葡辞書』に限らず、当時のイベリア半島辞書などでは普通に用いられている。

『日葡辞書』の中では、「l.」は代替表現（バリエーション）を表す注記、「i.」は前の語をより平易な語句に換言する注記と、機能に違いがある。例 5 では「l.」が「Raiguat.」の別音である「raiguet.」を示し、例 6 では「i.」が「Mocurei.」を「Cotoba naxini rei bacari suru.」と言い換えているのである。『邦訳 日葡辞書』では、「i.」の注記を明記せず日本語に訳してしまっているため、どこに注記が用いられているかが把握しにくくなっている。原文の記述を併せて確認する必要がある。

こうした注記は、1 つの見出し語の中で併用される場合もある。

例 7　『日葡辞書』(91v)
Fiôrijin,［表裏人］l. fiôrimono,［表裏者］l. fiôrixa.［表裏者］
i. Fiôriuo yŭ fito.［表裏を言ふ人］*Homem malicioso, ou mentiroso, & que diz hũa cousa com a boca, & tem outra no coração.*（陰険で悪意のある人、または、うそつきで、口ではこれこれだと言いながら、心では別のことを考えている人。）

例 8　『日葡辞書』(73r)
Dômon.［同門］Vonaji cado.［同じ門］
i. Vonaji monpa,［同じ門派］l. sugime.［筋目］*A mesma Religião, ou seita, ou gèração.*（同一の宗教、宗派、あるいは、同一の血統。）

例 7 では、「Fiôrijin,」の後に、「l.」によって「fiôrimono,」と「fiôrixa.」が並記されている。この場合は、この3語全てが見出し語として扱われ、その後の「i. Fiôriuo yŭ fito.」は直前の「fiôrixa」のみに対しての言い換えではなく、「Fiôrijin, l. fiôrimono, l. fiôrixa」の見出し語全体に対する言い換えである。例 8 の「Dômon.」では、「i.」「l.」に加え、見出し語の直後に訓釈も挿入されている。訓釈は常に見出し語とセットで扱われる注記であり、「Vonaji cado.」は見出し語「Dômon.」の漢字表記を表している。その後の「i.」は「l.」と併用されることで、「Vonaji monpa」と「Vonaji sugime」の 2 つの表現による言い換えを表している。「l.」は原則として直前の語の代替可能な表現を導くため、ここでは「monpa」の代替表現として「sugime」を挙げている。

また、『日葡辞書』は本篇と補遺篇とに分かれているが、補遺篇には本篇の注記の原則にそぐわないような例が散見され、本篇の語釈の原則が補遺篇では必ずしも徹底されていない。そのため、『日葡辞書』を扱う場合には、本篇と補遺篇とを区別して考える必要がある。

『日葡辞書』の中には複数の注記が併用される複雑な構造をしている語釈も存在し、また本篇と補遺篇とでは、その語釈の構造の原則も異なってくる。ここに挙げたような注記の機能と、本篇と補遺の違いに留意しながら、『日葡辞書』を扱うことが重要である。

6.1.5. 今後の研究課題

『日葡辞書』に掲載されている見出し語個別の分析・検討や、キリシタン版全体の語彙の中での『日葡辞書』の見出し語の位置付けといった、その他の資料との対照研究を進めていくことが望まれるだろう。

『邦訳 日葡辞書』で見出し語に宛がわれている表記には、当時の表記を意識したものも含まれる。例えば、「Suricuzzu.」は現代の表記としては「摺り屑」が想定されるが、『邦訳 日葡辞書』では「屑」と、漢字一字でのみ表記されている。この表記は『落葉集』や同時代の『古本節用集』にも見られるもので（落葉集、天正十八年本、饅頭屋本、易林本）、当時の表記が反映されている例と言える。但し、中には現代風の表記に修正されている例も見られる。例えば、『邦訳 日葡辞書』では「Cocorobaye.」には「心ばへ」が振られ、旧仮名遣いではあるものの、その表記は現代的なものとなっている。しかし、『落葉集』や『古本節用集』での表記は、「心緒」（落葉集、天正十八年本、饅頭屋本、易林本）である。『邦訳 日葡辞書』を参照する際には漢字表記に注意を払うと共に、『日葡辞書』原文の想定していた当時の漢字の用法がどのようなものか、今後検討する必要がある。

また、キリシタン版の中で用いられていながら『日葡辞書』の中には立項されていない語彙も存在する。例えば、「Ieny［前医］」や「Chiny［珍異］」などは、『サントスの御作業』の中で用例が見られるが、『日葡辞書』の中では見出し語に立項されていない。こうした場合は、各資料付属の語彙集である「ことばの和らげ」や『羅葡日辞書』に記述がないかを確認するべきである。キリシタン版の語彙を『日葡辞書』がどれだけ網羅しているのか、『日葡辞書』の語彙のキリシタン版の中での位置付けについても、検討していくべきである。
*p.98

参考文献

石塚晴通解題（1976）『パリ本 日葡辞書』勉誠社（原本：フランス国立図書館 https://gallica.bnf.fr/ark:/12148/bpt6k852354j.image　閲覧日：2022年2月18日）

大塚光信解説（1998）『エヴォラ本 日葡辞書』清文堂出版

亀井孝解題（1973）『日葡辞書』勉誠社

白井純（2015）「原田版「こんてむつすむん地」の版式について」『訓点語と訓点資料』135、pp. 左1-17

タシロ エリザ・白井純編（2020）『リオ・デ・ジャネイロ国立図書館蔵 日葡辞書』八木書店

月本雅幸解題（2013）『キリシタン版 日葡辞書―カラー影印版―』勉誠出版

土井忠生解題（1960）『日葡辞書』岩波書店

土井忠生・森田武・長南実編訳（1980）『邦訳 日葡辞書』岩波書店

中野遙（2021）『キリシタン版 日葡辞書の解明』八木書店

三橋健（出版年不明）『アジュダ文庫本 日葡辞書』勉誠社（私家版）

森田武（1993）『日葡辞書提要』清文堂出版

【中野　遙】

6.2. 落 葉 集
―定訓に基づく漢字表記の整理―

6.2.1. 標題紙と本文冒頭（イエズス会ローマ文書館蔵本）

図1　標題紙

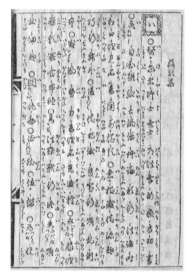

図2　「本篇」本文冒頭

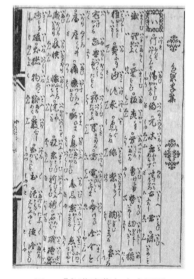

図3　「色葉字集」本文冒頭

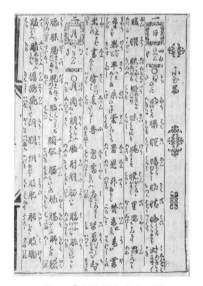

図4　「小玉篇」本文冒頭

6.2.2. 基本書誌

正式書名 『落葉集』 RACVYOXV

成立・刊行 1598 年・長崎にて刊行か

著編者 不明

構成 標題紙・序・本篇 61 丁（付：正誤表）・色葉字集 22 丁（付：正誤表）・百官并唐名之大概と国尽 4 丁・小玉篇 17 丁（付：目録 2 丁・正誤表）（パリ本とライデン本は小玉篇を欠く零本。諸本の相違点について笠間書院 1978 に説明がある）

判型 美濃判袋綴じ

言語・活字 日本語、漢字活字・仮名活字（序文と「いろは」見出し）・小型仮名活字（振り仮名）

所蔵 献呈本とされる**イエズス会**ローマ文書館本は小島（1978）が索引付きで利用しやすい。大英図書館本に福島（1977）、天理図書館本に天理図書館善本叢書和書之部編集委員会（1986）、ライデン大学本（零本）に杉本（1984）がある。イエズス会本の複製を含む小島（1978）は国文学研究資料館が索引を含めて全文画像公開している。フランス国立図書館本（零本）は Gallica に公開カラー画像がある。この他にクロフォード家本があるが閲覧が難しく複製本は存在しない。

6.2.3. 解　説

　字音語の「本篇」、いろは引き単漢字と熟字訓表記の「色葉字集」、部首引き単漢字の「小玉篇」の主要 3 部に官職名と地名を集めた「百官并唐名之大概・国尽」を付す。「本篇」は約 1,800 字種、「色葉字集」は約 2,000 字種、「小玉篇」は約 2,100 字種で、全体では約 2,160 字種（**異体字**を包摂）を掲載する。形式こそ「本篇」および「色葉字集」は『古本節用集』、「小玉篇」は『倭玉篇』に似ているが、出版時期が近い『易林本節用集』や『夢梅本倭玉篇』と比べて掲載字種がかなり少なく、「本篇」の字音語は『古本節用集』に無い語を大量に含み、「小玉篇」の部立ては『倭玉篇』に共通する例がない 104 部であるなど独自色が強く、掲載字種については直接の引用関係が認められない。豊島（2002）によれば翌年刊行の『ぎやどぺかどる』の用字法との関連が極めて強く、**キリシタン版**固有の漢字辞書として国字本の印刷に必要となる漢字活字、およびそれによって構成可能な熟語を掲載したとみるべきである（白井 2017）。

　漢字に音訓があることは『日本小文典』も日本語の特徴として指摘するが、序文に「このような漢字辞書は多く流通しているが、あるものは漢字の音ばかりで訓がなく、あるものは訓ばかりで音がない。これでは不十分だと言うべきだろう」（現代語訳）とあるように、『落葉集』は原則としてすべての漢字に音訓を当て、辞書内での検字に利用した点に特徴がある。漢字の左右に置かれる音訓は 3 部で原則として一致するが、漢字に優先的に結びつく有力な和訓は山田（1971b）によれば中世日本語の**定訓**（常用訓）であり、キリシタン版国字本の表記規範となるだけでなく、「本篇」の左傍和訓からいろは引きの「色葉字集」を利用し、「色葉字集」の左傍字音から逆に「本篇」を利用する手段ともなっている。「小玉篇」の序文に「本篇は字音のいろは引き、色葉字集は和訓のいろは引きとしたので、音訓を知っていて文字の形が分からない場合には役立つが、文字の形が分かっていて音訓が分からない場合には使えない。その便宜として、これら両篇掲載の漢字に基づいた小玉篇を編集した」（現代語訳）とあるように、遅れて成立した「小玉篇」による「本篇」や「色葉字集」に対する索引的機能、日本や中国の漢字辞書にない独自の部立て、行草体の表面

的類推による配属、伝統的知識から外れた配属、重複分類を厭わない配属、特定の部首に分類しない漢字を集めた類少字部の設置などは、理解不足ではなく漢字の知識に乏しい外国人宣教師の使用を想定した実用的・合理的な設計思想に基づくとみるべきである。

＊**異体字**：同一の文字として認識される文字群のなかで、標準的・一般的でない方の文字をいう（ラテンアルファベットではsに対してfを異体字とする）。または、そうした文字をもつことを「異体関係がある」と表現する。異体字は特に漢字に多く、これらの整理は漢字文化圏の表記において重要な問題となる。キリシタン版の漢字には「踏蹈」「濁涜」などの明らかな異体関係が極めて少なく、字体整理が行き届いている。「御」「事」などにみられる2種類の活字は字形差・デザイン差であり、異体字には含めないのが一般的である。

＊**定訓**：個々の漢字の最も代表的な和訓のこと。日本語の漢字と和訓には同訓異字と多訓字が複雑に関係するが、キリシタン版の漢字と和訓の関係は定訓によって整理されており、『日葡辞書』の訓釈や国字本の漢字の読みも原則として定訓に従う。山田（1971b）、豊島（2002）が代表的な研究である。

6.2.4. 本文より

掲載字種は『落葉集』の各部でおよそ共通している（図5）。語の辞書である『古本節用集』と漢字の辞書である『倭玉篇』は編集目的が異なるため掲載する漢字は大きく異なるのが当然だが、『落葉集』はこれらの性格の異なる辞書を単純に合体させたものではなく、主要3部で共通する常用性の高い字種に基づき、本質的には全く異なる目的と方法で編集されている。

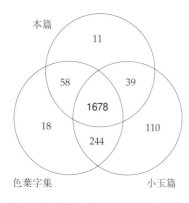

本篇

58　　39

1678

18　　244　　110

色葉字集　　小玉篇

図5　『落葉集』主要3部の掲載字種

手元の集計では、「本篇」1,786字種のうち1,678字種が「色葉字集」「小玉篇」と共通し「本篇」の94％に及ぶ。「色葉字集」と「小玉篇」だけに共通する244字種は字音語の表記に現れない漢字であり、「小玉篇」独自の110字種に含まれるイ・疒・辶などの部首に対応する漢字も語の表記に現れないが、「小玉篇」は「本篇」と「色葉字集」に遅れて成立したため増補された字種がある。それでも『落葉集』全体で約2,160字種であり、同時代の漢字辞書としては例外的に少なく規模はむしろ現代の常用漢字に近いが、『落葉集』の字種はキリシタン版国字本の表記と密接に関連しており、漢字の知識を示すよりも実用的な常用的漢字を選んで各部を構成したとみるのが妥当である。従って字音語を掲載する「本篇」も『節用集』からの組織的な引用によらず、個々の漢字を組み合わせて熟語を掲載したとみられる。

常用的漢字の特徴は、1年後に刊行された『ぎやどぺかどる』に顕著に現れている（表1）。

後期国字本の最初に刊行された『さるばとるむんち』の漢字360字種は、御・事などキリシタン版国字本で常用性が高い字種で構成されている。延べ漢字数75,000字に及ぶ『ぎやどぺかどる』の97％の漢字が『落葉集』に一致するのは偶然ではなく、『落葉集』掲載漢字の常用性の反映、または、『ぎやどぺかどる』の表記規範が『落葉集』に準拠したことを示す。追加した字種で定訓に反する例は僅か5例で、『落葉集』に対応する漢字がない和語は漢字表記を避けて仮名表記することも珍しくない。

こうした辞書と文献の緊密な連携は表記や語をある程度自由に選べる翻訳文献なればこそで、

表1　キリシタン版後期国字本の漢字字種の増加（白井の集計による）

文　　献	刊行年	漢字字種数	追加字種数	漢字延べ数
さるばとるむんぢ	1,598	360	0	3,288
落葉集	**1,598**	**2,164**	**1,804**	**23,548**
ぎやどぺかどる	1,599	1,583	45	75,462
朗詠雑筆	1,600	1,907	394	10,876
おらしよの翻訳	1,600	121	0	1,336
どちりなきりしたん	1,600	216	0	4,189
ひですの経	1,611	1,621	120	35,175
太平記抜書	不明	2,839	579	102,225
（全体）		3,302		256,099

キリシタン版『朗詠雑筆』『太平記抜書』という日本文学では原典に忠実な表記を実現するため字種不足が顕著になっている。各々数百字単位で追加した結果、キリシタン版後期国字本では最終的に約3,300字種に達しているが、これに影響されたのかキリシタン版末期の『ひですの経』では航を「わたる」（定訓表記は「渡」）、剛を「つよし」（定訓表記は「強」）とし、当代の日本語として違和感はないものの『落葉集』の定訓には違反する表記が目立っている。

　部首引きの「小玉篇」では日部から始まり月部が続くが、同書の索引でこれらは意義分類の1つである天文門にある。意義分類の方法を次に示す。

　　天文門、地理門、人物門、声色門、器財門、草木門、飲食門、鳥獣門、言語門、衣服門、冠弁門、雑字門

　天文門に含まれる部首は「日／一」「月／二」「八／八十八」「雨／七十四」の4部首であり本体の部首排列には一致しない。「人／三」「女／四」から「足／十七」まではまとまって人物門に含まれるが、索引ではその前に地理門が配置されており、索引の構想とはずれが生じている。部首の排列はおおむね偏旁冠脚の偏を持つ部首を優先し、意義分類にもそれに対応した冠弁門を持つが、意義分類は二次的に行ったようで徹底するわけではない。部首分類の方法を次に示す。

　　日月人女目耳舌口言心忄身手歯毛骨足土水氵火邑木石玉金刀阜田米禾食衣巾糸犬馬牛羊鹿鳥　　隹酉虫魚頁貝欠角革羽舟子示彳車方立白寸力弓矢司甘殳凡文瓦宀穴一雨山竹草𠆢网厂尸广虎　　戸疒囗冂八門勹元老見戈皿辶走久計彡皮斤堂乙（＋類少字・干支之異名）

　心部と忄部を分ける、堂部（実質的には宀部）を立てるなど日本側の漢字字書『倭玉篇』にも類例のある方法で103部を立てる（24番は欠番で、この他に干支之異名がある）。104番目は類少字部として、同じ特徴をもつ字種が少ないとか、部分字体を取り出すことが難しいとかの理由で個々の部に配属しない、もしくは配属できない漢字を集めている。部首が少ないのはそもそも2,100字種程度であれば実用上は十分ということだろう。掲載の順序が番号に一致しなかったり、目次と食い違ったりするのは編集作業の痕跡だが、印刷途上で修正を順次反映させ、それらの印刷用紙を反故として廃棄せず製本に用いたためである。

部首配属もまた独特であり、山田（1971a）が指摘するように「領」を食部に配属する（頁部にも配属）など行草体活字の見た目の類似性を重視している（図6）。

食、餅、飯、蝕、餘、飢、飲、飽
領、餌、餓、喰

図6　食部の漢字（「小玉篇」7ウ2）

手元の集計では2つの部首に分類する237字種、3つの部首に分類する6字種があり、掲出字種全体の12%だが、漢字を2つの部分字体に分割して双方を部首に配属できる場合には、2つ以上の部首に掲載する確率は70%まで上昇する。代表的な例をいくつか紹介する（図7）。

盤（舟／殳／皿）　須（彡／水／頁）　異（田／類）　原（厂／白）

図7　重複掲載の例（「小玉篇」15ウ1, 5オ5, 17オ8, 13ウ5）

「盤」は漢字構成要素を舟・殳・皿部に配属し、「須」は彡を彡・氵部の両方に配属する。「異」は田部の他、類少字部にも配属している。「原」の見た目から「白」を取り出すのは難しいが、楷書体本来の字体が想定されたのだろう。各部首内の排列規則は、「譬」「誉」よりも「諸」「話」が先行するように偏旁冠脚の偏が先という規則が認められる程度なので、このような重複掲載を徹底すれば掲載漢字が膨れ上がりかえって検字に困難を生じる。しかし「信」を言部に配属しない、「詳」を羊部に掲載しないように漢字の左側に偏として明瞭且つ有力な部分字体があれば重複掲載を避けるという方針があり、部首認識の難易度に応じた柔軟な掲載方法となっている（白井2012）。

　これらの方法は近代的な辞書にみられるような統一性を欠いているが、漢字の知識に乏しい外国人宣教師の検字目的での使用を最優先した実用的・合理的な方法で、宣教目的での現地語学習を最優先するキリシタン語学の特徴がよく発揮されている。日本や中国の漢字辞書とは部首の概念が根本的に異なっているのは『落葉集』が編集された理由を考えれば当然であり、研究資料として利用する際にもこうした成立事情を考慮する必要がある。

　和訓は、最低1個を左右傍訓として挙げ、他は字下注訓として漢字の下に並べる。漢字の左右傍訓は『落葉集』内で一定であり、それが当時の定訓に相当するとの指摘が山田（1971b）、今野（2020）にある。和訓「いやし」で例を示す（図8）。

　「本篇」のみ「下」の左傍訓に「いやし」を持つが、本篇の「下」45字のなかで唯一であり、熟語「凡下」の語義を反映した左傍訓で、「本篇」の熟字下字の左傍訓が語義の影響を受けることは山田（1971b）にも指摘がある。熟字上字は個々の熟語の語義を反映することが無いので、「本篇」「色葉字集」「小玉篇」に共通する「卑」「賤」「野」の左右傍音・傍訓が一致することで、「本篇」「色葉字集」間の、また「小玉篇」から「本篇」「色葉字集」への連絡が担保される。「卑」「賤」は3部共通で定訓「いやし」を左右傍訓に持つので、国字本の表記は「卑」「賤」のどちらかが

期待されるが、『ぎやどぺかどる』の「いやし」は、「賤」33 例、「卑」1 例、「いやし」1 例であり、定訓に対応する漢字表記に従いつつ同音異表記がある場合には更に狭い範囲で表記の統一を行っている。

本篇「いやし」 定訓：卑（55 オ 2）・賤（58 オ 7）・下（7 オ 5）／
字下注訓：野（27 オ 8）

色葉字集「いやし」 定訓：卑（1 ウ 4）・賤（1 ウ 2）／
字下注訓：野（11 ウ 6）・鄙（1 ウ 1）・弊（9 オ 6）

小玉篇「いやし」 定訓：卑（16 ウ 3）・賤（9 オ 8）／
字下注訓：野（17 オ 7）・鄙（5 ウ 6）・困（14 ウ 1）・凡（11 ウ 4）・寠（12 オ 6）

図 8　和訓「いやし」をもつ漢字

　また、中野（2018）によれば定訓はローマ字活字を用いる『日葡辞書』で漢字表記を導き語釈を助けるための訓釈にも現れ、語の同定を補助する機能を持ち、先ほど示した『落葉集』「本篇」の熟字下字の特殊な傍訓も『日葡辞書』の訓釈にみられる。また、『サントスの御作業』の巻末語彙集（「ことばの和らげ」）のローマ字表記にも形態素注解として定訓を用いた表記の明確化がみられる。*p.98 これらの具体例は様々だが、『落葉集』にみられる漢字制限、定訓とそれに基づく漢字表記の関係は、国字本・ローマ字本双方でキリシタン版の語の同定に不可欠な要素として機能している。

　仮名遣いは原則として**定家仮名遣い**によるが不統一がある。「翁」は「本篇」おきな 3 例・をきな 11 例、「色葉字集」をきな、「小玉篇」おきな、のように、「境」は「本篇」さかひ 5 例・さかい 15 例、「色葉字集」さかひ、「小玉篇」さかい 2 例のようにゆれがあり、仮名遣いの混乱が*p.110 目立つ。色葉字集の部立ては語頭の「お」「ゐ」「え」を「を」「い」「ゑ」にそれぞれ統合するので、「い」の項に坐（ゐる）・井（ゐ）があるなど例外もあるが、本来の仮名遣いが「お」「ゐ」「え」であっても「を」「い」「ゑ」で表記する。これは部立て統合の影響を受けている（表 2）。

表 2　「院」の仮名遣い

部	所　在	左右傍訓（定訓）	字下注訓
本篇	2 ウ 6	<u>お</u>りいのみかど	みや
色葉字集	1 オ 7	いへ	<u>お</u>りいのみかど・みや・かき
	5 オ 7	<u>を</u>りいのみかど	いへ・みや・かき
	19 オ 6	みや	いへ・かき・<u>お</u>りいのみかど
小玉篇	7 オ 4	<u>お</u>りいのみかど	いへ・みや

但し、語頭の「は」「わ」、語中語尾の「い・ひ・ゐ」や「お・ほ・を」にも混乱があるので、部立て統合だけが不統一の理由なのではない（小島 1978：17-19）。

その他、バマ行の混乱に煙（けふり・けぶり・けむり）や守（まもる・まほる）、ハ・ヤ行下二段活用の不統一に栄（さかふ・さかゆ）や教（おしふ・おしゆ）などもあるが、**四つ仮名**の混乱はない。
　　＊

＊**四つ仮名**：ザ行ジとダ行ヂ、ズとヅにあった発音の違いで、室町時代末期の音価は摩擦音ジ [ʒi] と
　　ズ [zu]、破擦音ヂ [dʒi] とヅ [dzu] で区別されたが混同も進んでおり、江戸時代に入って区別がな
　　くなる。キリシタン版のローマ字表記はジ ji とズ zu、ヂ gi とヅ zzu（**ロドリゲス**の著作ではヅ dzu）
　　　＊p.56
　　で区別するが、これも**開合**と同じく、音素の対立だったか、音声上の区別に過ぎないか、音声上の
　　　　＊p.127
　　区別も失って単なる表記上の規範だったかを、日本側の文献も参照しつつ慎重に判断する必要があ
　　る。キリシタン版のローマ字表記は貴重な資料で得られる情報には大きな価値があるが、ラテンアル
　　ファベットを用いる現代語もそうであるように、ローマ字表記は音声記号そのものではない点に
　　注意すべきである。

6.2.5. 今後の研究課題

『落葉集』の掲載漢字と和訓がどのような語（質）にどれだけ用いられる（量）のか、キリシタン版、日本側文献の双方の用例と比較し実態を検証する必要がある。手元の集計では、常用漢字表と比較すると約500字種が一致しない。時代差の反映かもしれないが常用性を疑わせる結果でもある。キリシタン版国字本の語彙が漢字活字の有無に影響された可能性も検討すべきであり、この問題はローマ字表記のキリシタン版で『落葉集』の掲載漢字がどの程度の有効性を持つのかを比較検証することで明らかになるだろう。この際、『邦訳 日葡辞書』の漢字表記（翻字）はある程度当代の表記を反映するので参考になる（本書「**6.1. 日葡辞書**」）が、一部では現代の表記を優先するので、
　　　　　　　　　　　　　　　　　　　　　　→p.47
ローマ字表記から漢字表記に置き換える手続きは慎重に行う必要がある。また、定訓に基づく漢字表記がキリシタン版国字本で実践されたことは明らかになっているが、同訓異表記の関係になる漢字のどれを優先的に用いるのか、定訓内での規範についての検討が必要である。

キリシタン版の各文献の巻末語彙集と辞書の関係は国字本・ローマ字本と『落葉集』『日葡辞書』などの表記と語彙の両面に及ぶ大きな課題である。山田（2004）は巻末語彙集が本文から独立し辞書の前段階として利用されたとするが、豊島（2017）は逆に文脈依存性の強さに言及する。『落葉集』と『ぎやどぺかどる』は刊行時期が近接しているので、相互関係について詳しい分析が必要である。

川瀬（1955：706）によれば、日本側の漢字字書『倭玉篇』が「小玉篇」の成立に強く関係しており、①部首の「日月」開始が第三・第四類本と一致する、②「類少字部」の設置が第三類本に一致する、③部首数が第三類本中の「円乗本」に一致する、という。また、鈴木（2017）は「小玉篇」独自和訓のなかに『倭玉篇』第四類本だけに含まれる和訓があることに注目している。『落葉集』編集過程の解明のために検討すべき特徴だが、「小玉篇」は基本的に「色葉字集」と漢字と定訓を共有しており、編集過程から見れば「小玉篇」の編集に際して『倭玉篇』だけを参考にしたとは考えらないので、和訓の一致が引用関係を意味するのかを慎重に判断したい。白井の調査によれば、『倭玉篇』第三・第四類本との一致は「色葉字集」の和訓全般にも認められる傾向のようである。

『落葉集』自体の研究として、部首排列や各部内排列の規則を明らかにしたいが、明確な答え

はない。土井（1942）が「本篇」の字音語の排列が部分的に伊勢本系『節用集』と一致するという事実を挙げて典拠を示唆したが、土井（1971）の改訂版ではこのことに積極的に触れていない。森田（1985）は「本篇」全体において漢字音のローマ字表記に基づくアルファベット順配列を主張しているが、編集途上での追加によってこれに拠らないこともあり検討の余地がある。

「色葉字集」と「小玉篇」とでは字下注訓が一致しないが、和訓の出入りの状況とその理由を考えたい。これまで判明した事実からすれば明確な典拠を持たない可能性も視野に入れるべきである。字下注訓の排列には規則性が無いようだが、何か理由があるのか考えてみたい。

『落葉集』はすべての漢字に原則として傍訓を示すという特徴があり、漢語を掲載する「本篇」でも左傍に和訓が現れる。この和訓はおおむね定訓だが、定訓「あしし」の「悪」では「好悪」で「にくむ」の傍訓を持つなど熟語の意味を反映することがあり、『日葡辞書』の訓釈に通ずる特徴をもつので、定訓とは異なる和訓の意義について検討したい。また、同じ漢字が辞書内の複数箇所に現れるため傍訓の仮名遣いや掲出語形のゆれ（二段活用の一段化、終止形の連体形への統合、連用形名詞と終止連体形の優先性、先ほど示した「あしし」のようなシク活用の特殊な例、形容動詞の語幹だけの掲出など）を観察しやすく、他の古辞書とは異なったアプローチも可能である。

参考文献

川瀬一馬（1955）『古辞書の研究』大日本雄弁会講談社

小島幸枝編（1978）『耶蘇会板落葉集総索引』笠間書院

今野真二（2020）「『落葉集』の二つの訓」『國學院雑誌』121-12、pp. 19-37

白井純（2003）「落葉集と活字印刷」『訓点語と訓点資料』110、pp. 90-100

白井純（2012）「『落葉集小玉篇』の部首配属からみたキリシタン版の字体認識」（石塚晴通編『漢字字體史研究』勉誠出版）

白井純（2013）「キリシタン語学全般」（豊島正之編『キリシタンと出版』八木書店）

白井純（2017）「落葉集本篇の掲載語彙について―古本節用集との比較をとおして―」『訓点語と訓点資料』139、pp. 左95-104

杉本つとむ（1984）『ライデン大学図書館蔵落葉集　影印と研究』ひたく書房

鈴木功眞（2017）「落葉集小玉篇の和訓に於ける第四類本倭玉篇との関係に就いて」『語文』158、pp. 135-148、大阪大学国語国文学会

天理図書館善本叢書和書之部編集委員会（1986）『落葉集二種』八木書店

土井忠生（1942）『吉利支丹語学の研究』靖文社

土井忠生（1971）『吉利支丹語学の研究　新版』三省堂

豊島正之（2002）「キリシタン文献の漢字整理について」『国語と国文学』79-11、pp. 47-59

豊島正之（2017）「キリシタン版ローマ字本「言葉の和らげ」の文脈依存性に就て」『上智大学国文学論集』50、pp. 176-162

中野遙（2018）「キリシタン版『日葡辞書』の訓釈について―『落葉集』定訓との対照を中心に―」『上智大学国文学論集』51、pp. 68-50

福島邦道解説（1977）『キリシタン版落葉集（勉誠社文庫21）』勉誠社

フランス国立図書館 Gallica https://gallica.bnf.fr/ark:/12148/btv1b10508396b（閲覧日：2022年2月18日）

森田武（1985）『室町時代語論攷』三省堂

山田健三（2004）「キリシタン・ローマ字文献のグロッサリー」（田島毓堂編『語彙研究の課題』和泉書院）

山田俊雄（1971a）「落葉集小玉篇に見える漢字字体認識の一端」『国語学』84、pp. 65-74

山田俊雄（1971b）「漢字の定訓についての試論―キリシタン版落葉集小玉篇を資料にして―」『成城国文学論集』4、pp. 1-256

【白井　純】

6.3. 日本大文典・日本小文典
—通事ロドリゲスの文法書—

6.3.1. 通事ロドリゲス

ロドリゲス神父 João Rodriguez 通称 Tçûzu（通事、自称ではなく、自ら Tçûzu と記した例も無い）は、2つの日本語文法を著した。当時の**イエズス会**が出版した日本語関連の3つの文法書のうち、2つがロドリゲスの手に成る。ロドリゲスには、大部の著作『日本教会史』*História da igreja de Japam* もあるが、出版に至らず、自筆を含む写本のみが残る。文法書の稿本は知られていない。出身地**セルナンセーリェ**と、その保守的な方言、ロドリゲスの個人言語（idiolect）については、豊島（2009）を参照。

これらのイエズス会の日本語文法書3点は、いずれも**判型**が四折（quarto）で、イエズス会が日本で刊行したラテン文字の辞書・文法書・儀典書・**ラテン語**参考書一般の例に外れない。これらは、一般信徒が読むものではない。一方、教義書・修徳書は、ラテン語・日本語ローマ字書きの別無く、いずれも八折（octavo）である。実は、日本語関連3文法書の最初の『天草版ラテン文典』（1594）は、底本の**アルバレス**『小文典』は、（学生用なので）判型の小さい octavo なのだが、日本版（天草版）は、それに独自の日本語対応 scholion（教授用注）を追加して、教授用 quarto へと格上げした。ロドリゲスの2文典も、quarto というその判型が教授用であることを示すのみならず、『小文典』の序文に拠れば、教授者がいる講義室での利用を想定している。

ロドリゲスの『大文典』『小文典』とも、地の文は全文**ポルトガル語**で書かれ、日本語はラテン文字（ローマ字）で引用される。ロドリゲスの自筆文書類にも仮名・漢字は無い。『小文典』の 7rv に、いろは・五十音図と若干の漢数字が印字されるのが、唯一の例外である。

当時は、ポルトガル・スペインの航海力を背景に、アフリカ、インド、中南米などへの宣教に伴って、それぞれの地で、ラテン語・ポルトガル語・**スペイン語**による現地語文法・辞書・教義書などの出版が隆盛であるが、ロドリゲス文典も、そうした「**宣教に伴う言語学**」Missionary Linguistics の文法書の1つである。

- **＊ジョアン・ロドリゲス**：João Rodriguez（1561?-1633）はセルナンセーリェ（ポルトガル）で生まれ、**マカオ**で死去したイエズス会の宣教師。10代半ばで来日し、日本語に習熟して文法書を出版しただけでなく、プロクラドール（財務担当者）として生糸貿易の管理を行い、通訳として豊臣秀吉・徳川家康との折衝を担当するなど活躍したが、反対勢力の反撃により失脚しマカオに追放された。『日葡辞書』の編者に擬されることもあるが、現時点でその証拠は無い。同じイエズス会士のジョアン・ロドリゲス・ジラン（João Rodrigues Girão, 1559-1629）と区別して「ツズ」（通事）と呼び習わされている。なお、歴史学分野では「ツヅ」とも表記される。
- **＊セルナンセーリェ**：ポルトガル北部の山間地域にある町で、ジョアン・ロドリゲス生誕の地として知られる。
- **＊判型**：**キリシタン版**の文法書・辞書はクワルト（quarto）、ラテンアルファベットを用いる宗教文献（教義書・修徳書）はオクタボ（octavo）である。これらの版面は基本的に用紙の片面に配置されるページが同時に印刷されるが、『サカラメンタ提要』の多色刷り楽譜や『日葡辞書』の「序言」のように同一面を複数回印刷することもあった。判型は書物の内容とも関わっており、洋書では八折より

四折、和本では中本よりは美濃本（大本）というように、大きい方が書物の格が上であることは日欧で共通しており、キリシタン版にも当てはまる。

*マノエル・アルバレス：Manuel Álvares（1526-1582?）はポルトガル領マデイラ島出身でイエズス会に入信し、コインブラ大学、エヴォラ大学で古典語を教授した。アルバレスのラテン語文法書はイエズス会の標準『ラテン文典』として版を重ねた。

6.3.2. 日本大文典 Arte da língoa de Japam（1604-1608）

6.3.2.1　標題紙と本文冒頭　（ボードレー図書館蔵本）

図1　標題紙

図2　本文冒頭

6.3.2.2. 基本書誌

正式書名　*Arte da língoa de Japam composta pello Padre João Rodriguez portugues da Companhia de Jesu dividida em tres livros.*（日本の言語の文典、イエズス会のポルトガル人神父ジョアン・ロドリゲスにより編まれ、3巻に分かたれている。）

成立・刊行　1604-08 年・長崎刊

著編者　ジョアン・ロドリゲス

構成　全3巻で、標題紙、允許状・**出版許可状**、序言、例言2丁、本文239丁（但し丁付けは44丁

＊p.118
を欠く。巻末目次を含む）

判型　クワルト

言語・活字　ポルトガル語等欧語と日本語・ローマン体活字とイタリック体活字

所蔵　オックスフォード大学ボードレー図書館本とクロフォード家本の2本。ボードレー図書館本には土井（1976）による複製本がある。また、土井（1955）による翻訳注釈本がある。

原標題のどこにも「大」grande の語は無いが、1620 年の「小文典」が arte grande「大文典」と呼んだのに倣って「大文典」と称するのが通例である。

現存本は、オックスフォード大学ボードレー図書館所蔵本、及びクロフォード伯爵家所蔵本の2本のみ。両本は同版だが、後者には当時のものから近代まで、数筆の書き入れがあり、当時の

書入れ中には、漢字を含むものもある。この漢字書入れの筆者は、ポルトガル語の書入れでは（ロドリゲスが保持する）ç/s の区別を失っている（acrescenta を acresēta と書く）ので、著者ロドリゲスの保守的な方言とは異なる方言の持ち主である。

　刊記は、やはり標題紙（扉）に Com licença do ordinário, e superiores em Nangasaqui no collégio de Japão da Companhia de Jesu / Anno. 1604.（教区長・上長の免許を得て、長崎にて、イエズス会の日本コレジオにて、1604 年）とあるが、末尾（240r）に Com licença do ordinário, & superiores em Nangasaqui no collégio de Japam da Companhia de Jesu. Anno.1608. と、上記と同文、但し 1608 年とあるため、印刷刊行は 1604-1608 年の足掛け 5 年と見られる。その間、印刷が一時中断し、その前後で体裁・内容が異なることには、既に土井（1936b）・丸山（1984）の指摘がある。丸山（1984）に拠れば、Aa 折（94 丁）までと Bb 折（95 丁）からとで大きく綴り字も異なる。

　他にも R 折（65 丁）直前から S 折始め（69 丁）まで、地のポルトガル文がローマン体、引用される日本語文がイタリック体と、フォント使い分けが他の折とは逆転し、引用形式等にも異状が見えるなど、印刷が滞った徴証は少なくない。これは、ラテン、ポルトガル、日本、イタリア、スペイン語まで交えた本書の多言語出版故であろう。例えば do/de は、ラテン語・ポルトガル語・日本語それぞれでそれなりの解釈が得られ、しかも意味まで似ているので、時に紛らわしい。

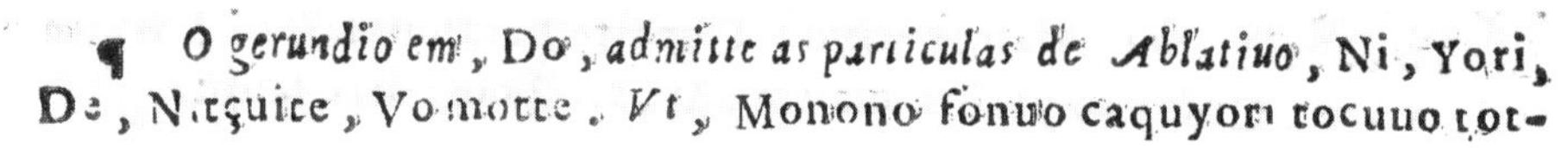

¶ *O gerundio em, Do, admitte as partículas de Ablatiuo, Ni, Yori, De, Nitçuice, Vomotte. Vt, Monono fonuo caquyori tocuuo tot-*

図3　ロドリゲス『大文典』105r15

¶ *O gerundio em, Do, admitte as partículas de Ablatiuo, Ni, Yori, De, Nitçuite, Vomotte.*（Do 終り）の動名詞は、奪格助詞ニ・ヨリ・デ・ニツイテ・ヲモッテを取る。）

　ここで、Do: ラテン語、de: ポルトガル語、De: 日本語であり、これらの記し分けには、苦労が見て取れる。*"gerundio em, Do,"* の（ラテン語）"Do" の前後のカンマは、前後のポルトガル語文脈から切り離すために置かれたものである。

　土井（1976）は、セルケイラ司教『サカラメンタ提要』*Manuale ad sacramenta ecclesiae ministranda*（教会の秘跡執行の手引き、1605 年、長崎）刊行に際して新鋳されたイタリック活字が『大文典』にも利用されていることを注意するが、同じく『サカラメンタ提要』のために用意されたと覚しい ℣（versiculo）/ ℟（responsio）（司祭による呼び掛けと信者の応答）マークのうち、℟（responsio）が、会話体での応答の表示に使用される（107r 等）のは、文法書には珍しい。

6.3.2.3. 構　成

　3 巻（livro）に分たれ、1 が曲用・活用表に続き rudimenta（表記・音韻基礎、品詞各論）、2 が syntaxis（統語論）で、特に格に基づく構文を論じ、格・敬語関係の新品詞 artigo・partícula を追加し、更にアクセント・音韻・韻律から詩歌に言及し、3 では文語、書札礼、名数・計数・歴代元号表などを扱う。これは、アルバレス『文典』の 3 巻立てを踏襲したもので、表記・音韻が 1 の rudimenta と 2 の韻律論（prosodia）に分かれているのも、当時の正格文典が prosodia を言語の蘊奥と見て奥に置いたことに拠る。

　アルバレス『文典』の踏襲は、動詞活用の第一に存在動詞（be 動詞）デゴザル（ポ語：ser/estar）を置き、規則動詞をその次に回した処置にも現れている。アルバレス『文典』が（それまでのラテン語文典に反して）存在動詞（ラテン語 sum）を動詞の第一に置くのは、sum が他の動詞の受動態完

了形（amatus sum）などにも現れるという理由からであり、日本語ではその必然性も無いのに、この動詞の掲載順序もアルバレスに倣っている。一方、『小文典』は、そもそもゴザルが無く、存在動詞サウラウも第3活用の一種として、存在動詞を特別扱いしない。

6.3.2.4. 内　容

本書は、内容の区分としては、巻（livro）以外は、chapter/section/subsection などの階層的な部立てが全く無く、大文字で示される見出しと、その下に¶でタイトルが書かれた小見出し、更にタイトル無しで¶だけマークされたパラグラフが連なるだけなので、全体の構成が把握しにくい。アルバレス『大文典』の章段と対応させる試みがいくつもあるが、そもそもアルバレス自体が、そうした階層的な構成を持たない（1859年パリ版では、参照のために通し章段番号を付している程である）ので、さほど見通しがよくなる訳でもなく、また、下に述べるように、ロドリゲスへ直接の影響を与えたのは、アルバレス『小文典』系列の方である。

巻2の終りの Da consturiçam figurada（装飾的構文、168r）の項に、俗用・破格・誤用が併せ含まれるのは、『ラテン文典』の通例であるが、その「誤用」の記述に、「アセントと発音の誤用」(Erros nos accentos e pronunciaçam）を加えた続きとして、そのまま四声・日本**口語**のアクセント、単音・長音のアクセントから、単音節・長音節（**開合**）の概要にまで話を拡げて仕舞い、終には漢詩の
＊p.12
＊p.127
平仄・和歌・連歌にまで話を及ぼして、本来巻3に譲るべき prosodia（韻律論）まで巻2に含める仕儀になったのは、通例に外れる。

本書の内容には、随処に重複が見られる。

主格のヨリ・カラ（1r, 87v, 98v, 138r）、

名詞複数を示す繰返し（2r, 78v, 等）、

形容名詞と形容動詞（2r, 61r）、

格助詞が直結することに拠る不定法・準体（2v, 22r, 87v, 133v, 150r, 等多数）、

開合（56r, 175v）、等。

これは、1つには巻1 rudimenta の各品詞論の後に巻2統語論が再び品詞ごとに展開されるためで、それは、アルバレス『大文典』以来見られる重複であるが、それだけではなく、関連ある事項に、それへの参照指示をただ置くだけでは気が済まず、その場で恰も参照リンクをクリックして開くが如くに、参照箇所の内容まで開陳して仕舞う著者の論述姿勢のためであり、往々にして、同じ説明・用例が繰り返されている。

巻1-001r36（名詞主格の項）¶ Yori, Cara, *quando são partículas de Nominatiuo tem certa relação, & respeito a açcam do verbo ... Deus yori tçucuri tamŏ.*（ヨリ・カラが主格の助辞のときは、動詞に一定の関係性と敬語性が生まれる。例：でうすヨリ作り給ウ）

巻2-098v23（他動詞構文の項）¶ *Alguns verbos regem Nominatiuo com a partícula* Yori, l, Cara, *aqual significa respeito, ou relaçam do agente ... Deus yori tçucuri tamŏ.*（助辞ヨリ・カラで主格を要求する動詞があり、動作主への敬意・関係性を示す。例：でうすヨリ作り給ウ）

巻2-138r16（artigo の項）Yori, Cara ¶ *Seruem com alguns verbos de Nomatiuo : este Nominatiuo he como, Ablatiuo agente do verbo passiuo, & se vsa dele ordinariamente quando na oraçam se significa a açcam que procede do termino, à quo, ou do agente com respeito ao termino, ad quem, & tem signifaçam, De... Deus yori tçucuritamŏ.*（ヨリ・カラが主格に働く動詞がある。この主格は、[ラ

テン語の〕受動動詞の奪格が示す動作主と同じく、普通は端点に由来する「à quo（ラテン語、誰から）」動作か、或いは動作主を端点「ad quem（ラテン語、誰宛に）」として敬意を以て表現するときに用い、〔ラテン語〕「de（～から）」の意を持つ。例：でうすヨリ作リ給ウ）

　このため、本書を利用するには、土井訳本（後述 6.3.2.6）の索引やオンライン検索（後述）等も用いて、本書中の記述を遺漏無く掬い上げる必要がある。

　本書巻 2 の「柱」（ページ上部に大きく書かれた章段のタイトル）は、他のアルバレス系（天草版 1594 を含む）の「De constructio intrasitiva / transitiva」（格を跨がない構文／格を跨ぐ構文）等の代わりに、「Das partes da oraçam japoa」（日本語の品詞について）となっており、巻 2 の品詞別詳述という性格を強調している。実際、アルバレス『大文典』の巻 2 は、名詞・動詞の格関係に基づく統語論が 153 章段（1859 年パリ版の章段番号による）、その他の代名詞・副詞・間投詞・接続詞に関する統語論が 44 章段、1575 年ヴェネチア版のページ数にして、127 ページ対 37 ページであるのに対し、ロドリゲス『大文典』は、48 ページ対 114 ページと、全く逆転している。これは、ロドリゲス『大文典』に artigo（格の助辞）・particula（他の助辞）の 47 ページ分の新設があり、連体・準体を含む名詞・動詞統語論の大部分を、格専用新品詞の設置と共に、こちらに受け持たせたためである。これ以外にも、副詞・間投詞・接続詞も、下の表のように、ロドリゲス『大文典』は、アルバレス『文典』と異なり、それぞれの語に基づく詳述を加える傾向が著しい。

表 1　各文典が巻 2 統語論で各品詞に費やす紙数

文典	名詞・動詞	その他	副詞	間投詞	接続詞
1575 アルバレス大文典ヴェネチア改訂版	153 章／127pp	44 章／37pp	12pp	2	2
1578 アルバレス小文典西語対応版	69pp	32pp	12	2	2
1594 アルバレス小文典天草版	54	25	9	2	2
1604 ロドリゲス大文典	48	114	30	12	14

　間投詞に多くの紙数を与える文法書は稀で、**ネブリハスペイン語文法**（Gramática de la lengua castellana,1492）*p.125 は、ラテン文法の 8 品詞に（ラテン語に無い）冠詞 artículo を加えたので、代わりに間投詞 interjeción を副詞の一部に格下げして「8」の帳尻を合わせ、記述も僅かに 6 行（43v）で片付けたが、ロドリゲスは、「ゾ～ケル」のような係結びも「文の飾りであって、この助辞（ゾ）に特段の意味は無い」*que he ornato soomente da oraçam, aqual partícula nam tem sentido*（130v10）という理由から間投詞に含める。「ヤ」も、連歌書（土井 1938）の「口あひのや」「疑ひのや」などの分類を参照して、こうした間投詞（我々から見れば「係助詞」）の呼応関係の用例付き詳述に合計 12 ページを費やし、これは、能動動詞（7 ページ）・受動動詞（9 ページ）の紙数を上回る詳述振りである。「間投詞」とあるからといって、「間投詞」ばかりが書いてある訳でもなく、こうしたセクション見出しは、余り頼りにならない。

　このように、内容が随処で重複することと、原著の章段に階層が与えられていないことから、本書全体の構成の把握は、容易ではない。章段に階層を与え、複数の章段で繰り返される事象を掬い上げて一括して検討の対象にする等の作業が必要で、いずれも読者の原文解釈に依存する。

6.3.2.5. 特徴的な内容

「高山」の「タカ」のような無活用語基こそが日本語本来の形容詞であるとし、タカイは活用

することを以て動詞の一種（ラテン語の形容詞は活用せず、名詞と同じく曲用する）と見て形容動詞 verbo adjectivo と呼び（現代語文法の「形容動詞」ではない）、連体修飾タカイ山は関係節（山であって、それが高い）とした（土井 1936a）。

巻2統語論では、格に基づく構文を詳細に論じたために、格関係の新品詞が必要となり、ポルトガル語の冠詞 artigo が前置詞との縮約によって格変化（曲用）することに倣って、artigo（土井訳では「格辞」）を格品詞として追加し、日本語の準体を（ポルトガル語に準じて）artigo が関係詞として機能する現象として詳細に記述した。partícula は、一般的な小辞の意味で限定無く使われる語だが、敬語関係の詳説時には、敬語助辞 partícula de honra として、「御」などの接頭辞や「給う」「奉る」などの活用語を包括する品詞として設定した（黒川 2020）。

現代では、ラテン語文法に希求法 optativus を接続法 conjunctivus と別に設けることは無いが、アルバレスまでのラテン文法は、この2つを区別する。希求法は反実仮想の一種であるが、ラテン語の接続法自体は、反実仮想専用ではないため、アルバレス『小文典』の 1578 年スペイン語適用版・1583 年ポルトガル語適用版は、希求法以外の反実仮想を更に区別して、Conjuntivi propriae voces hispanae/lusitanicae（スペイン語／ポルトガル語固有の接続法）として *quanvis/si*（たとえ～であっても）の反実仮想を特設した。1594 年『天草版ラテン文典』は、単に Conjunctivus cum particula *Quanvis*（Quanvis の接続法、21v、31v、39v）として（「スペイン語／ポルトガル語特有」と題せずに）これを踏襲したが、ロドリゲス『大文典』は、上グルトテモ、読ウダリトテ、のような反実仮想を格納するのに、Conjuntivo próprio da língoa japoa e portuguesa（「日本語とポルトガル語特有の接続法」）という章段を立てており（6r、17r、29v、34v、42r、48v、50r）少なくとも章段タイトルは、1594 年天草版ではなく、1578/1583 の『小文典』イベリア半島版が直接反映している。

日本語アクセントの高低表記（174r）には、謡曲・幸若舞のゴマ節を採用して、横書きローマ字にゴマを振るという奇観を呈するが、ゴマは（90 度回転せずに）鋭 agudo を上ゲ節、重 grave を下ゲ節として、そのまま読めば、当時の推定アクセントに一致する。

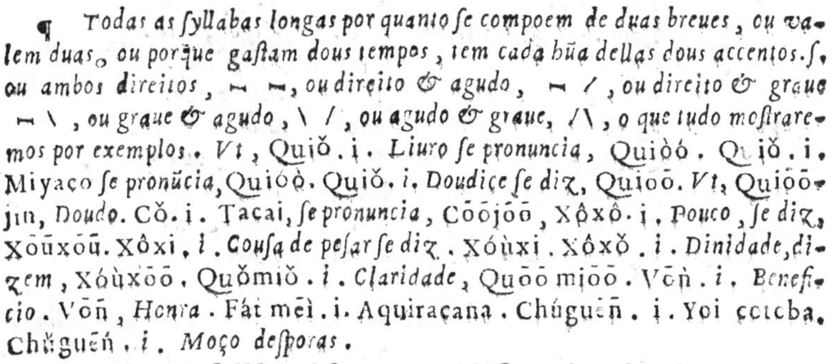
¶ Todas as syllabas longas por quanto se compoem de duas breues, ou valem duas, ou porque gastam dous tempos, tem cada hũa dellas dous accentos. s. ou ambos direitos, ‒ ‒, ou direito & agudo, ‒ /, ou direito & graue ‒ \, ou graue & agudo, \ /, ou agudo & graue, /\, o que tudo mostraremos por exemplos. Vt, Quiǒ. i. Liuro se pronuncia, Quiòó. Quiǒ. i. Miyaco se pronũcia, Quióò. Quiǒ. i. Doudice se diz, Quioō. Vt, Quiōōjin, Doudo. Cǒ. i. Tacai, se pronuncia, Cōōjōō, Xôxô. i. Pouco, se diz, Xōūxōū. Xôxi. i. Cousa de pesar se diz. Xóùxi. Xôxǒ. i. Dinidade, dizem, Xóùxōō. Quǒmiǒ. i. Claridade, Quōōmiōō. Vǒn. i. Beneficio. Vōn, Honra. Fát mèi. i. Aquiraçana. Chúguēn. i. Yoi cocoba. Chūguēn. i. Moço desporas.

図4　ロドリゲス『大文典』174r
（長音節が、単音節2つからなるか、2つ分の長さがあるか、2倍の長さになるものは皆、それぞれのアセントが2つある。直直、直鋭、直重、重鋭、鋭重で、例を次に示そう）

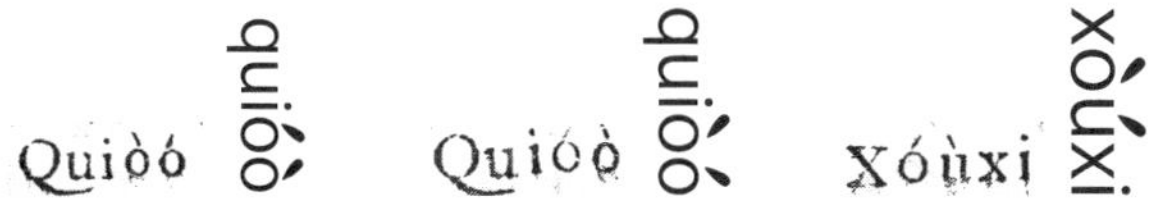

経：重鋭（低高）　京：鋭重（高・低）　笑止：鋭重（高・低）

図5　同上のゴマ節

　本書の引用する日本語文献は多く、『天草版平家物語』『天草版伊曽保物語』『金句集』の他、『舞の本』『黒船物語』『モルテ物語』（いずれも現佚）、『サントスの御作業』『カテキズモ』「イルマン・ビセンテの起請文」等の日本イエズス会編纂物、『法華経』『愚迷発心集』『韻鏡』『論語』『御成敗式目』『庭訓往来』『実語教』『童子教』『古今集』『発心集』『撰集抄』、謡曲（**狂言**は無い）、『太平記』など、多岐に亘るが、日本語引用が必ずしもポ語訳を伴わないのは、本書の特徴の1つである。 *p.130

6.3.2.6. 訳・検索

　全訳に土井（1955）があり、誤記の指摘、引用文の典拠の表示など、行き届いた注記と懇切な索引も備え、而後の研究は、ほぼ全てこの訳文の上に成立して来た。近時、原文に即して論ずるものも現れたが、これは、Missionary Linguistics の観点から、本書をイベリア半島の文法書の1つとして読み直す論考が海外にも現れたことが契機となっている。土井の訳文は精確で、刊行後、実に 70 年近くを閲してもなお参照に堪えるのは驚異的であるが、さすがにそのまま依拠し難い部分も無いではなく、引用には、対応する原文の精査が望ましい。

　本書は、丸山徹氏が作成されたポルトガル語原文に、後に有志が追加した日本語原文を含めて、オンラインデータベースから全文が検索可能である。出所表示は「042R15-D172」（42 丁オモテ 15 行、土井訳 p.172）のように、土井訳本のページも示すので、参照に困難は少ないであろう。但し、そのポルトガル語綴りは、現代ポルトガル語とはかなり異なる処もあるので、現代語形で求め得ない時には、工夫が必要である。例えば、

　　84r *Quando na oraçam ouuer muitos Nomes que se regem do mesmo verbo, & ande estar no mesmo caso,*（文に 1 つの動詞に支配される名詞が多く、同じ格で ande するとき）

　この ande は、一見、andar（行く、行動する）の接続法現在（単数）のようにも見えるが、主語（muitos nomes: 多くの名詞）が複数形なので合わず、現代正書法の hão de（have to）、つまり「同じ格でなければならないとき」である。『大文典』中には ande が 10 例以上あって hão de と書いた例は無いが、ロドリゲス『小文典』には hão de, ham de もあり、正書法は画一的ではない。Cunha（2010）や José Barbosa Machado（2015-2019）などに見える異綴りを、あわせて検索する必要がある。

6.3.3. 日本小文典 Arte breve da língoa japoa

6.3.3.1 標題紙と本文冒頭（アジュダ文庫蔵本）

図6　標題紙　　　　　　　　　　図7　本文冒頭

6.3.3.2. 基本書誌

正式書名　*Arte breve da língoa japoa tirada da arte grande da mesma língoa, pera os que começam a aprender os primeiros princípios della. Pello padre Joam Rodriguez da Companhia de Jesu portugues da Bispado de Lámego, diuidida em tres livros.*（日本の言語の簡略な文典。その初歩階梯を学び始める者のために、同じ言語の大文典よりの抜萃。ラメゴ司教区のポルトガル人のイエズス会士ジョアン・ロドリゲス神父の手になり、3巻に分かたれている。）

成立・刊行　1620年・マカオ刊

著編者　ジョアン・ロドリゲス

構成　全3巻で、標題紙、序と目次2丁、本文96丁

判型　クワルト

言語・活字　ポルトガル語と日本語・ローマン体活字とイタリック体活字

所蔵　アジュダ文庫（リスボン）本とロンドン大学オリエント・アフリカ研究所（SOAS）本の2本。SOAS本には福島（1989）による複製本があり、SOAS Digital Collections で画像が公開されている。アジュダ文庫本には日埜（1993）による複製・翻刻・翻訳注釈本がある。その他、岩波文庫から池上（1993）による翻訳本が刊行されている。

伝本2本は、いずれも、紙が粗悪で印字が悪く、損傷も多く、両本を見合わせる必要がある。

標題紙に、刊記 Com licença do ordinário & superiores. Em Amacao no collégio da Madre de Deos da Companhia de Jesv. Anno CIↃ.IↃC.XX（教区長・上長の免許を得て、マカオのイエズス会マードレ・デ・デウス・コレジオにて、1620年）とあり、イエズス会が日本からマカオに追放された（1612）後の刊行であるが、便宜上、キリシタン版に加えるのが通例である。

6.3.3.3. 構　成

標題は「『大文典』よりの抜粋」とするが、『大文典』の巻2統語論を殆どカットし、『大文典』巻1にあった rudimenta を巻2に移動して、全体を約3分の1に縮約している。特に、『大文典』で、あれ程熱心に挙例し解説を加えた副詞・間投詞は、どちらもタイトル行を含めて6行しかなく、"se diz na arte grande"（『大文典』に述べてある）と、殆ど全てを『大文典』に任せている。但し、学習者・教授者双方に向けた日本語学習概説を冒頭に置いたのは、『大文典』には無かった新機軸である。

動詞活用は、『大文典』のような存在動詞（be 動詞）を特別扱いすることが無く、規則活用3種を先に掲げ、存在動詞（ラ変）は、形容詞カリ活用（深カレカシ）に付属させて特立しない。主として動詞活用語尾などの合理化のために、『大文典』では用いなかった k 字を積極的に活用し、*caki, caku, cakeba, cakaba, cakǒ*（『大文典』や他のキリシタン文献ならば *caqi, caqe, caqeba, cacaba, cacǒ*）として、子音幹動詞の語幹が変化しないようにした。『大文典』で未整理だった希求法・接続法を、希求法・接続法（下属 subjunctivo・反実）・条件法（condicional）に分割したのも、整理の一環である。

6.3.3.4. 内　容

動詞活用のパラダイムは、『小文典』で大幅に整理される。

『大文典』は、ラテン語同様、現在、不完了（preterito imperfeito、未完了、半過去等とも訳される）、完了（preterito perfeito、完了過去とも）、過去完了（plusquam perfeito、大過去とも）、未来の5時制（一部に未来完了）を立てるが、『小文典』は、本来の日本語には、現在・過去・未来の3時制しか無い（18r）とする点で、根本的に異なっている。

『大文典』では、1つの語形が複数の時制に属するのは普通で、例えば、譲歩法（permissivo）の「〜マデヨ」は、第3活用「習ワウマデヨ」（narauǒmadeyo, 35v）が譲歩法現在・不完了・完了・過去完了・未来の全部に重出して5回（完了は「不完了と同形」と書かれているが、この語形だけは敢えて重複掲載してある）現れ、第1活用「上ゲウマデヨ」（20v）もやはり全部に重出（但し完了の重複掲載無し）で4回、第2活用「読マウマデヨ」（30v）が現在・過去完了・未来に3回重出するのに対し、『小文典』では、第1活用「求メウマデヨ」（29r）、第2「読マウマデヨ」（37v）、第3「習ワウマデヨ」（42v）それぞれが完了・過去完了合併に1回だけ現れて重出は無く、且つ3活用形間での（『大文典』のような）相違が無い。

このように、1つの法で、1つの語形が複数の時制に帰属するのは、『大文典』では上の「習ワウマデヨ」のような5時制全部の例が2、4時制が4、と続き、一方、『小文典』では最大でも3時制で、次の表のように大幅に（統計的に有意に）削減されている。

表2　同一法内に同一語形が現れる時制の数：大文典・小文典の対照

同一形が現れる時制の数	大文典	小文典
5	2	0
4	4	0
3	33	7
2	84	49
1	529	500

時制が合併されるときは、"preterito perfeito, & plusquam perfeito"（完了と過去完了）のように、見出しに明示される。

『小文典』は、日本語の完了・過去完了は、殆ど常に合併し、両時制の区別がほぼ無い。区別があるのは、直説法・希求法（但し下記例外）・接続法の肯定活用のみで、これらの否定活用、並びにそれ以外の「ドモ」の接続法、条件法、不定法、譲歩法、及び可能法では、肯定否定の全部で完了・過去完了が合併時制になる。例えば、infinitivo（不定法）では、肯定活用の求メタコト／読ウダコト／習ウタコト、否定活用の求メナンダコト／読マナンダコト／習ワナンダコトの、6系全部が完了・過去完了で合併される。

『小文典』が、このように複数の時制で重出、または時制合併する時は、3活用の肯定否定6系全てで重出・合併するのが原則である。完了・過去完了の合併は上記の通りであり、現在・不完了の合併も、譲歩法（permissivo）では、肯定の求ムレバトテ／読メバトテ／習エバトテ、否定の求メズトモ／読マズトモ／習ワズトモと、肯定・否定6系が全て現在・不完了で合併される。

『小文典』で3活用が並行しない例外は、希求法（optativo）肯定活用で、第1活用（求ム）・第3活用（習ウ）が、不完了・完了を合併し過去完了と分離するのに、第2活用（読ム、36v）だけは不完了と（何故か）過去完了を合併し、完了を挙げない。ポルトガル語語釈は不完了／完了／過去完了3系を合併しており、何かの間違いかも知れない。

『大文典』でも合併は生じているが、『小文典』のような明示は稀で、例外的に optativo（希求法）現在・不完了の第1〜第3活用の肯定否定6系全てで合併を明示するが、これは（上記の通り）『小文典』は、肯定活用では分離するものである。

『大文典』の permissivo（譲歩法）肯定活用でも、不完了・完了が実質合併されているが、第1活用（20v）・第2活用（30v）は seruem as mesmas vozes（上［不完了］の語形を流用）、第3活用（35v）は tem as mesmas vozes（上の語形と同じ）とするのみで、見出しには合併明示が無い。

「ドモ」の接続法肯定系では、過去完了に、seruem as mesmas vozes de preterito perfeito & alem dessas as seguintes（完了と同形を用いるが、更に次を追加）として、完了10形（習ウタレドモ、習イケレドモ、習ウタトイエドモ、習ウタリトモ、…）に更に過去完了6形（習ウテアッタレドモ、習ウテアラウズレドモ、習ラウテアッタリトモ、習ウテアラウトモ、…）を追加して16形とする（34v）。一方、『小文典』の「ドモ」接続法では、肯定否定6系全てで見出しに合併を明示するだけでなく、完了・過去完了合併して4形（習ウタレドモ、習ウテアレドモ、習ウテアッタレドモ、習ウテアラウズレドモ）を示すのみである（42r）。

ラテン語では、動詞活用では、直説法未来完了と接続法完了が常に同形、子音幹活用動詞の1人称単数未来と接続法現在（*agam, regam* など）が同形で衝突する例などを除けば、基本的には1つの形態はパラダイム中のどこかに専属する。そうでないと、意味不明になり兼ねない。*amem* が直説法か接続法か決まらない、*amaverunt* が、完了か過去完了か分からないというのでは、文意が混乱する。また、文法書が別だとパラダイムも違うなどということも、滅多に無い。希求法（optativus）のように、そもそもその法の存在自体が論争の的になるようなものだと、完了形が *amaverim*（アルバレス）・*amavissem*（ネブリハ）のように「接続法の割り当てズレ」になることはあるが、直説法完了が、一書で *amavi*、他で *amabam* 等と云うことは、まず無かろう。

ところが、イエズス会の日本語文法書では、求ムル／読ム／習ウは、直説法現在・不完了・未来のどれにでも、求メタ／読ンダ／習ウタは、直説法不完了・完了・過去完了のどれにでも該当

し、判別できない。また、同一著者の著作でありながら、『大文典』と『小文典』とでも違う。これは、ラテン語の時制を日本語に訳すとどうなるかという視点で書かれているためである、と漠然と納得されて来たが、実は、同時代の中南米語の文法などをも対照した、更なる研究を要することである。

6.3.3.5. 特徴的な内容

上述の通り、『小文典』の記述は『大文典』の記述が整理を経て簡略化されているが、その分、情報量が激減している。『大文典』が明示的に参照される場所以外でも、『大文典』を参看する必要がある。

『小文典』の冒頭「日本語の学習・教授に関する概説」Do modo que parece mais accomodado para aprender & ensinar esta língoa は、当時のイエズス会での日本語教育に対するロドリゲスの舌鋒鋭い批判が展開され、興味深い。特に、『天草版平家物語』『天草版伊曽保物語』・『舞の本』等の古典を口語体化したイエズス会テキスト類を「全く論外」(*muitos menos livros japonicos classicos reduzidos pellos nossos Japoens em estillo de pratica*) と断じたのは、よくこれが出版できたと感心する程である。

6.3.3.6. 複製・翻訳・検索

SOAS 本の複製（福島 1989）には日本語索引があり、SOAS 本の翻訳に池上（1993）、Ajuda 本の複製・翻訳（索引付き）に日埜（1993）がある。ポルトガル語原文には、オンライン検索が準備されている。

参考文献

池上岑夫（1993）『ロドリゲス 日本語小文典』上・下、岩波書店

黒川茉莉（2020）「ロドリゲス『日本大文典』の品詞 partícula と artigo に就いて」『訓点語と訓点資料』145、pp. 左 18-36

土井忠生（1936a）「ロドリゲスの形容名詞及び形容動詞の論に就いて」『国語と国文学』150（土井 1942、1971 所収）

土井忠生（1936b）「通事伴天連ロドリゲスの一生　上・下」『国語・国文』6-11/12（土井 1942、1971 所収）

土井忠生（1938）「ロ氏文典と手爾葉研究」『国文学攷』4-1（土井 1942、1971 所収）

土井忠生（1942）『吉利支丹語学の研究』靖文社

土井忠生訳注（1955）『日本大文典』三省堂

土井忠生（1971）『吉利支丹語学の研究　新版』三省堂

土井忠生（1976）「日本大文典解題」『日本文典』勉誠社

豊島正之（2009）「通事ロドリゲスの故郷セルナンセーリェを訪ねて―通事自身の言語を探る―」『日本近代語研究』5、ひつじ書房、pp.277-292

福島邦道（1989）『J・ロドリゲス日本小文典』笠間書院

日埜博司編訳（1993）『日本小文典』新人物往来社

丸山徹（1984）「ロドリゲス日本文典におけるポルトガル語正書法―/ãw/ の表記について―」『南山国文論集』9（丸山徹 2020『キリシタン世紀の言語学―大航海時代の語学書―』八木書店）

Cunha, Antônio Geraldo da (1982, 4ed 2010) *Dicionário etimológico da língua portuguesa* (Lexicon, Rio de Janeiro)

Machado, José Barbosa (2015-2019) *Dicionário dos primeiros livros impressos em língua portuguesa* (Edições Vercial, Braga)

【豊島正之】

6.4. 羅葡日辞書
―ラテン語・ポルトガル語・日本語の対訳辞書―

6.4.1. 標題紙と本文冒頭（ボードレー図書館蔵本）

図1　標題紙

図2　本文冒頭

6.4.2. 基本書誌

正式書名　*Dictionarium Latino Lusnitaicum, ac Iaponicum…*（アンブロシウス・カレピヌスの1巻より抜粋した**ラテン語・ポルトガル語**・日本語の辞典。地名・人名を含む固有名詞と他の用例の少ない語を割愛した *p.68 *p.68 うえ、語の全ての意味と模範的用法を付け加えた。ラテン語を学ぶ日本の若者および日本語の習得に努めるヨーロッパ人の使用と便宜のために。）

成立・刊行　1595年・天草にて刊行

著編者　不明（複数の外国人宣教師・日本人イルマン（修道士））

構成　標題紙・序・本文・補遺・正誤表

判型　クワルト

言語・活字　ラテン語・ポルトガル語・日本語、ローマン活字

所蔵　オックスフォード大学ボードレー図書館、フランス学士院図書館、ライデン大学図書館（オンライン画像あり）、ロンドン大学SOAS図書館、北京国家図書館、（サンクトペテルブルク大学図書館？）

　　オックスフォード本は福島・三橋（1979）、フランス学士院本は岸本・三橋（2017）の影印がある。この2本は保存状態が良く、異同は少ない。その他、北京にある2部のうちの1本の影印として東洋文庫（1953）もある。近代、ベルナルド・プチジャン（Bernard Thadée Petitjean, 1829-1884）

はポルトガル語部分を省略、再編集した *Lexicon Latino-Iaponicum*（1870）を刊行した。

* **ラテン語**：イタリア半島のラティウム地方の言語に由来し、古代ローマから帝政ローマで公用語として用いられて以降は、ローマ・**カトリック**の公用語としてその地位が継承され、口頭語としての勢力が衰退した後も、公式文書・学術文書のための書記言語として長く用いられた。1545 年のトリエント公会議で公式な聖書として認められたのもラテン語聖書（**ウルガタ訳**）である。
  *p.2
* **スペイン語・ポルトガル語**：ラテン語の口語（俗ラテン語）に由来する言語で、フランス語、イタリア語などと共にロマンス諸語を構成する。東アジア方面で活動した**イエズス会**はポルトガル語、**ドミニコ会**はスペイン語を日常的に用いたため、関連する文献にもそれらの言語が用いられている。
  *p.122 *p.85 *p.85

6.4.3. 解　説

日本のイエズス会学校におけるラテン語教育開始を契機に編纂・印刷された、アンブロージョ・カレピーノ（Ambrogio Calepino, 1435?-1509/1510）原著のラテン語辞書（『カレピヌス』）をもとにポルトガル語・日本語の訳が付された 3 言語対訳辞書。見出し数約 3 万。1502 年の初版から 160 もの版を重ねていた『カレピヌス』のうち、1580 年リヨン版『カレピヌス』*Ambrosii Calepini Dictionarium, ...* が原典にされたと考えられるが、書名・序文にもあるように原典の固有名詞や大量の引用は省略され、主要な語義にポルトガル語・日本語の抄訳が付されている。近年、原典との対照により、おおよその編纂過程と原典とは異なる特徴が見出されている。日本語訳はおおむね、原典の語義を抄訳したポルトガル語訳を逐語訳しているが、原典を直接参照したと思われる箇所もある。また、原典やポルトガル語訳を補って日本語訳したとみられる箇所も少なくない。

キリシタン版史の中で考えるとき、本書は『天草版ラテン文典』とともにヴァリニャーノの主
*p.43
導によるラテン語教育草創期の色合いを残し、日本語訳も仏教語や方言語彙をまじえるなど、『サ *
ントスの御作業』や『天草版伊曽保物語』など初期キリシタン版と類似の特徴がある。

* **アレッサンドロ・ヴァリニャーノ**：Alessandro Valignano（1539-1606）はイタリアの貴族出身のイエズス会士で、東インド管区巡察師として天正遣欧使節を企画実行し、活字印刷機を日本にもたらすなど、イエズス会の活動の中心を担った。日本でのイエズス会の宣教方針は、現地の文化や習俗を尊重しつつカトリックの教義を柔軟に適用する「適応主義」だったが、この方針は他の修道会との軋轢を生むことにもつながった。

6.4.4. 本文より

ラテン語を見出しとし、Lus. のあとにポルトガル語訳、Iap. のあとに日本語訳が付される。

例 1　Abactor, oris.（家畜を盗む者）
　図 3　『羅葡日』（p. 1）

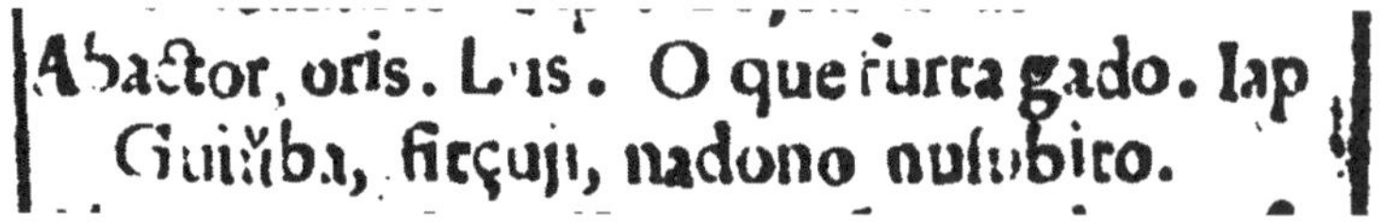

> Abactor, oris. Lus. O que furta gado. Iap
> Guiŭba, fitçuji, nadono nusubito.

Abactor, oris.（家畜を盗む者）Lus. O que furta gado.（家畜を盗む者）Iap. Guiŭba, fitçuji, nadono nusubito.［牛馬、羊、などの盗人］

　印刷が不鮮明な場合、他の本の影印を参照する他、二次資料であるが「対訳ラテン語語彙集」の入力データ、ポルトガル語以外ならば『ラホ日辞典の日本語』の本文篇を参考にするとよい。

　以下、『カレピヌス』からポルトガル語訳、日本語訳がたどりやすい比較的シンプルな例、『カレピヌス』の語釈やポルトガル語訳を日本語訳が大幅に補っている例、意訳というべき日本語訳の独自色が強い例をそれぞれあげる。『羅葡日』の影印は省略し、『カレピヌス』1580 年リヨン版のみ影印を掲載した。本書では**ローマ**のアンジェリカ図書館の複製を用いたが、ローマ国立中央図書館のウェブサイトで公開されている、標題紙以外は同版と思われる 1581 年リヨン版の画像を参照してもよい。

　　＊**ローマ**（Roma）：カトリックの総本山であるバチカン教皇庁が置かれるイタリアの都市。キリシタン版はバチカン図書館の他、イエズス会ローマ文書館、カサナテンセ図書館、アンジェリカ図書館などに所蔵される。**コリャード** 3 部作もローマで出版された。
　　　　　　　　　　＊p.80

例 2　Splenium, ij（膏薬の一種）
図 4　『カレピヌス』（p. 1189）

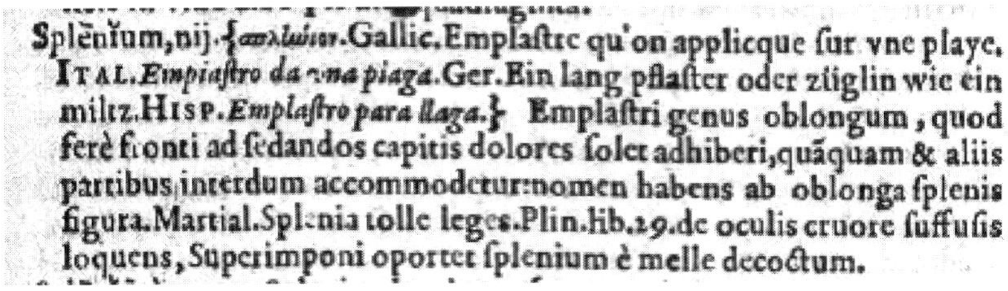

Splēnĭum, nij. {ωπλωὺιον. Gallic. Emplaſtre qu'on applicque ſur vne playe. ITAL. Empiaſtro da vna piaga. Ger. Ein lang pflaſter oder züglin wie ein miltz. HISP. Emplaſtro para llaga.} Emplaſtri genus oblongum , quod ferè fronti ad ſedandos capitis dolores ſolet adhiberi, quáquam & aliis partibus interdum accommodetur:nomen habens ab oblonga ſplenis figura. Martial. Splenia tolle leges. Plin. lib. 19. de oculis cruore ſuffuſis loquens, Superimponi oportet ſplenium è melle decoctum.

Splenium, nij, |ギリシャ語・フランス語・イタリア語・ドイツ語・**スペイン語**訳|（細長い膏薬で、ふつう頭の痛みを鎮めるために額にはる。時々他の場所にも貼られる。脾臓 (splen) の細長い形からその名前が付いている。）（以下、Martialis と Plinius の引用が続く）
　　　　　　　　　　　　　　　　　　　　　　　　　　　　　　　　　＊p.68

『羅葡日』（p. 761）

Splenium, ij. Lus. Hũ genero de emprasto cõprido pera dor de cabeça, ou pera outras partes.（頭や他の箇所の痛みのための長い膏薬の一種）Iap. Cŏbe nadono itamiuo yamuru tameni nagaqu nobe tçuqetaru cusuri. [頭などの痛みを止むるために長く伸べ付けたる薬]

　例 2 では、『カレピヌス』は多言語訳のあとラテン語による語釈と引用が続く。『羅葡日』では、語源説を除くラテン語語釈をほぼ逐語訳したポルトガル語訳と、ポルトガル語訳をほぼ逐語訳した日本語訳がみられる。以下実線（－）・二重線（＝）・点線（…）・波線（〜）がほぼ対応している。

『カレピヌス』：

　Emplastri genus, oblongum, quod ferè fronti ad sedādos capitis dolores solet adhiberi, quāquam & aliis partibus interdum accommodetur.

『羅葡日』Lus.：

　Hũ genero de emprasto cõprido pera dor de cabeça, ou pera outras partes.

『羅葡日』Iap.：

　Cŏbe nadono itamiuo yamuru tameni nagaqu nobe tçuqetaru cusuri.

例3・4は、『カレピヌス』とポルトガル語訳に比し、日本語訳が補足されている例である。

例3　Autem（しかし）

図5　『カレピヌス』（p. 141）

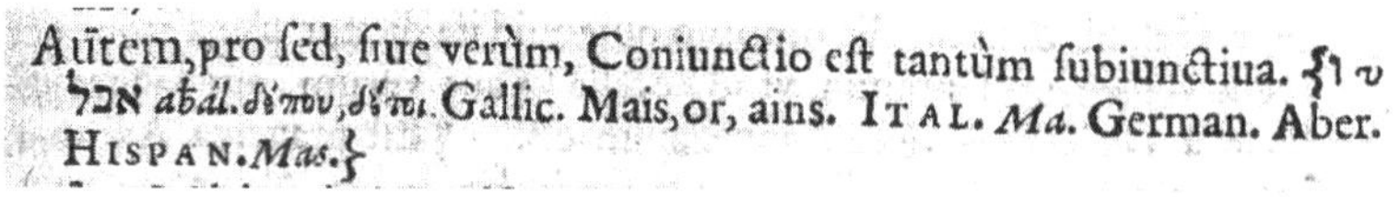
Aūtem, pro ſed, ſiue verùm, Coniunctio eſt tantùm ſubiunctiua. {ו ע אבל abál. δὲ πού, δέ τοι. Gallic. Mais, or, ains. ITAL. *Ma.* German. Aber. HISPAN. *Mas.*}

Aūtem,（しかし）pro sed, siue, verùm, Coniunctio est tantùm subiunctiua.（sed, siue, verùm と同義で、あとに続けるかたちでのみ使う接続詞）{多言語訳}

『羅葡日』（p. 78）

Autem, Lus. Mas. Iap. Va, sarinagara, ni voiteua, vt fitoua yuqu, vareua cayeru, l, fitoua yuqutomo, vareni voiteua cayerŏ.［は、さりながら、にをいては、（例えば、）人は行く、我は帰る、（または、）人は行くとも、我にをいては帰らう］

日本語訳では、序文の凡例の第3項に「ラテン語の見出しには様々な訳語を付した。その理由は、往々にしてラテン語の単語が幅広い意味を含むことにもよるが、他方、さまざまな同義語を示すことで、日本語を話そうとするヨーロッパ人が、より豊富な語彙力を得られるようにするためである。」とあるように、類義語を複数あげる方針が認められる。このことは例4のように、『カレピヌス』と対照させると一層明らかになる。

例4　Histórícus, i.（歴史家）

図6　『カレピヌス』（p. 572）

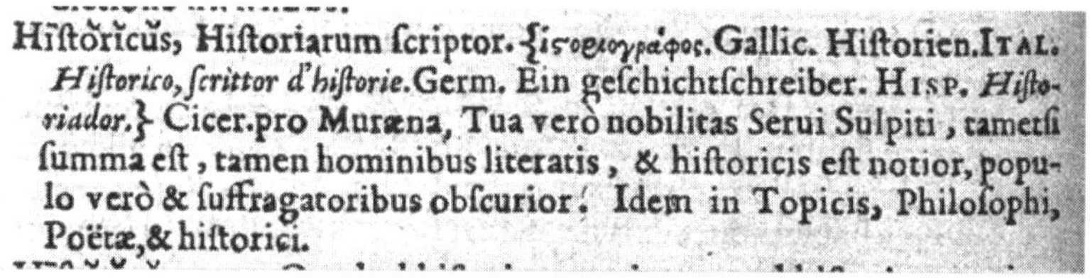
Hīſtŏrĭcŭs, Hiſtoriarum ſcriptor. {ἱστοριογράφος. Gallic. Hiſtorien. ITAL. *Hiſtorico, ſcrittor d'hiſtorie.* Germ. Ein geſchichtſchreiber. HISP. *Hiſtoriador.*} Cicer. pro Muræna, Tua verò nobilitas Serui Sulpiti, tametſi ſumma eſt, tamen hominibus literatis, & hiſtoricis eſt notior, populo verò & ſuffragatoribus obſcurior. Idem in Topicis, Philoſophi, Poëtæ, & hiſtorici.

Hīstŏrĭcŭs, Historiarum scriptor.（歴史を記述する者）{ιςτοριογράφος, Gallic. Historien. ITAL.Historico, scrittor d'historie. Germ. Ein geschichtschreiber. Hisp. Historiador.} Cicer. pro Muraena, Tua vero nobilitas Serui sulpiti …（{多言語訳} キケロ『ムーレーナ弁護』「セルウィウス・スルピキウス、あなたの家柄は大変高貴だが、教養ある人々や歴史家にはよく知られているものの、国民や投票者たちにはあまり知られていない」）Idem in Topicis, Philosophi, Poëtae, & historici.（同じくキケロ『トピカ』「哲学者、詩人、歴史家」）

『羅葡日』（p. 331）

Histórícus, i. Lus. Historiador. Iap. Mucaxi arixi cotouo qirocu xi, coji raireqiuo caqi xirusu mono.［昔ありしことを記録し、故事来歴を書き記す者］

この他、キリスト教教義に関わる語釈を日本語訳で追加している場合も注目される。以下の例5では、小見出し Oecumenicum concilium.（教会会議、シノドス）が独自に立てられ、さらに日本語訳には説明が追加されたと考えられる。

例 5　Oecuménicus, a, um.（全世界の）

図 7　『カレピヌス』（p. 858）

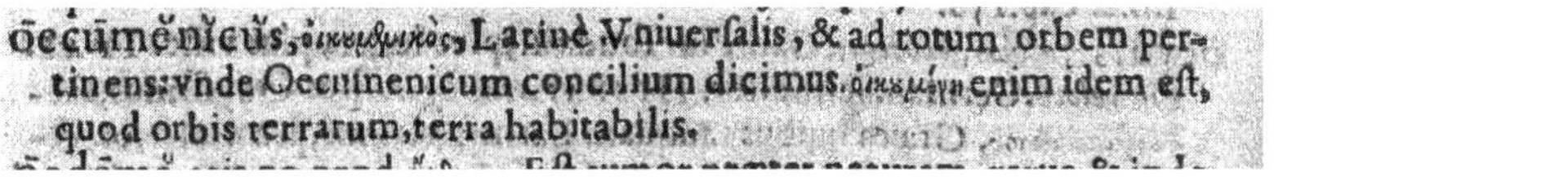
Oecūmĕnĭcūs, οἰκουμενικὸς, Latinè Vniuerſalis, & ad totum orbem pertinens: vnde Oecumenicum concilium dicimus. οἰκουμένη enim idem eſt, quod orbis terrarum, terra habitabilis.

Ōecūmĕnĭcūs, οἰκουμενικὸς, Latinè Vniuersalis, & ad totum orbem pertinens: vnde Oecumenicum concilium dicimus. οἰκουμένη enim idem est, quod orbis terrarum, terra habitabilis. (Oecumenicus,（ギリシャ語）ラテン語で Vniuersalis、全世界に渡る。それで私たちは Oecumenicum cõcilium という。（ギリシャ語）というのも同じで、地球、人が住んでいる土地のこと。)

『羅葡日』（p. 518）

Oecuménicus, a, um. Lus. Cousa vniuersal, pertencente a todo o mundo.（普遍的なこと、全世界に当たること）Iap. Amaneqi coto, issai xecaini ataru coto.［普きこと、一切世界に当たること］
¶ Oecumenicum concilium. Lus. Concilio, ou sinodo géral.（全教会会議）Iap. Sancta Igrejano võsadameni ataru godancŏ, l, sôdancŏ.［Sancta Igrejaの御定めに当る御談合、（または、）総談合］

例 6 は、古代競技に対し「相撲」という、意訳というべき日本語訳を当てている例である。「相撲」の他、例えば「能」「内裏」「陰陽師」など、説明は省略し、日本人にわかりやすい訳語を選んだように見える場合も少なくない。

例 6　Lucta, ae.（レスリング）

図 8　『カレピヌス』（p. 724）

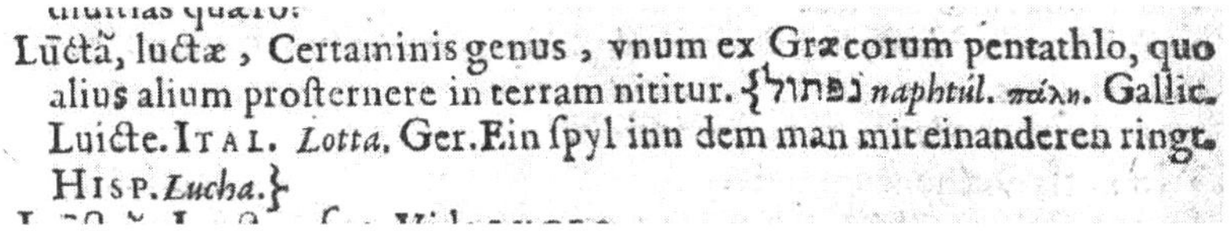
Lūctă, luctæ, Certaminis genus, vnum ex Græcorum pentathlo, quo alius alium proſternere in terram nititur. {נפתול naphtúl. πάλη. Gallic. Luicte. ITAL. Lotta. Ger. Ein ſpyl inn dem man mit einanderen ringt. HISP. Lucha.}

Lūctă, luctae,（レスリング）Certaminis genus, vnum ex Graecorum pentathlo, quo alius alium prosternere in terram nititur.（競技の 1 つであり、ギリシャの五種競技の 1 つで、1 人が相手を地面に押し倒すもの）{(多言語訳)}

『羅葡日』（p. 430）

Lucta, ae. Lus. Luta.（レスリング）Iap. Sumŏ.［相撲］

日本語訳は凡例の第 4 項によると、日本語の上品さよりもラテン語語義の正確でわかりやすい記述が優先されたという。その結果であろうか、のちの『日葡辞書』ほど日本語が精査されていないようにも見える場合がある。例 7 は Notus, i（南風）の訳語として、『日葡辞書』で標準語形

とされた「まぜ」ではなく、Ximo の語（九州方言）と注記された「はえの風」の方が訳語として採用されている例である。このように、『羅葡日』と『日葡辞書』とはごく近い存在でありながら、2 辞書の目的の違い、編者の日本語に対する認識の違い、印刷時期の違いなどから、さまざまな相違があることが明らかにされつつある。

『羅葡日』(p. 496)

    Notus, i.（南風）Lus. Vento sul.（南風）Iap. Fayeno caje.［はえの風］

『日葡』(150r)

    Maje. Vento sul. No Ximo se diz, fayeno caje. (Ximo では、fayeno caje という）

『羅葡日』全体の日本語訳を調査する場合、遺漏のないよう、「対訳ラテン語語彙集」と『ラホ日辞典の日本語』とをあわせて用いる。ポルトガル語訳は、巻末の調べ方を参照し、現代ポルトガル語辞書だけでなく、「対訳ラテン語語彙集」に収載されている『日葡辞書』、Cardoso など同時代に刊行されたポルトガル語辞書などを用いて語義を検討することが望ましい。

6.4.5. 今後の研究課題

『羅葡日』単体の研究も、『カレピヌス』と比較しながら進めていく必要があろう。他資料との関係として、『羅葡日』成立時の問題と『羅葡日』以後の問題があり、前者は『カレピヌス』との比較の他、情報源の解明、1595 年以前の他のキリシタン資料との成立上の関係などがある。後者には、『日葡辞書』・バレト『葡羅辞書』など他キリシタン資料との関係解明がある。本項 6.4.4.「**本文より**」*p.118 →p.68 で記したように『日葡辞書』とのさまざまな違いが指摘されているが、それらが何に起因するのか、あわせて検討する必要がある。

  ＊ヨセフス・スカリゲル：Joseph Justus Scaliger（1540-1609）はフランス出身の著名な人文学者で古典語に精通し、晩年をプロテスタントの拠点だったオランダのライデン大学教授として過ごした。現在のライデン大学所蔵のキリシタン版は、この時期にスカリゲルによって蒐集されたコレクションの一部である。

参考文献

金沢大学法文学部国文学研究室編（2005）『ラホ日辞典の日本語』勉誠出版（旧版 ラホ日辞典索引刊行会 1967-1973）

岸本恵実解説・三橋健書誌解題（2017）『フランス学士院本 羅葡日対訳辞書』清文堂出版

東洋文庫（1953）*Dictionarium Latino Lvsitanicum, ac Iaponicum*（複製、3 巻）

原田裕司（2011）『キリシタン版『羅葡日辞書』の原典「カレピーヌス」ラテン語辞典の系譜』（私家版）

福島邦道・三橋健解題（1979）『羅葡日対訳辞書』勉誠社

Petijean, Bernard (1870) *Lexicon Latino-Iaponicum*. Roma: Propaganda Fide

【岸本恵実】

6.5. 天草版ラテン文典
—イエズス会標準ラテン文法の日本語対応版—

6.5.1. 標題紙と本文冒頭（エヴォラ図書館蔵本）

図1　標題紙　　　　　　　　　図2　本文冒頭

6.5.2. 基本書誌

正式書名　Emmanuelis Aluari e societate Iesu de institutione grammatica libri tres（イエズス会士 *p.85 Emmanuel Alvares の3巻により成る文法教程）coniugationibus accessit interpretatio Iapponica（活用形に日本語の翻訳を付した）

成立・刊行　1594 年・天草にて刊行

著編者　原著者 Emmanuel Alvares,『天草版ラテン文典』（日本語対応版）は不明

構成　標題紙・原序3種 (praefatio, auctoris carmen ad librum, ad christianum praeceptorem)、『小文典』序 (auctor lectori)、日本版序 (admonitio)・本文（全3巻）

判型　クワルト

言語・活字　ラテン語・ポルトガル語・日本語、イタリック活字（小文字）・ローマン活字
　　　　　　　*p.68　　　　　　*p.68
所蔵　エヴォラ図書館・アンジェリカ図書館

　　エヴォラ図書館本の複製は2種あるが、カルロス・アスンサン、豊島正之（2012）の影印に拠るべきである。

6.5.3. アルバレス小文典との関係
6.5.3.1. アルバレス小文典初版（1573 年・ポルトガル語対応版）

アルバレス『大文典』から大幅に scholion（教授用注）を省き、丁数を抑え、ラテン語初学者用
　　　*p.57

に改訂したアルバレス『小文典』の存在は、Springhetti（1961-62）などにより言及されていたが、Kemmler (2011) が『小文典』初版（1573）コインブラ大学本の存在を初めて指摘した。現在もコインブラ大学図書館（ポルトガル）に所蔵されている。『小文典』初版と、それに続く各国語版『小文典』群に見られる "Auctor Lectori"（著者から読者へ）には、『小文典』の編纂経緯が簡潔に述べられている。この記述は、『小文典』独自記述である。

> Libros de Grammatica Institutione,quos nuper explanationibus illustratos edideram, compulsus sum, lector humanissime, nudos ferè, ac luce priuatos, diligentiùs tamen correctos denuò foras dare: tum ne scholiorum multitudine impedirentur tyrones, tum vt eis non solùm ad diuites, sed etiam ad tenuiores(quorum multò maior semper fuit copia) aditus pateret. Quare te etiam,atque etiam rogo, vt eorum tenuitatem, vel nuditatem potiùs boni consulas. Vale.
>
> （文法教育に関する本〔複数：『大文典』が 3 巻本なので〕を、私は近年、解釈を施して明らかにして刊行したが、親愛極まりない読者よ、これを殆ど裸にし、輝きも奪われた形で、しかし鋭意修正は加えて、新たに世に送らねばならなくなった。1 つには、初学者が多くの教授用注によって混乱しないように、1 つには豊かな者のみならず貧しい者（の方が遥かに多かった）にも手の届くようにするためである。それゆえ、願わくは、この文法書が貧相であり、飾り気が無いのを、良い方にお受取りになりますように。敬具。）

　教授用注や用例等の省略により、『大文典』よりも丁数が減少した『小文典』は、価格も安価になり、多くの人たちが手に取れるようになった。また、『大文典』と『小文典』において、前者は「教授者用」、後者は「初学者用」というように、想定読者が異なっていることが分かる。

　『小文典』には、大別して 2 系列があり、ここでは 2 系列 4 種を、次の略号で示す。
① イベリア半島系列：1578es（1578 年リスボン刊**スペイン語**対応版：エヴォラ図書館蔵、著者アルバレス *p.68 手沢本）、1583pt（1583 年リスボン刊ポルトガル語対応版：ローマ国立中央図書館蔵）
② 非イベリア半島系列：1584it（1584 年ローマ刊イタリア語対応版：バイエルン州立図書館蔵）、1598fr （1598 年リヨン刊フランス語対応版：リヨン市立図書館蔵）

6.5.3.2. ラテン語接続詞 Quamvis を伴う接続法の単元の特立

　アルバレス『大文典』改訂初版（1575）は、接続法に関する記述において、ラテン語接続詞 quamvis や si を伴う接続法を欄外に掲載するものの（p. 56 等）、単元として特立することはなく、cum を伴う接続法のみを表の形で示す。この形式を引き継いだのが、『小文典』初版（1573pt）である。
　a)『小文典』スペイン語対応版（1578es）は、"Coniunctiui propriae voces Hispanae"（スペイン語固有の接続法形）を cum を伴う接続法と別に立て、quamvis を宛てるが、接続法未来には si を宛てる。
　b)『小文典』ポルトガル語対応版 (1583pt) は、1578es と同じく、quamvis を伴う接続法を "Coniunctiui propriae voces Lusitanae"（ポルトガル語固有の接続法形）として別に立てるが、接続法未来は、cum を伴う接続法と同形として、省略する。
　c) 『天草版ラテン文典』は『小文典』であり、やはり "Coniunctiuus cum particula Quanuis."（quanuis を伴う接続法）、"Coniunctiuus cum particula Si"（si を伴う接続法）を別に立てるが、si

の接続法は、ポルトガル語は完了・過去完了・未来形が欠けている。

<table>
<tr><td colspan="2">Si を伴う接続法</td></tr>
</table>

現	我	読まば／読むならば／読むにおいては
		Se eu ler（人称不定法：読むなら）
不	我	読まば／読うだらば／ Se eu lera, ou lesse
		（直説法過去完了・接続法不完了：読んだなら）
過	我	読うだらば／ポ欠
完	我	読うであったらば／ポ欠
未	我	読まば / 読むならば / 読うだらば / ポ欠

図3 『天草版ラテン文典』（1594）39v

これは、小鹿原（2015：127）が、

　　天草版ラテン文典では原則として助辞 cum を伴う接続法の日本語訳は deareba, dearuni
　のように已然形につく、いわゆる確定の条件を示す従属節を、助辞 Si を伴う接続法には仮
　定条件を表す未然形接続の「ば」を、そして助辞（quamvis）には逆接の「ども」と「とも」
　を当るという原則がある。

と言及する通り、元来「接続法」の語形を持つスペイン語・ポルトガル語とは異なるものの、
日本語の「未然形＋バ」条件表現を「日本語固有の接続法形」と見なしたものである。この「XX
語固有の接続法形」は、単なるラテン文典として捉えれば不要で、各国語の固有の文法を提示す
る目的で用意されたものである。

6.5.3.3. 接続法を教授する釈明
『小文典』（1578es）が初めて加えた教授用注記もあり、接続法教授の釈明は、その1つである。

a) 1578es(28v) Quorsum,inquies,Coniunctiuum tyronibus inculcas? Vt intelligant esse huius
etiam modi proprias voces Hispanis:（「何が目的で、お前（アルバレス）は学生達に接続法の学習を
強いるのか？」と君は尋ねるだろう。スペイン語にも、まさしく「接続法」と呼べる語形があるのだという
ことをスペイン人学生に理解させたいのだ。）

b) 1583pt (24v) Quorsum, inquies, Coniunctiuum pueris inculcas? Primùm vt intelligant
esse huius etiam modi proprias voces Lusitanis, <u>adhibitis nonnullis particulis</u>: deinde vt
Lusitanum sermonem in Latinum conuertant.（「何が目的で、お前は学生達に接続法の学習を強いる
のか？」と君は尋ねるだろう。まずは、ポルトガル語にも、<u>色々な小辞を付けること</u>で、まさしく「接続法」
と呼べる語形があって、ポルトガル語がラテン語に直せるのだということをポルトガル人学生に理解させた
いのだ。）

c) 1594jp（天草版）(22r) Quorsum,inquies, coniunctiuum pueris inculcas?primùm vt intelligant,esse
huius etiam modi proprias voces Iapponicas, <u>adhibitis nonnullis particulis</u>, deinde vt
Iapponicum sermonem in latinum conuertant.（同上、「ポルトガル」→「日本」の差のみ）

多少の異同はあるが、この「釈明」は、「固有の接続法形」を掲載する、イベリア半島系『小文典』

(1578es)、『小文典』(1583pt)、及び『天草版ラテン文典』(1594jp) のみに見られ、『天草版ラテン文典』へのイベリア系の影響は明瞭である。

6.5.4. 曲用と小辞

このように『天草版ラテン文典』は、イベリア半島系アルバレス『小文典』の日本語対応版であるが、巻1の冒頭には日本語対応版独自の曲用表（ラテン語男性名詞 Dominus（主）：名詞第2曲用）が提示される（3v。表、図2も参照）。ちなみに他言語版は、現在の多くのラテン語文典と同様に、ラテン語女性名詞 Musa［女神］の曲用が名詞第1曲用の例として最初に提示される。

表　日本語小辞付きラテン語名詞曲用（3v）

	ラテン語	日本語
Nominatiuo（主格）	Dominus	主（無助詞）、或いは、主ハ、主ガ、主ノ、主ヨリ
Gcnitiuo（属格）	Domini	主ノ、主ガ
Datiuo（与格）	Domino	主ニ、主ヘ
Accusatiuo（対格）	Dominum	主ヲ
Vocatiuo（呼格）	ô Domine	主、或いは、イカニ主
Ablatiuo（奪格）	à Domino	主ヨリ、主カラ、主ニ

ラテン語名詞の曲用表に日本語が付されるのは、ラテン語男性名詞 Dominus の曲用表のみであり、これは曲用表の標題にもある通り、ラテン語名詞のそれぞれの格形に日本語の名詞＋小辞が対応することを示す目的で冒頭に置かれている。

6.5.5. 不定法と準体

「不定法」に関する解説は、アルバレス『大文典』改訂初版（1575：34）・同『小文典』ポルトガル語対応版初版（1573:14r）以来、見られるものである。

a) 1573pt:14r Modus Coniunctiuus atque infinitus praeter caeteros tyronibus in compositione negotium exhibent: quoniam igitur de illo egimus, superest, vt de hoc nonnihil etiam dicamus.（接続法と不定法は、初学者の作文において、抜きん出て問題を生じ易い、ということは既に（教授者として）経験済みであるので、以下ではやや詳細に述べるのが良かろう。）

b) 1578es:21r-21v Modus tum Coniunctiuus, tum Infinitus tyronibus praeter caeteros in compositione negotium exhibent. Quoniam igitur de illo egimus, non grauabimur de hoc etiam in eorum gratiam pauca scribere.（… 不定法と接続法のために些か論ずることを厭わないであろう。）

c) 1583pt:19v a) とほぼ同文

d) 1594jp:23r a) とほぼ同文

『天草版ラテン文典』(1594) 以外の版は、この後、ラテン語の不定法が5つの時制を持つことや、ポルトガル語・スペイン語の不定法の時制と語形などにも言及するが、『天草版ラテン文典』は、時制に関する言及なしに、日本語の不定法に関する記述を始め、日本語文法学史上初めて「準体」

を取り上げる。

> 1594jp:23r *Cum igitur non sint propriae voces infiniti, ex indicatiuo supplentur,additis particulis,* Coto, to,yoxi,gui,dan, mune, va, vo & *aliae multae, vt exemplis patefiet.* （日本語は不定法専用の語形を持たないので、直説法に「コト」、「ト」、「由」、「儀」、「段」、「旨」、「ハ」、「ヲ」、とその他にも多くある小辞を添えることで示す。次の例に示す通り。）

として、次の文例を挙げる。

a) Feiqe:lib.1. Bijenno Camidono cõya yamivchini xeraretamŏ beqi yoxi tçutaye vquetamauaru. *Audiui interficiendum esse &c.* 『平家』巻1。備前守殿の今夜闇討ちにせられ給うべき<u>由</u>伝え承る（ラテン語：殺されると私は聞いた）。interficiendum:interficio（殺す）の gerundivum（動形容詞）、esse:be 動詞の不定法で、ラテン語不定法に対応するのは「由」。

b) （同）Qiqugayoi, qijtaga varui. *Bonum est, est audire &c.* 聞くガよい、聞いたガ悪い。（ラテン語：良いことだ、聞くことが、等）audire が「聞く」の不定法で、est:be 動詞が、bonum: 形容詞中性形と対置される。ラテン語不定法に、小辞「ガ」が対応。

　文例 a) は、ラテン語不定法に「連体」が対応した例である。「由」という名詞が顕在し、「備前守殿の今夜闇討ちにせられ給うべき」という節を承ける。文例 b) も、ラテン語不定法に対応するものであるが、「聞くガ良い」、「聞いたガ悪い」の「ガ」は、準体助詞相当の機能も果たし、「聞く ［こと］ ガ良い」、「聞いた ［こと］ ガ良い」のように、事柄を表す「準体」を示す。現代語では、準体助詞「ノ」を用いて、「聞くノガ良い」、「聞いたノガ悪い」と示す処である。

　b) のような、事柄を表わす「準体」は、**ロドリゲス**『**日本大文典**』の不定法にも見られる。
*p.56

> ロドリゲス『大文典』22r¶Ga ［ガ］　Qiquga yoi, quijtaga varui, ... i. *Bom he ouuir: não he bom ter ouuido:* ［聞くことが良い、聞いたことが良くない。］

ouuir はポルトガル語「聞く」の不定法で、それが形容詞 bom（良い、男性単数）と be 動詞 he(é)、または não he (não é, not is) に対置され、『天草版ラテン文典』と同じく、不定法による「事柄の準体」の説明である。

　『天草版ラテン文典』は、上の a) の「由」と b) の「ガ」を同列に扱うことで、助詞「ガ」が不定法（〜すること）に対応すると考えて「コトの準体」を（日本語文法学史上初めて）記述するが、「モノの準体」を取り上げることはない。

　一方、ロドリゲス『日本大文典』では、「連体」(22v)、「コトの準体」(12v,150r 等) に加え、「モノの準体」が取り上げられる。

巻2：統語論 *Do modo de explicar o relatiuo nesta lingoa.* （日本語の関係詞を表現する方法）

87v ¶Appendix. 1 ［附則 1］

> ¶*As particulas,* Va, Vo,Voba, *pospostas aos verbos muitas vezes se poem em lugar das cousas, & tambem do Antecedente, ou sam Antecedente quando se poem em lugar dos pronomes, Este, Isto, Aquillo, &c.Vt.* （中略）Ya? corenaru cotjiquino coxi caquetaruua masaxŭ sotoba nite soro. i. *Aquillo em que esta assentado.* （動詞の後に置かれた小辞の「ハ」、「ヲ」、「ヲバ」は、しばしば事物

を示す語の代わり、そして先行詞の代わりとなる。（ポルトガル語の）代名詞 Este〔この〕、Isto〔その〕、Aquillo〔あの〕等の代わりに置かれた場合は、先行詞の代わりとなる。例：（中略））[「や？これなる乞食の腰掛けたるハ、正しう卒塔婆にてそろ。」即ち、「腰掛けているあの物は」]

この「ハ」は、「乞食の腰掛けたる［モノ］ハ」のように、モノの準体を示しており、現代語では、準体助詞「ノ」を用いて、「乞食の腰掛けているノハ」と示す処である。ロドリゲスは、日本語の「準体」現象を、現代の日本語統語論と同じく、関係詞句の一種として扱う。次の箇所では、artigo（冠詞）の「ガ」、「デ」が、先行詞（実名詞）を代替すると見なす。

137v¶Appendix.3［附則 3］

¶*Tambem quando estes <u>artigos</u> se pospoem immediatamente ao Genitiuo,No,l,ga, se poem em lugar de seus substantiuos. Vt.* Sonatanoga yoi. Ano fitonode gozaru.

（また、これらの artigo は、属格の「ノ」或いは「ガ」の直後に置かれた場合は、実名詞の代わりをなす。例）[「そなたノ<u>ガ</u>良い」、「あの人ノ<u>デ</u>ござる」]

ロドリゲスは、アルバレスの扱わなかった「モノ準体」も、統一的に扱うために、アルバレスが、"additis particulis"（小辞を添えることによって）としたところを、更に進めて artigo が名詞を代替する（即ち準体）としたのであり、アルバレスよりも更に、小辞（particula）に機能を担わせ、それ故、artigo を 9 つ目の品詞として立てるに至ったのである（詳細は、黒川 2020）。

参考文献

カルロス アスンサン・豊島正之（2012）『天草版ラテン文典 エボラ公共図書館蔵』八木書店

小鹿原敏夫（2015）『ロドリゲス日本大文典の研究』和泉書院

黒川茉莉（2020）「ロドリゲス『日本大文典』の品詞 particula と artigo に就いて」『訓点語と訓点資料』145、pp. 左 18-36

土井忠生（1982）「長崎版『日本大文典』と天草版『ラテン文典』」（土井忠生（1982）『吉利支丹論攷』三省堂。初出は土井忠生（1933）「長崎版日本文典と天草版拉丁文典」『史学』12-2、pp. 71-106、三田史学会）

山沢孝至（2006）「天草版『ラテン文典』研究序説 ― 概論的考察 ―」『Kobe miscellany』30、pp. 1-33

山沢孝至（2008）「天草版『ラテン文典』の羅和対訳文について」『Kobe miscellany』31、pp. 31-46

Kemmler, Rolf (2015) The First Edition of the ars minor of Manuel Álvares' De institvtione grammatica libri tres. *Historiographia Linguistica 42:1*, pp. 1-19, John Benjamins Publishing Company

Sánchez Salor, Eustaquio & Gómez Gómez, Juan María, et al. (2020) Manuel Álvares Instituição da gramática, ampliada e explicada por António Velez (2 vols) *Portugaliae monumenta neolatina vol. 24* (Universidade de Coimbra)

Springhetti,Emilio (1961-62) Storia e fortuna della grammatica di Emmanuele Alvares, S.J. *Humanitas, XII-XIV.* pp. 283-304, Faculdade de Letras da Universidade de Coimbra

【黒川茉莉】

6.6. ドミニコ会 コリャード文典
―イエズス会とは異なる視点から編まれた文法書―

6.6.1. 標題紙と本文冒頭（上智大学キリシタン文庫蔵本）

図1　標題紙

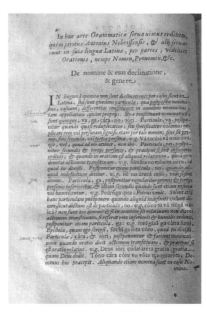

図2　本文冒頭

6.6.2. 基本書誌

正式書名　Ars Grammaticae Iaponicae Linguae...（日本文典。福音宣教のために日本国に向かおうとする人々への恩寵と援助のために。先に述べた国に**カトリックドミニコ会**宣教師として滞在した神父Didaco
*p.2　　　*p.85
Colladoがこれを編纂し、Propaganda Fide（布教聖省）が刊行した。）

成立・刊行　1632 年・**ローマ**にて布教聖省が刊行
*p.69

著編者　ディエゴ・コリャード Diego Collado
*p.80

構成　標題紙・序・本文・正誤表

判型　クワルト

言語・活字　**ラテン語**・日本語、イタリック活字・ローマン活字
*p.68

所蔵　上智大学キリシタン文庫、大英図書館、フランス国立図書館など多数

　　刊本はローマで刊行されたため、多く現存する。**スペイン語**で記された写本がバチカン図書
*p.68
館と大英図書館に所蔵されている。また、イタリア語で記された写本もバチカン図書館に残る
が、これは前半部のみが存在する。刊本を日本語訳したものとして大塚（1957）がある。

6.6.3. 解　説

　ドミニコ会士コリャードの編纂した文法書、コリャード『日本文典』は 1632 年にローマで刊行された。刊本は多く現存し、同時期に編纂された『羅西日辞書』『懺悔録』と合綴されているものが多い。この文献は、日本語文法に関する説明をラテン語で行うもので、ラテン語本文はイタリック体活字、日本語用例はローマン体活字で印刷される。その内容は、先に**イエズス会**が刊行した**ロドリゲス**の文典からの影響を受けたものであるが、それを踏まえつつもコリャード独自 *p.85 の解釈を加えることで成立したものと言える。名詞・代名詞・動詞・副詞に関する記述が中心で *p.56 あるが、その序文で日本語の発音に関する注意書きを残している。ロドリゲスのものとは異なる記述をする箇所が見られるが、ロドリゲスの観察・分析を越えるものとは考えられていない。コリャードは自身の著作においてティルデや**アセント記号**を用いた独自の日本語表記を用いてお *り、むしろ、これらが当時の日本語の発音を考える上で重要な役割を果たす。また、刊本と同じ内容でありながらスペイン語で日本語文法を説明する写本が現存しており、これが稿本に当たると考えられている。刊行される前の姿を残す写本と印刷され流布した刊本が共に現存する文献はキリシタン資料全体の中でも珍しく、編纂の過程を考察する上でも重要なものである。

　イエズス会が日本で刊行した**キリシタン版**と異なり、ドミニコ会がヨーロッパで刊行した資料 *p.43 である点に注意して取り扱う必要がある。その印刷環境から、特に日本語の部分に誤綴が多く、日本語資料として用いる場合は本文の整定を行ってからでなくてはならない。

> **＊ディエゴ・コリャード**：Diego Collado（1589?-1641）はスペイン出身のドミニコ宣教師として、禁教下の 1619 年から 23 年にかけて日本で活動したが、キリシタン弾圧の強化により日本関係の出版物は後にローマで刊行された。ドミニコ会による日本宣教は成功したとは言いがたく、コリャードがイエズス会を批判する告発状を発行したことには、日本宣教にあたった修道会間の軋轢が現れている。
>
> **＊アセント記号**：「アセント」は**ポルトガル語**やスペイン語でアクセントのことをいい、キリシタン版 *p.68 では日本語の**開合**や調音に対応してアセント記号が用いられる。ラテンアルファベットを使う言語 *p.127 表記に用いられた記号である以上、それらの用法を踏まえた解釈が必要であり、日本語の音声を表すために新たに導入された記号であるかのような誤解は避けたい。

6.6.4. スペイン語写本とラテン語刊本

　刊行されたコリャード『日本文典』はラテン語で記されたものであるが、同内容をスペイン語で記した写本も現存する。それらはバチカン図書館と大英図書館に収蔵されている。

表　現存写本書誌

所　蔵	書架番号	標　題
バチカン図書館	Borg.lat.771	Arte de la pratica de lengua japona que ira por las partes de la oracion
大英図書館	Sloane Ms.3459	Arte de Lengua Iapona por las ocho partes de la Oracion.

　写本と刊本の記述に大きな乖離はなく、ラテン語刊本の方に内容の増補・修正の形跡が確認されることから、コリャード『日本文典』はスペイン語で編纂され、それを刊行する際にラテン

語翻訳したものと考えられている。写本については大英図書館本のみが現存するとされてきたが、バチカン図書館本が再発見された（Osterkamp2014 : 199-212）。バチカン図書館本と大英図書館本の内容に大きな差異はなく、その本文も同一のものと認められる。しかし、大英図書館本には誤写と見られる箇所が散見され、その内の多くは本文の脱落である。例えばバチカン図書館本においては文意が通っていた記述であっても、大英図書館本では「y se dize solo (niua) l, (ni) vg. (agueôniua)」という本文の脱落によって「(niuoiteua)」の対訳が「Si leuantare.」であるような誤認を招く文章となっている。刊本はバチカン図書館本と同様に文意の通ったものとなっているため、バチカン図書館本の方が大英図書館本よりも刊本の原典に近い位置にあると言える。

写本（バチカン図書館本）221r L.18

algunas vezes parece que se sincopa el (ni voiteua) y se dize solo (niua) l, (ni) vg. (agueôniua) si leuantare.

（時にはニ於イテハの語中音が消失するか、ただニハやニと言われる。例. 上ゲウニハ、上げたならば。）

写本（大英図書館本）34v L.4

Algunas vezes parece que se sincopa el (niuoiteua). Si leuantare.

（時にはニ於イテハの語中音が消失する。上げたならば。）

図 3　コリャード『日本文典』p.33 L.30

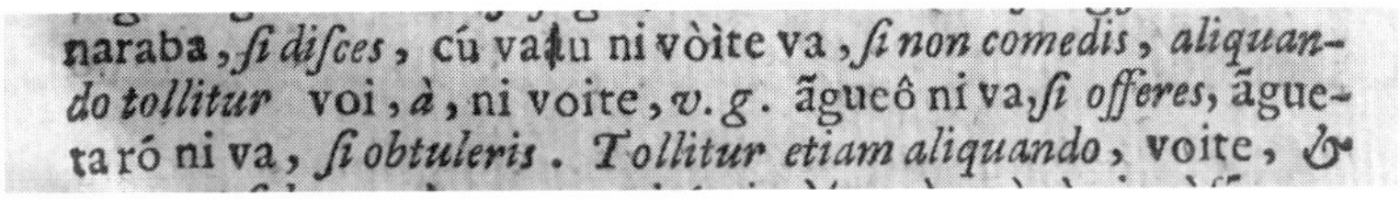
naraba, *si disces*, cú va[illegible]u ni vòite va, *si non comedis, aliquan-*
do tollitur voi, *à*, ni voite, *v. g.* ãgueô ni va, *si offeres*, ãgue-
ta ró ni va, *si obtuleris*. *Tollitur etiam aliquando*, voite, &

aliquando tollitur voi, *à,* ni voite, *v.g.* ãgueô ni va, *si offeres,*

（時にはニ於イテから於イが取り去られることもある。例. 上ゲウニハ、もし差し出すなら。）

バチカン図書館本と大英図書館本で共通する記述が刊本において改められている例も存在する。そのようなものは用例に多く現れ、用例に見られる地名や人名といった固有名詞をヨーロッパに馴染みのあるものに改める例や、バチカン図書館本や大英図書館本において用いられる様々な動詞を「ãguetarẽdomo」、「ãgueôzurẽdomo」のように一種のみに統一する例が見られる。編纂時に本文をラテン語に翻訳するのみならず、用例の修正を図っていたことが窺える。

写本（バチカン図書館本）213r L.16

El preterito es el preterito de jndicatiuo añadiendose (redomo) vg (niguetaredomo) aunque hui. el futuro es la 2a. voz del futuro de jndicatiuo posponiendose (redomo) vg (coxirayôzuredomo) aunque adereçare.

（過去形は直説法の過去形にレドモが付く。例. 逃ゲタレドモ、逃げたのではあるが。未来形は直説法の未来形第 2 相の後にレドモが付く。例. 拵ヘウズレドモ、準備するのではあるが。）

刊本 p.23 L.12

Praeteritum verò permissiui fit postposito, redomo, *praeterito indicatiui: v.g.* ãguetarẽdomo, *quamuis obtulisset: futurum autem permissiuum est addendo,* redomo *secundae voci futuri indicatiui: v.g.* ãgueôzurẽdomo, *quamuis offerat.*

（譲歩の過去形はレドモが直説法の過去形の後に置かれたものである：例．上ゲタレドモ、たとえ差し出した としても：一方、譲歩の未来形はレドモを直説法の未来形第2相に付け加える。例．上ゲウズレドモ、たと え差し出すとしても。）

6.6.5. ロドリゲスの文典との関係

コリャード『日本文典』より先に成立した日本語文典としては、ロドリゲスの『日本大文典』と『日 本小文典』があり、コリャード『日本文典』の序文においてロドリゲスの記した文典について触 れる。その序文に「ars grãmaticae linguae」という名が挙げられる点、動詞の否定形から未来形 を導くといった活用の導出法が一致する点から『大文典』に依拠するものであったことが指摘さ れる（豊島 1989：79-61）。コリャード『日本文典』はロドリゲスの文典と共通する記述を多く含むが、 『小文典』において記述が省略され、『大文典』を参照するように明記した事項にも内容の　致が 及ぶことからも、『大文典』を参看したことは確実と言える。この『大文典』からの影響は用例 にまで及ぶ。

ロドリゲス『大文典』165r L.5

MESV. *Significa em geral, fazer algũa cousa pessoa honrada. Vt,* Nanigotouo mesuzo? i. *Que faz vessa merce.* Fitouo mesu. *Chamar a alguem.* Monouo mesu. *Comer.* Saque, Yu, Midzu, Chauo mesu. *Beber.* Cosodeuo mesu. *Vestir.* Vmani mesu. *Caualgar.* Funeni mesu. *Embarcarse.* Norimononi mesu. *Andar em coche, ou andas.*

（召ス。尊敬される人が何かをすることを一般に意味する。例．何事ヲ召スゾ？ あなたは何をなさるのか。 人ヲ召ス、誰かを呼ぶ。物ヲ召ス、食べる。酒、湯、水、茶ヲ召ス、飲む。小袖ヲ召ス、着る。馬ニ召ス、 馬に乗る。船ニ召ス、船に乗る。乗リ物ニ召ス、馬車か輿で行く。）

刊本 p.41 L.8

Mesare, uru, *significat facere quamcumque actionem quam potest, & est decens facere personam nobilem, vt est comedere, bibere, nauigare, equum ascendere &c.*

（召サレ、スル。高貴な人がすることのできたり、するのに相応しいことをするのは、何であれ表現する。例． 食べる、飲む、航海する、馬に乗る等。）

原則としてロドリゲスの文典に見られる記述を継承する一方で、ロドリゲスの文典とは異なる 記述をする箇所も存在する。例えば、ロドリゲスは、従来、「形容名詞（Nome adjectiuo）」と認識 されていた現代語における形容詞を「形容動詞（verbo adjectiuo）」と分類し直す。しかし、コリャー ド『日本文典』では、ロドリゲスのように「形容動詞」という用語を用いることはなく、動詞の ように活用することもある形容名詞とする。これは、単にロドリゲスの指摘を否定するものでは なく、従来の形容名詞という捉え方と新たな形容動詞という捉え方とを共存させたものと言える。 このように、全ての内容においてロドリゲスに従うわけではない。全体としては日本語文法を理 解することに特化した簡便なものとなっている。

ロドリゲス『大文典』61r L.24

Quando atras no tratado dos Nominatiuos falamos dos adjectiuos, os reduzimos a tres generos, conuem a saber, hũs que de sua natureza não erão adjectiuos mas verbos, polos quays se declarauão muyto bem os adjectiuos da lingoa Latina, & os da nossa que se terminão nas syllabas, Ai, ei, ij, oi, vy, na pratica; & na escritura todos em, Qui, （中略） *que encluem em si o adjectiuo, & verbo substantiuo: pello que os chamamos verbos adjectiuos.*

（以前に主格の箇所で形容詞について述べた時、それらを 3 種にまとめた。その 1 つは性質上、形容詞ではなく動詞である。それによってラテン語や我々〔ポルトガル語〕の形容詞が非常によく説明される。それは話し言葉ではその音節がアイ、エイ、イイ、オイ、ウイで、書き言葉ではその全てがキで終わる。（中略）それ自身に形容詞と存在動詞を含むものである：だからそれを形容動詞と呼ぶ。）

刊本 p.32 L.26

Nomina adiectiua quando non antecedunt verbis, coniugantur per se sicut verbum substantiuum negatiuum: illa inquam nomina adiectiua, quaae supra dictum est finiri in, ai, ei, oi, ui, ij,

（形容名詞は動詞に先行しない時、否定存在動詞のようにそれ自身で活用する：形容名詞と言われるものは、アイ、エイ、オイ、ウイ、イイで終わる。）

　ロドリゲスの文典を踏襲しないコリャード『日本文典』独自の特色としては、本文中の日本語の用例に対してティルデやアセント記号を打つ点が挙げられる。特にティルデやアセント記号を多く用いる点はコリャードの著作全般に共通する特徴であり、コリャード独自の日本語表記と言える。ティルデの多くは濁子音の前に位置する母音に打たれる。ロドリゲスが指摘するように、当時の濁子音は前鼻音を伴ったものであり、その前鼻音をティルデで示していたと考えられる。

刊本 p.52 L.3

Vie va, *significat: cum vel siquidem: v.g.* tõganai vie ua qīzzucaī ga nai, *non timeo, quia, vel siquidem non habeo culpam,*

（上ハは「〜であるから」または「〜だから」を意味する：例. 科無イ上ハは気遣ヒガ無イ、無罪であるから恐れない。）

　一方、アセント記号はコリャード『日本文典』の序文において、誤読を防ぐためにアセントを示す目的で用いられたものと明言される。しかし、当時の日本語のアクセントとは一致しないものが多く、特定の型に偏ることから、日本語の高低アクセントを示したものとは考えにくい。

刊本 p.5 L.21

Circa uocabulorum accentus magnam adhibui curam, ut illos signis suis proprijs locis supra literas in quibus accentus fieri debent, adaptatis, sensus & sententia loquentis percipiatur: u.g. qèi xèi, *habet accentum in utroque,* èè.

（単語のアセントについては、それを付すべき字母の上の適当な場所に独特の記号を付し、それによって話者の意図が理解されるように多大な注意を払った。例. 傾城はèとè両方にアセントを持つ。）〔『平家正節』に

よると、「傾城」のアクセントは高高高低〕

　ロドリゲスがポルトガル語を母語とするのに対し、コリャードはスペイン語を母語とする。コリャードは『日本文典』序文で、日本語のハ行子音についてラテン語の f ではなく、不完全な h のように発音されることがあることを示す。これは当時のスペイン語が f から h への移行期にあったために、h の発音を持たないポルトガル語話者が観察できない事象を映し取ったものとされる（丸山 2020：183-188）。キリシタン資料はハ行子音を一律に f で記すが、コリャードの記述はハ行子音に揺れがあったことを示しており、より詳細な状況を物語るものと言える。

刊本 p.52　L.3

Litera, f, in aliquibus Iaponiæ prouincijs pronunciatur sicut in lingua Latina; in alijs autem ac si esset, h, non perfectum:

（f の文字は日本のある地域ではラテン語と同様に発音される；他の地域では不完全な h であるかのように発音される：）

　ロドリゲスとは異なる視点から日本語を記録し、独自の指摘を行う点に改めて注目していく必要性がある。そして、当時のラテン語・スペイン語・ポルトガル語に関する研究成果を活用することで、日本語史研究に新たな知見をもたらすことが期待される。

6.6.6. コリャードの他の著作との関係

　コリャードは『日本文典』と同時に、ラテン語・スペイン語・日本語の対訳辞書である『羅西日辞書』、キリスト教に関する問答と告解を日本語・ラテン語の対訳で示した『懺悔録』を編纂し、連続して刊行している。特に『羅西日辞書』本篇は、コリャード『日本文典』に見られる日本語用例を採録しており、密接な関係にあるため、これらの内容も視野に入れた上で資料として取り扱う必要性がある。

　コリャード『日本文典』の中に『羅西日辞書』を参照するように導く記述が見られ、コリャード『日本文典』における語彙の不足を『羅西日辞書』が補う。このような参照を促す例は、主に名詞に関する記述に見られ、コリャード『日本文典』において造語法を示し、それに従って造られた語を『羅西日辞書』に掲載するという形で役割を分担するものである。

刊本 p.11　L.2

Aliqua, & non pauca, sunt nomina substantiua, quibus, si postponatur, na, *fiunt adiectiua: v.g.* afó, *significat inscitiam, ex quo deducitur,* afóna, *quod significat id quod fatuus, a, um. Iiiú, significat libertatem: &,* Iiiuna, *significat id quod liber, a, um: quae occurrerint alia in dictionario reperiuntur.*

（またナを後に置くことで形容詞となる実名詞も少なくない。愚かを意味するアホウという語からアホウナ、愚かなを導く。自由を意味するジユウという語からジユウナ、自由な：その他の具体例は辞書の中に見つけられる。）

　また、『羅西日辞書』には「vide in arte. 文典を見よ。」とコリャード『日本文典』を参照するように案内する記述が見られる。この「vide in arte.」という注記は、対訳的な翻訳が困難な語や、

単に訳語を挙げるだけでは不十分な語に対して用いられるもので、『羅西日辞書』の記述だけでは十分な理解に達することができない内容を、コリャード『日本文典』の記述を見て理解するように促すために用いられる。同一の人物が編纂する文法書・辞書・教義書が存在する点でも価値がある資料である。

図4　『羅西日辞書』標題紙
（上智大学キリシタン文庫蔵本）

『羅西日辞書』p.241L. L.12.

Haustus, us. trago, lo que se saca, o traga. vide in arte.

（一掬い。取り出して1回に飲み込む分量。文典を見よ。）

刊本 p.71 L.27

Annumeratio uerò uasorum et calicum quibus bibunt fit postposito, fai, *numeralibus: u.g.* ippai, *unus potus, uel unum haustum,* ni fai *duo,* sanbai *tria,* jippai, *decem etc.*

（容器や物を飲む杯の計算は数詞の後にハイを置いてなされる。例．イッパイは1杯の飲み物、または汲んだ1杯、ニハイは2杯、サンバイは3杯、ジッパイは10杯など。）

＊**イエズス会**：プロテスタントの台頭に対するカトリックの対抗宗教改革運動のもと、イグナチオ・デ・ロヨラ、**フランシスコ・ザビエル**らにより1534年に創設された修道会で、**大航海時代**の16・17世紀にアフリカ、アジア、中南米で活発に宣教活動を行った。現地の文化や習俗を尊重しつつ宣教する ＊p.125　　　　　　　　　　　　　　　　　　　　　　　　　　　　　　　　　＊p.125 イエズス会の適応主義は**ヴァリニャーノ**が主導した日本宣教にも認められるが、この方針が後に ＊p.68 他の修道会との軋轢を生む原因にもなった。

＊**ドミニコ会**：ドミニコにより1216年に創設された修道会で、フランシスコ会・アウグスチヌス会などと共に托鉢修道会とも呼ばれ、トマス・アクィナスに代表される神学者を輩出した。日本では17世紀初頭から本格的な宣教活動を行ったが、時期的にイエズス会のような日本国内での積極的な出版活動はできず、ドミニコ会の日本語関係資料は1622年以降にマニラとローマで刊行された。

参考文献

大塚高信訳（1957）『コリャード日本文典』風間書房

豊島正之（1989）「ロドリゲス大文典から小文典へ」『国語国文研究』83、pp. 79-61、北海道大学国語国文学会

丸山徹（2020）「キリシタン資料における f 表記をめぐって」『キリシタン世紀の言語学―大航海時代の語学書―』八木書店

Satow, Ernest (1890) The origin of Spanish and Portuguese rivalry in Japan *Transactions of the Asiatic Society of Japan vol.18*, pp. 133-156.

国文学研究資料館（2006）「日本古典籍総合目録データベース」国文学研究資料館 https://base1.nijl.ac.jp/~tkoten/（閲覧日：2022年2月18日）

Osterkamp, Sven (2014)「Notes on the Manuscript Precursors of Collado's Ars grammaticæ Iaponicæ lingvæ in the British Library (Sloane Ms. 3459) and Especially Biblioteca Apostolica Vaticana (Borg. lat. 771)」

https://www.ruhr-uni-bochum.de/sulj/pdfs/Osterkamp_2014_Notes_on_the_Manuscript_Precursors_of_Collados_Ars_(corr).pdf（閲覧日：2022年2月18日）

【岩澤　克】

〔コラム〕イエズス会とドミニコ会 —ふたつのローマ字表記体系の差異が示すもの—

　イエズス会はローマ字本を出版するにあたり、**ポルトガル語**式表記をもとにした独自の表記体系を採用した。これに対し、**ドミニコ会**でもローマ字本を出版するのであるが、マニラ版『ロザリオの経』や『ロザリオ記録』などで用いられた表記体系は、基本的にイエズス会版の踏襲と言ってよい。しかし、**ローマ**で出版された D. コリャードの「3 部作」は、イエズス会版に基づきつつも、いくつかの差異がある。一見してわかるようなものであれば、次のようなものがある。

　　（1）ヤ行の子音字の違い　イエズス会版　ya yu yo — ドミニコ会版　ia iu io

　　（2）日本語の「アクセント」や**濁音前鼻音**をあらわす**アセント記号**の使用　Sòrẽgaxī ga［某が］

　また、細かなところであれば、次のような例もある。

　　（3）母音 /i/ の連続の処理　イエズス会版　qijte — ドミニコ会版　qiite［聞いて］

　　（4）単独母音音節 /o/ の異例的表記　イエズス会版　iqen vo — ドミニコ会版　iqen o［異見を］

　このような表記体系の差異がなぜ生じたかについては、複数の要因を考える必要があるだろう。

　例えば、（1）は当時の**ラテン語**の正書法に則ったものだろう。当時のラテン語では /j/ の子音に y ではなく、i を用いる。また、（3）について、イエズス会版でも、そこに語の切れ目があれば daiichi（第一）のように書く。ij が用いられるのは、ここに挙げた qijte のように、そこに語の切れ目がない場合である。これは、この表記によって語のまとまり単位を示すという、独自の正書法があるとされる。一方、ドミニコ会版でも ij が用いられるものの、axij［悪しい］のような語末のみに限られる。当時のラテン語表記では、単に語末の長母音 [i :] を ij で表記しているのであって（というか、概ね名詞や動詞の活用・曲用語尾）、これなどもドミニコ会版は一般的なラテン語表記に倣った書き方をしているとみるべきものだろう。

　また、（2）や（4）などは、日本語の事情に応じたものともいえる。〜（til, tilde）は当時存在した濁音前鼻音をあらわし、`（accento grave）は「アクセント」をあらわすとされる（後者は必ずしも日本語の実態に即している訳ではない）。イエズス会でも、これらの表記を写本類に用いることはあったが、印刷物に反映させるものではなかった。また、（4）について、イエズス会版では単独母音音節の /o/ は、常に v（u）の子音字を伴って書かれる。これに対して、ドミニコ会版では少数であるが子音字を伴わない o が用いられる（この他子音を伴わない ǒ も確認できる）。この表記は、直前に撥音の n か母音の i がある場合のみにあらわれるのだが、これをそのまま音声実態と捉え、当該環境における [uo] > [o] といった音変化の反映とみる立場（岩澤 2017）と、'iqen o' が「異見の」をあらわすとみるような、いわゆる連声形の変則的表記とみる立場がある（山田 2018）。いずれにしても、イエズス会版の表記体系から漏れた日本語の実態を反映させようとしているようにみえる。このような表記からは、コリャード独自の日本語観などを考えたくなる。

　ただ、そもそもコリャードは「3 部作」の出版にあたって、植字工が意に沿った仕事をしないといったことを述べており、全てをコリャードの意図の反映と取ることはできない。両会派の表記体系の差には、依拠した正書法や日本語に対する理解、あるいは出版環境など、さまざまな要因を考える必要がある。より丁寧な議論が求められるところである。

参考文献

岩澤克（2012）「コリャード『懺悔録』の表記の特質—イエズス会資料との差異—」『上智大学国文学論集』46、pp. 63-82

岩澤克（2017）「ドミニコ会文献のアクセント注記と母音単独音節 "o" の存在について」『日本近代語研究』6、pp. 271-290

川口敦子（2018）「コリャードの t 入声表記とツ表記—スペイン系写本との比較から—」『三重大学日本語学文学』29、pp. 1-10

山田昇平（2012）「D. コリャード著『さんげろく』の " 〜 "」『語文』99、pp. 左 1-15、大阪大学国語国文学会

山田昇平（2018）「コリャードが用いる子音字 'v' のない 'o' 'ǒ' は何をあらわすか—キリシタンのローマ字表記に対する解釈をめぐって—」『語文』111、pp. 左 1-16、大阪大学国語国文学会

【山田昇平】

7.1. 日本語ローマ字本（口語）と CHJ の使い方
天草版平家物語 ―口語訳された『平家物語』―

7.1.1. 標題紙と本文冒頭（大英図書館蔵本）

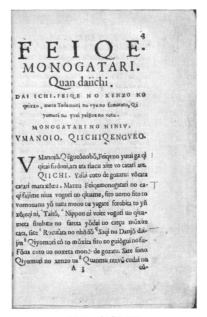

図 1　標題紙　　　　　　　　　　図 2　本文冒頭

　本文冒頭は「FEIQEMONOGATARI. Quan daiichi. DAI ICHI. FEIQE NO XENZO NO qeizzu, mata Tadamori no vye no fomareto, Qiyomori no yxei yeigua no coto.」[平家物語。巻第一。第一。平家の先祖の系図、また忠盛の上の誉れと、清盛の威勢栄華のこと。]で始まる。

7.1.2. 基本書誌

正式書名　NIFON NO COTOBA TO Historia uo narai xiran to FOSSVRV FITO NO TAMENI XEVA NI YAVARAGVETARV FEIQE NO MONOGATARI.［日本の言葉とイストリヤを習ひ知らんと欲する人のために世話に和らげたる平家の物語。]

成立・刊行　1592 年・天草にて刊行

著編者　不干ハビアン Fucan Fabian　*p.88

構成　『天草版伊曽保物語（エソポのハブラス）』(1593 刊)・『金句集』(1593 刊) との合册。標題紙（扉）・例言・序・本文・目録・正誤表。『金句集』の後に「ことばの和らげ」*p.98 とマノエル・バレト筆の「難語句解」。*p.118

判型　オクタボ

言語・活字　日本語（口語、一部文語）、ローマ活字　*p.12

所蔵　大英図書館

87

2019 年 3 月に、国立国語研究所のウェブサイト内でカラー画像が公開された。「大英図書館所蔵天草版『平家物語』『伊曽保物語』『金句集』画像」https://dglb01.ninjal.ac.jp/BL_amakusa/

これまでの影印本では 3 作品と「ことばの和らげ」「難語句解」が分割されていたが、本サイトでは合冊本の全体像を把握することができる上、モノクロの影印本で不鮮明だった箇所が鮮明に読み取れる。影印本としては福島（1976）およびその合冊再版本である福島（1996）が普及しており、他に江口（2010）がある。翻字として亀井・阪田（1966）、江口（2009）がある。索引として近藤・伊藤・池村編（1982）がある。影印・翻字・索引の総合資料として、江口（1986）、近藤・池村・濱千代編（1999）、江口・溝口編（2005）がある。オンラインでは、国立国語研究所（2019）が『日本語歴史コーパス』構築のために作成したローマ字／漢字・仮名翻字テキストを公開している。巻末の「難語句解」の影印・翻字として森田（1976）がある。

＊**不干ハビアン**：Fucan Fabian（1565?-1621）は別名を不干斉ハビアンとも。北陸地方出身で仏教徒からキリスト教に入信し、**イエズス会**のイルマン（修道士）として活動した。天草のコレジオで日本語教師を務めながら『天草版平家物語』を編集した。護教書『妙貞問答』（1605 成立）では神道・儒教・仏教に対するキリスト教の優位性を説いたが、棄教した後、排耶書（キリスト教を攻撃する書物）として『破提宇子』（1620 成立）（提宇子は神（デウス）のこと）を著した。
＊p.85

7.1.3. 解　説

本書はキリシタン資料の口語資料として非常に有名である。ただし標題紙（扉）・例言・序は文語で書かれている。『平家物語』の口語訳という位置づけだが、「日本語初学者のためのテキスト」および「本来は文語で記す文字資料を口語で記す」という目的のために編集された本文となっている。その編集方針については、日本人イルマン（修道士）である不干ハビアンによる序に説明されている。この編集方針に沿って、「右馬允（Vmanojô, VM.）」「喜一検校（Qiichi qengueô, QI.）」という 2 人の人物が対話する形式で構成されている。冒頭があの有名な「祇園精舎の鐘の声」で始まらないことに驚く人も少なくないだろうが、不干ハビアンがこの冒頭部分をどのように処理したか、序に書かれた編集方針と照らし合わせれば理解できるだろう。

例として、覚一本系の高野本の「禿髪（かぶろ）」の本文と比較してみよう。以下に挙げるのは、一般に「平家にあらずんば人にあらず」として知られる言葉の出典となる箇所である。

> されば入道相国のこじうと、平大納言時忠卿ののたまひけるは、「此一門にあらざらむ人は、皆人非人なるべし」とぞのたまひける。　　　　　　　　（『平家物語』「禿髪」、新大系本 p. 13）
>
> Qiyomori no co jŭto ni Toqitada no qiŏ to mŏsu fitoga gozattaga, cono ichimonde nai fito ua mina ninpinin gia to mŏsareta.
>
> ［清盛の小舅に時忠卿と申す人がござったが、「この一門でない人は皆人非人ぢゃ」と申された。］
>
> 　　　　　　　　　　　　　　　　　　　　　　　　（『天草版平家物語』p. 11、巻 1・第 1 章）

両者を比較すると一目瞭然だが、天草版本文に使われている動詞「ござる」、助動詞「た」、打消の助動詞「ない」、断定の助動詞「ぢゃ」に、典型的な室町時代の口語の特徴が見られる。「申

された」という敬語表現も、中世ならではのものである。また、人物の呼称や官職名の省略にも、序文に書かれた編集方針が反映されていることがわかる。

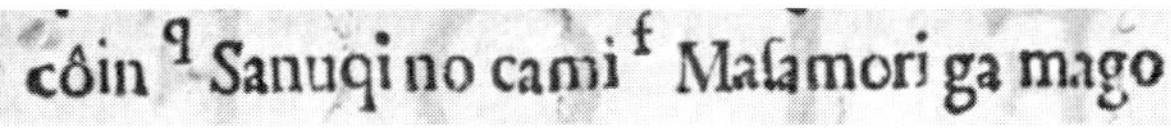
côin ^{q} Sanuqi no cami ^{f} Masamori ga mago

図 3　注記記号の例（『天草版平家物語』p. 4）

本文の直接の典拠となった『平家物語』、いわゆる「原拠本」は現在のところ特定されていないが、原拠本に近いと考えられる諸本の存在が指摘されている。『天草版平家物語』の巻 1・第 1 章〜巻 2・第 1 章は高野本や龍谷大学本などの覚一本系、巻 2・第 2 章以降は斯道本（慶応本）などの百二十句本系の本文が近いと言われている（清瀬 1982、近藤 2012）。原拠本研究については近藤（2008）に詳しい。

本文の固有名詞には、上付きで小書きのアルファベットが付されることがある。図 3（『天草版平家物語』p.4 部分）では「Sanuqi no cami」［讃岐守］に「q」、「Masamori」［正盛］に「f」の記号が付されている。これはハビアンによる序文の後（p. 2）に「^{f} Fito. ^{q} Quan. ^{c} Cuni. ^{t} Tocoto. l. Tera narito xirubexi. ［^{f} 人。^{q} 官。^{c} 国。^{t} 所、または寺なりと知るべし。］」と説明されている注記記号である。この注記記号は、翻刻や翻字ではほぼ省略されてしまうが、日本では漢籍などの固有名詞に付される「朱引（しゅびき）」に相当するものであると指摘されており（安田 1996 : 12）、原拠本に近いとされる諸本に付された朱引との関係も指摘されている（川口 2015）。

なお、『天草版平家物語』『天草版伊曽保物語』『金句集』3 作品の後に、「この平家物語と、エソポのハブラスのうちの分別しにくきことばの和らげ」（通称「ことばの和らげ」）があり、ここまでが印刷によるものである。さらにその後に、「難語句解」と通称される手書きの語彙集が収録されている。ともに日本語を見出しとしてアルファベット順に並べ、簡単な説明を付けたものである。「ことばの和らげ」は日本語の難語句を日本語で言い換えた語彙集だが、「難語句解」は**ポルトガル語***p.68による訳注で、日本語・ポルトガル語対訳辞書としての性格を持つ。この「難語句解」と、『天草版平家物語』本文の書き入れの筆者は、「バレト写本」の筆跡との比較から、ポルトガル人イエズス会士マノエル・バレトであると推定されている（土井 1963 : 179-180、395）。

7.1.4.『日本語歴史コーパス』（CHJ）の利用

『天草版平家物語』は、**キリシタン版***p.43で最も有名な資料だろう。日本の古典文学『平家物語』の一本という性格もあり、よく知られた作品だけにその研究も多い。

ここでは、国立国語研究所『日本語歴史コーパス』（CHJ = Corpus of Historical Japanese）https://ccd.ninjal.ac.jp/chj/ を用いた研究について紹介する。CHJ はオンライン検索ツール（コーパス検索アプリケーション）「中納言」を通して利用できる。利用は登録制（無料）で、登録すれば誰でも利用できる（「利用・申し込み方法」https://ccd.ninjal.ac.jp/chj/subscription.html）。CHJ を利用した成果を発表する場合は、必ず、「ご利用にあたって」で指定されている方法での出典表記をすること。また、利用の際には各時代のコーパスの「概要」を読み、概要書・規程集を一読して欲しい（例 :「室町時代編　概要」https://ccd.ninjal.ac.jp/chj/muromachi.html）。

7.1.4.1.『日本語歴史コーパス』（CHJ）とは

「コーパス」とは、「言語を分析するための基礎資料として、書き言葉や話し言葉の資料を体系的に収集し、研究用の情報を付与したもの」（国立国語研究所サイト「データベース」>「コーパス」ペー

ジ https://www.ninjal.ac.jp/database/type/corpora/（閲覧日：2022年2月18日）より）である。国立国語研究所は様々なコーパスを構築しているが、CHJ は奈良時代から明治・大正時代（一部、昭和時代も）の資料を対象としたコーパスである。資料は順次追加されている。

　このCHJのサブコーパス「室町時代編IIキリシタン資料」に、『天草版平家物語』と『天草版伊曽保物語』が収録されている。

　資料を理解するためには原文を読むのが最良であり、資料読解の際に安易にコーパスを利用するのは危険である。活字化された翻刻や翻字でさえも除外される情報があるのに、コーパスに頼ってしまうと、本文の多くの情報を見落としてしまう。また、コーパスで検索条件の指定が不適切だった場合、原文を読んでいれば「こんな検索結果になるはずがない」と、自身の使い方が誤っていたことに気づけるが、コーパスだけを使っているとそれに気づくことができず、意図せずして事実を大きく見誤ってしまうことになる。

　それでも、適切に利用すれば、コーパスを研究に活用することができる。コーパスは語彙索引としても使えるが、活用方法はそれだけに留まらない。

　ただし、CHJ を利用する際には CHJ の仕組みとその性格を十分に理解した上での注意が必要である。特に以下の2点に注意が必要である。
　（a）一般的な学校文法と異なる言語単位を採用している
　（b）用例が「ある」ことは言えるが「ない」ことは言えない

　CHJ の性格を理解するためには、構築の概要を知っておくと良いだろう。CHJ 構築の手順は以下のようなものである。
　1. テキストのデータを用意（権利関係をクリアしたもの）
　2. UniDic（国語研短単位自動解析用辞書）で自動解析→言語情報を付与
　3. 研究員による「人の目」で誤解析を修正し、UniDic に登録
　4. 2. と 3. を繰り返して修正

（a）一般的な学校文法と異なる言語単位を採用している

　CHJ は、通時的な分析を可能にするため、『現代日本語書き言葉均衡コーパス』（BCCWJ）と同じ言語単位を採用している。BCCWJ では「短単位」と「長単位」という言語単位を採用している（国立国語研究所「現代日本語書き言葉均衡コーパス（BCCWJ）」>「形態論情報」https://ccd.ninjal.ac.jp/bccwj/morphology.html）。

- 短単位…意味を持つ最小単位を、認定規定に基づいて結合させた（結合させない）もの。
- 長単位…文節を基にした単位。文節内部を規定に基づいて自立語と付属語に分割。
  - 複合語は構成要素に分割しない。
  - 複合辞も付属語とする。

「短単位」「長単位」は学校文法の一般的な「語」の単位とは異なるので、検索時に注意が必要である。例えば、複合語「日本語」は、短単位では「日本」と「語」の2つに分割される。そのため、「中納言」の「短単位検索」タブで「日本語」と検索しても用例を抽出できない。この場合、「日本」＋後方共起「語」と指定すれば検索可能である。

　BCCWJ の形態論情報付与に使用されている UniDic には「語彙素」という単位もある。「語彙素」は語形や表記（書字形）が異なる語を1つにまとめる単位である。このような「短単位」「長単位」

「語彙素」という言語単位は、一般には馴染みのないものである。

　また、「品詞」についても、通時的な検索を可能にするための便宜上、一般的な古典文法とは異なる言語情報を付与していることがある。

　このように、CHJ では「語彙素」「語彙素読み」「品詞」などがどのように付与されているかを確認する必要がある。これは「中納言」の「文字列検索」機能を使って知ることができる。

1.「文字列検索」タブで、一般的に想定される表記で検索
2. 検索結果の「サンプル ID」をクリックすると詳細な文脈情報が表示されるので、目的の語に付与された「語彙素」「品詞」等がどうなっているかを確認
3.「短単位検索」または「長単位検索」タブで、付与情報を手がかりに条件指定して検索

（b）「ある」ことは言えるが「ない」ことは言えない

　適切な条件で CHJ を検索したとして、仮に検索結果が「0 件」だったからといって、「この用例はこの資料／時代には存在しない」と結論づけてはいけない。紙媒体の索引を使う場合にも同様の注意が必要だが、コーパスの場合は簡単な手順で各時代の資料を一気に検索できてしまうため、その時代の資料を網羅できているという錯覚に陥りがちである。

　CHJ は上代から近代までの日本語資料を通時的に検索できるようになっているが、各時代の代表作品を完全に網羅しているわけではない。これはテキストの著作権の関係や研究プロジェクトの進展状況などが関係している。資料の性格上、コーパス化が難しいものもある。

　使用者側の問題として、検索の仕方が悪ければ存在するはずの用例も検索結果に出てこない、というようなことも起こる。これは前述の「短単位」「長単位」「語彙素」といった一般と異なる言語単位への理解度が関係する。

　希にではあるが、UniDic による誤解析に対する修正漏れによるミスも存在しうる。

　このように、CHJ を使ってうまく検索するためには、日本語学の専門知識や、CHJ の特徴を知った上でのちょっとしたコツが必要である。できれば国立国語研究所による講習会や、CHJ の利用経験のある研究者によるレクチャーを受けてから利用するのが望ましい。

　なお、「中納言」による検索結果画面は、検索結果が多い場合、画面に表示される結果はランダム抽出である。したがって、検索結果の全体を知るにはダウンロード機能を使って Excel データとして全用例を取得する必要がある。

7.1.4.2. 『日本語歴史コーパス』(CHJ) の『天草版平家物語』テキスト

　CHJ に収録されている『天草版平家物語』は標題紙（扉）・例言・序・本文のみで、目録・正誤表・「ことばの和らげ」「難語句解」は収録されていない。

　翻字テキストは表音性を重視したもので、コーパス構築のために独自の方針を採っている。そもそもキリシタン資料のローマ字を国字（漢字仮名交じり）に翻字する際、いくつかの方針に分かれる。

（1）キリシタンの国字本としての再現を目指す表記
（2）歴史的仮名遣いに基づく翻字（古語辞典で引ける形にする）
（3）歴史的仮名遣いではなく、ローマ字の表音性を重視した仮名遣い

（1）はキリシタンの国字本や、『節用集』などの古辞書の表記を拠り所とする。（2）は一般的な古文としては読みやすいが、ローマ字の表音性は失われる。（3）は古文として読むには違和感

のある表記になる。(2) と (3) の折衷案として、(2) の表記に (3) を振り仮名として表示する方法を採る翻字もある。CHJ は (3) に近い方針で翻字している。

7.1.4.3.『日本語歴史コーパス』(CHJ) 利用の具体例

　例として、「御語り有れ」(p. 3) のような「お＋（動詞連用形）＋あれ」という類型に、他にどのような用例があるのかを調べてみよう。

①「御語り有れ」に付されている言語情報を知る

　まず、サブコーパス「室町時代編 II キリシタン資料」の『天草版平家物語』を検索対象として、「中納言」の「文字列検索」タブで「御語り有れ」を検索する。

　検索画面では、検索条件（プルダウンで選択）のデフォルトが「書字形出現形」になっているが、この設定のままいきなり検索するのは危険である。「書字形出現形」は、コーパス構築時に使用した底本（翻字）の表記であって、原本の表記通りとは限らず、また、漢字・仮名・送り仮名等の表記揺れや活用にも対応していない。例えば「書字形出現形」で「有り」と入力して検索しても、「有ら」「あら」・「あり」・「有る」「ある」・「有れ」「あれ」・「有」（送り仮名なし）等の用例は検索結果に出てこない。

　「検索対象」を「原文」に指定すればローマ字本文での文字列検索も可能だが、うまく検索できないこともあるので、国立国語研究所 (2019) による翻字を使って、検索対象を「校訂本文」にして文字列検索したほうが確実である。

　「御語り有れ」で文字列検索すると、検索結果に p.3 の該当箇所が表示されるので、「サンプルID」をクリックして付与されている情報を確認する。なお、検索結果に表示される「サンプルID」と「開始位置」の情報があれば、「中納言」の「位置検索」で同じ箇所を検索結果として表示可能である。例えばサンプル ID「40- 天平 1592_01001」開始位置「900」とあれば、「40- 天平 1592_01001,900」とカンマ区切りで指定して「位置検索」すれば、「有れ」をキーとしたこの箇所が検索結果に出てくる。

　この「サンプル ID」をクリックすると、以下のような文脈情報が表示される（一部省略）。

表　CHJ 検索結果による「御語り有れ」(p.3) の文脈情報（抜粋）

サブ コーパス名	サンプル ID	連番	コア	書字形 出現形	語彙素 読み	語彙素	語彙素 細分類	品詞	活用型	活用形
室町 - キリシタン	40- 天平 1592_01001	630	1	御	オ	御		接頭辞		
室町 - キリシタン	40- 天平 1592_01001	640	1	語り	カタル	語る		動詞 - 一般	文語四段 - ラ行	連用形 - 一般
室町 - キリシタン	40- 天平 1592_01001	650	1	有れ	アル	有る		動詞 - 非自立可能	文語ラ行 変格	命令形

　「御語り有れ」の「有れ」の語彙素が、古語としての終止形「有り」ではなく、現代語の「有る」になっていることに気をつけたい。これは 7.1.4.1. の (a) で述べたように、BCCWJ と共通の単位を用いて通時性を持たせるためであり、これを知らずに「語彙素」を「有り」と指定しても正確な検索はできない。検索を実行する前に、付与されている言語情報をまず確認するべきとするのは、このためである。

→p.90

②「お＋（動詞連用形）＋あれ」の形を検索する

①で得た情報を参考に、「お＋（動詞連用形）＋あれ」の形を「短単位検索」で検索する。

今回は「動詞連用形」の語をキーにして、「お」を前方共起、「あれ」を後方共起で指定する。各短単位の条件指定を追加するには「短単位の条件を追加」をクリックして追加する。なお、「キーと結合して表示」にチェックを入れると、「お＋（動詞連用形）＋あれ」のまとまりで表示させることができる。

・「前方共起条件の追加」→「キーから1語」、語彙素「御」＋品詞「接頭辞」

・「キー」→品詞「動詞」＋活用形「連用形」

・「後方共起条件の追加」→「キーから1語」、語彙素「有る」＋活用形「命令形」

以上の条件を指定して、検索対象を「全て」（デフォルト設定）で「検索」をクリックする。

③**検索結果のデータ取得**（ダウンロード）

②の操作で、68件の検索結果が得られた（バージョン 2021.3）。検索結果は画面にも表示されるが、件数が多すぎる場合は抜粋かつランダム表示である。確実に全用例を見るためには、「検索結果をダウンロード」をクリックして、Excel データを取得する。取得したデータは Excel のピボットテーブルの機能を使うなどすれば集計が容易である。

④**データの分析**

③で取得したデータから、「お＋（動詞連用形）＋あれ」68例について、どのような動詞が使われているのか、CHJ の語彙素を基に集計すると、以下のようになる。

語る…25例

出でる・通る…各4例

聞く・待つ・見せる…各3例

成る・参る・向かう…各2例

拝む・失う・返る・担げる・下る・御覧ずる・続ける・問う・弔う・直す・宥める・述べる・上せる・上る・話す・控える・開く・待つ・申す・許す…各1例

また、サブコーパス別に見ると以下のようである。室町時代の用例が圧倒的に多いが、江戸から近代にかけても用例があることがわかる。

室町 - キリシタン	51 例	
室町 - **狂言** ＊p.130	13 例	
江戸 - 近松	1 例	
江戸 - 人情本	2 例	
明治・大正 - 雑誌	1 例	

データの集計だけでなく、検索結果の前後の文脈から、「お＋（動詞連用形）＋あれ」の形が誰から誰に、どの程度の敬意で使われているのか等、様々な観点での分析が可能である。

7.1.5. 今後の研究課題

これまでモノクロかつ不鮮明な箇所のある影印本しか利用できなかったのが、カラーで高精細

の画像がパブリックドメインとして公開され、利用できるようになった意義は大きい。国立国語研究所のコーパス構築と連動しているので、国立国語研究所の日本語サイトで、日本語による解説付きで閲覧できることも利便性が高い。『天草版平家物語』には既に多くの研究があるが、鮮明なカラー画像の公開と、コーパス構築により、これまでの研究資源では難しかった用例の検索とその分析が可能になった。

　今後、CHJ に『平家物語』が収録されれば、『天草版平家物語』との対照研究も進むであろう。ただし原拠本の状態は複雑であるため、『天草版平家物語』との対照を目的とするならば、少なくとも覚一本系と百二十句本系の 2 系統の収録が必要となる。

　CHJ を利用した研究は、利便性が高い反面、注意点も多い。その性質と特徴をよく理解してからの利用を心がけたい。

参考文献

江口正弘（1986）『天草版平家物語対照本文及び総索引』明治書院

江口正弘・溝口博幸編（2005）『天草本平家物語資料大成』（CD-ROM 版）尚文出版

江口正弘（2009）『天草版平家物語全注釈』新典社

江口正弘（2010）『天草版平家物語　影印編』新典社

梶原正昭・山下宏明校注（1991）『平家物語 上』（新日本古典文学大系）岩波書店

亀井高孝・阪田雪子翻字（1966）『ハビヤン抄 キリシタン版 平家物語』吉川弘文館

川口敦子（2015）「天草版『平家物語』の注記記号について―朱引を手がかりとして―」『愛知県立大学文字文化財研究所紀要』1、pp. 172-154

清瀬良一（1982）『天草版平家物語の基礎的研究』渓水社

国立国語研究所（2018）『日本語歴史コーパス 室町時代編Ⅱキリシタン資料』（短単位データ 1.0 / 長単位データ 1.0）https://ccd.ninjal.ac.jp/chj/muromachi.html

国立国語研究所（2019）「天草版平家物語」https://www2.ninjal.ac.jp/textdb_dataset/amhk/

国立国語研究所（2021）『日本語歴史コーパス』バージョン 2021.3 https://ccd.ninjal.ac.jp/chj/

小林千草（2015）『『天草版平家物語』を読む　不干ハビアンの文学手腕と能』東海大学出版部

近藤政美・伊藤一重・池村奈代美編（1982）『天草版平家物語総索引』勉誠社

近藤政美・池村奈代美・濱千代いづみ編（1999）『天草版平家物語語彙用例総索引』勉誠出版

近藤政美（2008）『天草版『平家物語』の原拠本、および語彙・語法の研究』和泉書院

近藤政美（2012）「天草版『平家物語』の原拠本の研究―研究史と本文の検証―」『愛知県立大学説林』60、pp. 1-62

土井忠生（1963）『吉利支丹文献考』三省堂

福島邦道解説（1976）『天草版平家物語（勉誠社文庫 7・8）』上・下、勉誠社

福島邦道解説（1996）『天草版平家物語』（影印本テキスト）勉誠社

森田武（1976）『天草版平家物語難語句解の研究』清文堂出版

安田章（1996）「規範性への接近」『国語史の中世』三省堂。初出 1991 年、『国語国文』60-1、pp. 1-15

【川口敦子】

7.2. 日本語ローマ字本（文語）
サントスの御作業 —写本と活字本の比較からみえるもの—

7.2.1. 標題紙と本文冒頭・末尾ほか（ボードレー図書館蔵本）

図1　標題紙（巻1）

図2　本文冒頭（巻1）

図3　標題紙（巻2）

図4　本文冒頭（巻2）

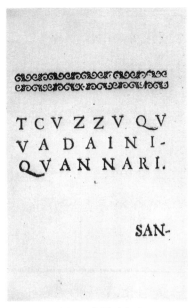

CONONIQVAN
no goſagueô novchi fun-
bet xi nicuqi cotoba no
yauarague

Cono xiruxi ua - niji nari to arauaſan ga tame zo . Sarina-
gara cotoba fitotçu nari to cocerô yu bexi .

A

	axij vŏ
varui cuchi	Acu vŏ . Tyrano
Ac- cŏ . Palauras injurio-	varui cocoro
ſas . l. blaſfemia.	Acu - xin . Roî coração
Acogare, ruru . Afligirſe.	Aſŏraxet . Algozes do In-
acu no michi	ferno
Acu - dŏ . Caminho da	Agui uo fanaſu . Cortar
maldade.	a cabeça a molheres
axij vonna	aixi tçuqu
Acu-gio. Molher fea.l. mà	Ai-giacu. Deleitação ruin
axij ſacaxima	itçucuximi xemnru
Acu - guiacu , Maldades	Ai - ſat. Entretenimento
axij voconai	de couerſação
Acu - guiŏ. Ruîs obras	Ai ſŏ . B a graça
axij cotoba	anaremu naſaqe (d. de
Acu-gon. Palauras deſcor	Ai - xei . Côpaixão ,pie-
(mbento	canaximi cunaximi
Acu - riŭ . Lagarto peço-	Ai - xeqi . Grande triſteza
axij caſa	Aixi,ſuru, Afagar, amimar
Acu ſŏ. Sarna ruî	façaru (ſe dà
axij tamogara	Ai - zzu. Sinal de auizoŏ
Acu - to Maos homens	Amanai , ŏ, Afeitar, ado
	çar (cura
	a

図5　末尾（巻1）　　　　　図6　「ことばの和らげ」（巻末語彙集）

7.2.2. 基本書誌

正式書名　『サントスの御作業のうち抜書』　Sanctos no gosagueô no vchi nuqigaqi

成立・刊行　1591年・加津佐にて刊行

著編者　養方パウロ・洞院ヴィセンテ翻訳（原典はヴォラギネの『黄金伝説』他）
　　　　　　　　　　　　　　　　　　　　　　　*p.98

構成　第1巻（標題紙・本文 pp. 1-294・目録2ページ・正誤表4ページ）、第2巻（標題紙・本文 pp. 3-340、
　　目録4ページ、正誤表5ページ）、「ことばの和らげ」（56ページ）
　　　　　　　　　　　　　　　*p.98

判型　オクタボ版

言語・活字　日本語・ローマ字

所蔵　活字本（ボードレー図書館（オンライン画像あり）、マルチアナ図書館、フランス国立図書館）、「バレ
　　ト写本」（バチカン図書館（オンライン画像あり））、国字写本（東京大学総合図書館他）

7.2.3. 解　説

　活字本にボードレー図書館本とマルチアナ図書館本、フランス国立図書館本がある。複製にチー
スリク著／福島・三橋解説（1976）、翻字本文に福島（1979）、注釈本に尾原（1996）があり、福島
（1979）の研究篇には具体例と共に概要がまとめられている。活字本・ローマ字写本・国字写本の
本文の関係については福島（1973：103-152）に詳しい。折井（2021）に説明されるように、『日葡辞書』
や『落葉集』を所蔵するフランス国立図書館に同書が所蔵されることはあまり知られていなかっ
たが、過去に同図書館のパンフレットでも簡単に紹介されており、オンライン目録でも確認でき
る（書誌情報には巻1とあるが完本とのこと）。「バレト写本」は複製本として前半がキリシタン文化研
究会編（1962）にあるだけだったが、現在ではバチカン図書館で全文オンライン画像が公開され
ている。本文「サンタカテリナ伝」他、一部の聖人伝には**『耶蘇教叢書』**を構成する国字写本（東
京大学総合図書館蔵）があり、翻字本文に姉崎（1976）がある。
　　　　　　　　　　　　　　　　　　　　*p.97

キリシタン版初期のローマ字本を代表する宗教書で、十二使徒を中心とする諸聖人の伝記や祝
＊p.43
日の由来説明により構成される。中世ヨーロッパで広く読まれたヤコブス・デ・ウォラギネ（Jacobus
de Voragine）の『黄金伝説』（Legenda aurea）が原典だと言われてきた（福島 1983：50-51 など）が、近
年では "Flos sanctorum"（聖人達の華；聖人伝集成）への探究が進み、José（2014）によれば当時のイ
ベリア半島での有力な聖人伝として、Diogo do Rosario（**ポルトガル語**、1577 初版、1585 増補版以来、
＊p.68
多数の版がある）、Alonso de Villegas（**スペイン語**、1588 版以来、多数の版がある。Pedro de Ribadeneira の
＊p.68
大集成（1599 ～）以前では、最も浩瀚で代表的であり、当時、「Villegas」が聖人伝の代名詞となっていた程）の
こうかん
2 点があるという。これらの聖人伝との関連も検討されるべきだが、今のところキリシタン版『サ
ントスの御作業』の典拠の特定には至っていない。

活字本（1 巻 17 篇、2 巻 14 篇）の他に「バレト写本」に聖人伝（32 篇）、他に数篇の国字写本があ
る。活字本と写本で共通する 17 篇の他に、活字本のみ 14 篇、写本のみ 15 篇のように出入りが
あって構成が異なる他、本文には段落から語句に至るまで大きな違いがある。写本のオ段長音の
開合や**四つ仮名**などにも独特なローマ字表記がみられ（福島 1983：156-185）、これらとはまた違っ
＊p.127 ＊p.54
た傾向を示す国字写本の存在（福島 1973：103-152）もあって、『サントスの御作業』の文献群はキ
リシタン版の表記の意義を批判的に検討する有力な材料となっている。「バレト写本」は土井（1963
：159-222）の概要にあるとおり、聖人伝以外の内容も含んだ写本である。

土井（1963：223-258）や尾原（1996）などでは写本が活字本に先行すると言われてきたが、写本
に書き込まれた**バレト**の参照注を詳しく分析した川口（2001）によれば、直接の参照関係ではな
＊p.118
く共通する諸聖人伝の稿本からそれぞれが成立し、活字本では 1 巻と 2 巻が異なった成立過程を
持つという（本書「**7.5. 写本　バレト写本**」も参照）。
→p.117

活字本の 4 篇は日本人の養方パウロが翻訳し、他は息子である洞院ヴィセンテが翻訳したこ
とが篇末の注記から分かる。養方パウロの来歴は土井（1963：123-158）に詳しく、小島（1994：156-
191）は翻訳論として両者の文体差に注目している。

本書に限った話ではないが、キリシタン版の日本語ローマ字表記は当時の音韻史研究に重要な
手がかりを与えている。例えば『サントスの御作業』では語末の t 入声音を「仏」の "but" のよ
うに表記する。浜田（1955）は「キリシタン資料が、この様なものをすべて t で統一してゐるの
は、他の場合にも往々にして見られる、この資料の一つの弱点とも云へる「規範性」から説明出
来るであらう。」とし、語末の -t 表記は規範意識による矯正であり音声の直接的反映ではないと
した。キリシタン版のローマ字表記の解釈に際してはこうした批判的意見も考慮すべきだが、『日
葡辞書』の見出し語「仏罰」に "butbachi" と "butbat" の両形が現れ、活字本『サントスの御作業』
と同じ聖人伝を含む「バレト写本」でも活字本とは異なった特徴がみられるとすれば、単なる規
範や統一（の不徹底）として扱うことには抵抗を感じる。

巻末の語彙集「ことばの和らげ」には、ローマ字表記の熟語に対し音節（または漢字）単位で訓
読みをローマ字表記で注記した形態素注解がみられる。山田（2004）はキリシタン版の巻末語彙
集（グロッサリー）の語釈がポルトガル語から日本語に移り変わり、その内容には文脈から離れ
た一般辞書を志向する特徴もみられるとした。本書「**2. 研究史**」に紹介したように豊島（2015,
→p.12
2017）は逆に文脈依存性を持つ部分に注目しているが、巻末語彙集の形式の変遷という着眼点に
は見るべき点がある。

＊耶蘇教叢書：寛政年間（1789-1801）に長崎奉行が没収したキリシタン写本で現在は行方不明。村上

97

直次郎が転写した本も失われ、現在は藤田季荘が転写した写本が東京大学総合図書館に所蔵されている（海老沢・井手・岸野 1993：513）。「サンタマリナ」「サンタカテリナ」「ビルゼンアナスタジヤ」の各聖人伝の他、『妙貞問答』上巻に相当する「仏法之次第略抜書」（海老沢・井手・岸野 1993：419-431 に翻刻本文）、『サントスの御作業』の「マルチリヨのことわり」に類似する「マルチリヨノ勧メ」（尾原 2006：49-95 に翻刻本文）、「バレト写本」の一部に相当する「ドミニカの抜書」（村上 1944 に翻刻本文）、『おらしよの翻訳』に相当する「オラシヨの翻訳」（尾原 2005：178-233 に翻刻本文）など、他の写本や活字本に関連する本文も含む。

＊**養方パウロ・洞院ヴィセンテ**：養方パウロ（1509?-1596）は養方軒パウロとも。息子の洞院ヴィセンテ（1540-1609）と共に若狭出身の医師でキリスト教に入信し、府内（現在の大分県）の**イエズス会**コ＊p.85レジオで日本語教師を務めると共にキリシタン版『サントスの御作業』（1591 加津佐刊）の翻訳を担当した。

＊**ことばの和らげ**：一部のキリシタン版の巻末に付属する語彙集。ローマ字本『サントスの御作業』・1592 年『ドチリナキリシタン』（和訓による形態素注解とポルトガル語注記）、『ヒイデスの導師』・『コンテムツスムンヂ』・『天草版平家物語』・『天草版伊曽保物語』（日本語注記）の各文献でアルファベット順、国字本『さるばとるむんぢ』『おらしよの翻訳』（漢字とよみ）で出現順、『ぎやどぺかどる』（漢字とよみ）で部首別の語彙集がある。『落葉集』との関連では国字本の語彙集、『日葡辞書』との関連ではローマ字本の語彙集が注目されるが、ローマ字表記から想起すべき漢字とそれを示唆する和訓という観点で、『落葉集』とローマ字本の語彙集との関係にも注目したい。

7.2.4. 本文より

『サントスの御作業』は『天草版平家物語』『天草版伊曽保物語』と同じローマ字本だが、他の宗教書と同じく文語体である点が異なる。「サンパウロの御作業」上巻 p. 12（図1）を読みながら、文語体ローマ字本の特徴をいくつか紹介しよう。

2 行目 goſagueô や 7 行目 xiſon は「御作業」「子孫」で、ſ は s の**異体字**（長い s）＊p.50であるから f と読み誤らないようにしたい（写本では特に判別が難しい）。ô はオ段長音（合音）であり、ŏ（開音）とは区別する必要がある。3 行目 gacuxŏ no（学匠の）や 6 行目 S. Paulo ua Hebreo no のように名詞と助詞は分かち書きされるが、これは『サントスの御作業』『ヒイデスの導師』『天草版平家物語』の前半 p. 206 までの特徴である。分かち書きは『天草版平家物語』の p. 207

図 7　活字本　サンパウロの御作業（1 巻 p. 12）

『サントスの御作業』は日本語をポルトガル式でローマ字表記しており、綴り字は当時の発音を反映した表記であるため、音韻史研究の有力資料として注目されている。

からなくなるが、用紙単位での組版方針の変更で、そこが N 紙と O 紙の境目だったからである（本書コラム「**キリシタン文献・ローマ字本の分かち書きについて**」参照）。8 行目 faua は「母」で、当時＊p.104のハ行子音が現代語と同じ声門摩擦音 [h]（または口蓋垂摩擦音 [χ]）ではなく両唇摩擦音 [ɸ]（または丸山 2020：183-188）によれば唇歯摩擦音 [f]）であること、**ハ行転呼音**現象によって「ハハ」から「ハワ」＊p.99

に変化していたことが推定できる。10 行目 voqite のようにオ・ヲは語頭 vo、語中 uo で表記し分けるが、綴り字上の方針か**異音**の書き分けかを判別しなければならない。『サントスの御作業』の「〜を以て」の綴り字は vomotte が優勢で uo motte も現れるが、2 巻の pp. 1-112 に vomotte は全く現れず 1 巻と 2 巻 p. 113（H 紙）以降にまとまって現れるとすれば、音声の反映ではなく組版方針の問題とみるのが妥当だろう。13 行目 iyeri ではエ・ヘに対応する ye も当時のアワ行エ段の [ye] を反映した表記と推定されている。このようにローマ字表記から得られる情報（研究の出発点にある基本的な研究書として橋本 1961 を一読することを薦める）は豊富で音韻史研究に大きく貢献しているが、その価値は次に紹介する「バレト写本」の存在によってさらに高められる。

　＊**ハ行転呼音**：平安時代の音韻変化により語中尾（助詞を含む）のハ行音がワ行音に変化した現象をいう。それによりワ行音を元のハ行を維持して表記することになり仮名遣いが複雑化した。キリシタン版のローマ字表記も当代の発音を反映したワ行の表記であり、「母」は "faua" と綴るが、一部では元の語形に回帰した "fafa" もみられ、特に**ドミニコ会**のローマ字表記に顕著に認められる（かめい 1967 など）。[85]

　＊**異音**：ある音素が複数の音声で現れる場合、これらの音声を異音という。現代日本語の語中尾に現れる /g/ は鼻音性の有無を任意に交換可能で、このような関係を自由異音という。また、撥音 /N/ は後続子音によって音声が変化するが、このような関係を環境異音（条件異音）という。ローマ字表記に現れた書き分けが音素の対立を反映したものか否かの判断は、キリシタン版が外国人の手による日本語の観察を経ているという事実を考慮し、慎重に行う必要がある。

　活字本とは内容や表記が大きく異なる「バレト写本」（図8）との対照研究として、本文成立論、ローマ字表記の解釈がある。本文成立論については土井（1963：223-258）、川口（2001）が詳しく、採録する聖人伝の違いや「バレト写本」にみえる他資料の参照注（活字本『サントスの御作業』を含む）を根拠として、写本と活字本が諸聖人伝の稿本群から別々に成立したこと、写本に先行する稿本の利用と活字本成立以降の参照という段階があることが明らかとなった。川口（2001：16）は、活字本『サントスの御作業』の 2 巻の標題紙にはそれが 2 巻であることを示す文言がなく（1 巻標題紙には "quan dai ichi" とある）、巻末に "Quan daini no vouari" と明記されるのみなので、当初は 2 巻であることが構想になく、後から巻数に関わる部分を再印刷するなどして合冊したと推定した。新たに付け加えるなら、2 巻前半の A 紙から G 紙までは 22 行組であるのに対し、2 巻 H 紙以降と 1 巻全体が 23 行組であることもこれに

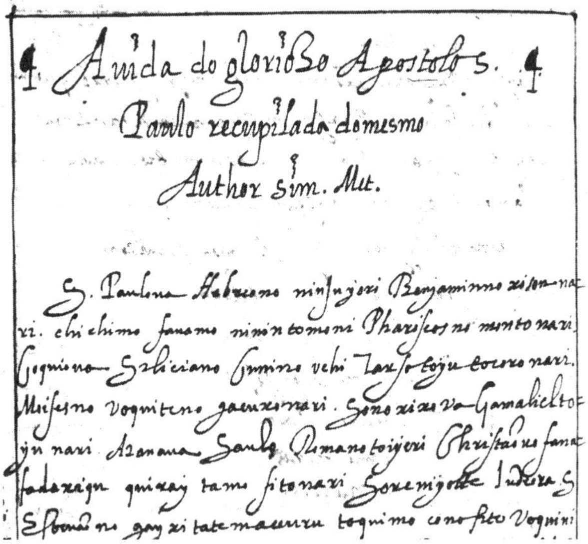

図8　「バレト写本」サンパウロの御作業（168 丁ウラ）
バレトの綴り字は活字本と異なる点がいくつかあり、そこから得られる情報によって活字本の綴り字を批判的に検証することができる。ローマ字綴りを当時の音声に忠実な表記とみるか、仮名遣いのような規範に基づくもの（音声的な問題とは異なる）とみるかについて、これまで多くの議論がなされてきた。

関係するだろう。2巻途中で組版方針を変更したと考えるなら、2巻→1巻の順に印刷されたという先後関係も見えてくる。1巻の本文冒頭がp. 1から開始するのに対し2巻はp. 3から開始しているのも、印刷上の何らかの方針の違いに関係するのかもしれない。

　本書「7.5 写本　バレト写本」で詳述されるように、「バレト写本」の表記には活字本とは異→p.117なる特徴があり従来から注目されてきた（土井 1963：227-241、福島 1983：156-185 など）。最大の特徴として図8の7行目 gacuxo（学匠）、10行目 voqini（大きに）のようにオ段長音の開合を区別せず、7行目 yu nari（言ふなり）も含め長音であることを表さない。助詞の分かち書きも一定でなく、4行目 S. Paulo ua Hebreo no では分かち書きあり、7行目 Moiſesno voquiteno では分かち書きなしで安定しない。9行目 quiraẏ では点付きの ẏ を i の異体字として使うが、4行目 yori（より）や8行目 iyeri（言へり）では点無しの y と同等で分けの根拠が分からない（点付き ẏ については豊島 1982 がある）。faua（母）は活字本と同じで、「を以て」は vomotte と uo motte を併用する。8行目 Chriſtaõ の õ は鼻音を表し、ó や ō に近い形もあるが特に区別する意図はないらしい。活字本では大部分が Chriſtan で行末には Chriſtã もみられるが、1行に収める文字数の調整で、同様のことは『日葡辞書』にもみられるので珍しいものではない。

　福島（1983：140）は橋本（1950）が指摘した中世末期の音韻の変化を整理している（括弧内に説明を加えた）。

1. ジヂ、ズヅの混同　　（四つ仮名の混同）
2. オ段長音の開合の混同　　（[ɔː] と [oː]、または [oo]（[oː]）と [ou]（[ow]）の混同）
3. ハ行軽唇音の喉音化　　（唇歯摩擦音が現代語と同じ声門摩擦音～口蓋垂摩擦音に変化）
4. 「敬（けい）」「帝（てい）」「命（めい）」などをケエ・テエ・メエと発音する　　（エ段長音化）
5. カクヮ、ガグヮの混同　　（直音と合拗音の混同）
6. ガギグゲゴが語中でカ゚キ゚ク゚ケ゚コ゚になる　　（鼻濁音化）
7. エ、オが ye、wo から e、o になる
8. セ、ゼが she, je から今日のようなセ、ゼの音になる
9. 入声の t がすべてツ（tsu）の音になる　　（「仏」「鉄」「説」など）　（開音節化）

福島（1983：140）が整理した写本の特徴（括弧内に説明を加えた）は、次のとおりである。

1. ジヂ、ズヅが混同してきている　　（四つ仮名の混同が多い）
2. オ段長音の開合を区別していない
3. ハ行子音はすべて f で表記している　　（写本でも唇歯摩擦音（または両唇摩擦音）を維持）
4. エイの音をまだたもっている
5. カクヮの混同は、版本にもまれにはあるが、写本の方が目立つのである　　（合拗音の消滅）
6. ガギグゲゴは版本も写本も同じである　　（鼻濁音化を示す**濁音前鼻音**が一部の語に現れ、山田（2017）
　　　*p.102
　　　が指摘するように遅れて成立したドミニコ会のローマ字表記には多くみられる）
7. エ、オは ye（ye）uo（vo）で表記してある。ただし、写本には例外もある　　（古い形を維持する。
　　　括弧内は語頭での表記）
8. セ、ゼは版本も写本も同じである　　（セは xe、ゼは je で表記）
9. 入声は版本も写本も同じである　　（もっぱら t 入声表記をとる）

　写本は四つ仮名に混乱例があってオ段長音の開合を区別せず、活字本に比べて規範性の低さが顕著だが、問題はこうした相違がなぜ生じたのかである。福島（1983：144）では「版本と写本のちがいは通時論的な観点で考えねばならなくなってくる」として、ローマ字表記が当時の日本語

の変化を反映したもの（写本は変化した後の姿）とするが、活字本と写本の成立年代が大きく異なるわけではなく、双方が日本語の変化を単純に反映したとは考えにくい。本書「**2. 研究史**」→p.12に説明したように、キリシタン版のローマ字表記が当時の音声を直接反映したものと決めてかかるのは危険なので、福島（1983）がローマ字表記の特徴として「混同してきている」「f で表記している」など、音韻と表記の区別が曖昧な説明を行った部分は修正が必要だろう。

ローマ字表記は必ずしも音声的特徴を反映するとは限らない。当時の日本語として、オ段長音の開合は音素の対立を失いながら音声上の区別は保たれていた（または混同しつつあった）のが実態だとすれば、活字本は規範的な形を復元してローマ字表記に反映させ、写本は音素の対立がないことを理由に一々区別しなかったとも考えられる。このことは、ガ行鼻濁音が衰退して音素の対立を失いながらも理想的な日本語の発音として認識される現代語と同じであり、外国人が音読することも想定されるローマ字表記の活字本にはそれだけ高い規範が求められたということである。それに比べ写本は個人的な裁量の範囲にあるので、バレトが不必要と判断すれば開合表記を省略することも差し支えなかっただろう。

直接的な影響関係は現在のところ不明だが、『サントスの御作業』の「ことばの和らげ」（巻末語彙集）（図9）にみられる和訓（訓釈）による熟語の同定（同音異義語の区別）や意味の説明は、形式上、キリシタン版の辞書との関連が認められる。冒頭に「この印“—”は二字なりと表さんがためぞ。さりながら言葉1つなりと心得べし」とあるように、熟語を構成する各漢字には上部に和訓（訓釈）が置かれる。

Ac – cô　には　varui cuchi

Acu – dŏ　には　acu no michi

Acu – gio　には　axij vonna

Acu- guiacu　には　axij sacaxima

このように同じ「悪」でも対応する和訓（訓釈）が異なる。“acu no michi” の “acu” は和訓ですらないが、一般語として定着している一字漢語を和訓に準じて訓釈に用いるのは『日葡辞書』にもみられる特徴である（中野 2021）。冒頭部分を『日葡辞書』『落葉集』と比較してみよう（表1）。

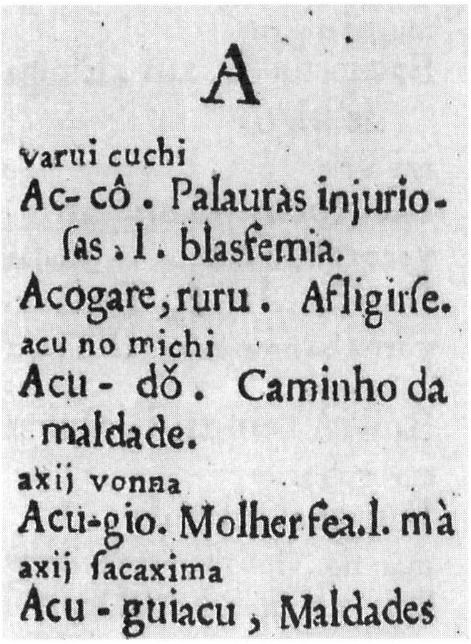
A
varui cuchi
Ac- cô . Palauras injurio-
ſas . l . blasfemia.
Acogare, ruru . Afligirſe.
acu no michi
Acu - dŏ . Caminho da
maldade.
axij vonna
Acu-gio. Molher fea.l. mà
axij ſacaxima
Acu - guiacu , Maldades

図9　「ことばの和らげ」A 部冒頭
同音異義語の識別と語の意味の理解を助けるため、漢字表記を導く形態素注解が付く。語釈はポルトガル語である。

表1　和訓（訓釈）の比較

	ことばの和らげ　形態素注解	日葡辞書　訓釈	落葉集　本篇
悪口	varui cuchi	Varucuchi	あしゝ – くち
悪道	acu no michi	Axij michi	あしゝ（にくむ）– みち
悪女	axij vonna	Axij vonna	あしゝ（にくむ）– をんな
悪逆	axij sacaxima	—	あしゝ（にくむ）– さかし

形態素注解と訓釈、熟語左傍訓がすべて一致するというものではないが、「悪口」の「わるい」が形態素注解と訓釈で一致し、「悪道」に形態素注解で「悪の道」と通読可能なように同格助詞

「の」を用いるなど注意すべき点がある。和訓（訓釈）をとおして語の意味を理解するという形式では共通しており、キリシタン語学の語彙論・文字論として本格的な調査が望まれる。また、語釈も同じポルトガル語なので対応を確認してみる（表2）。

表2　語釈の比較

	ことばの和らげ　語釈	日葡辞書　語釈
悪口	Palauras injuriosas. l. blasfemia 有害な中傷、あるいは、冒瀆	Injuria de palauras, ou ruins palauras 言葉による侮辱、または、悪い言葉
悪道	Caminho da maldade 邪悪な道	Ruim caminho, ou peccado. 悪い道、または、邪悪
悪女	Molher fea. l. mà 醜い、または、悪い女	Molher fea, & de ruim parecer. 醜くて、見かけの悪い女
悪逆	Maldades 邪悪	Maldades. 邪悪

　語釈が簡潔なためこれだけでは不十分だが、blasfemia（冒瀆）の語釈の有無、maldade と ruin（悪い）の相違などがある。文脈依存性も含めて詳しく検討されるべきだろう。

　巻末語彙集の形式の変遷は山田（2004）に詳しい。整理して示す（表3）。

表3　ことばの和らげ（巻末語彙集）の比較

	本文表記	語彙排列	語釈言語	漢字単位区切り	特　徴
どちりいな	漢字・仮名	―	―	―	
サントス	ローマ字	ABC順	ポ語	あり	形態素注解あり
ドチリナ	ローマ字	ABC順	日本語・ポ語併記	なし	
ヒイデス	ローマ字	ABC順	日本語 まれにポ語	なし	
ばうちずも	漢字・仮名	―	―	―	
平家・伊曽保	ローマ字	ABC順	日本語 まれにポ語	なし	バレト写本「難語句解」あり
コンテムツス	ローマ字	ABC順	日本語 まれにポ語	なし	
さるばとる	漢字・仮名	出現順	（漢字よみ）	（漢字）	
ぎやどぺかどる	漢字・仮名	部首別	（漢字よみ）	（漢字）	落葉集との関係
ドチリナ	ローマ字	―	―	―	
朗詠雑筆	漢字・仮名	―	―	―	
どちりな	漢字・仮名	―	―	―	
おらしよの翻訳	漢字・仮名	出現順	（漢字よみ）	（漢字）	
スピリツアル	ローマ字	―	―	―	
ひですの経	漢字・仮名	―	―	―	
太平記抜書	漢字・仮名	―	―	―	

　ポルトガル語→日本語、出現順→部首順、語彙集あり→なし、などの変化に、巻末語彙集に求められる役割の変化が読み取れる。このことは、キリシタン版の辞書の成立とあわせて考えるべき特徴である。

　＊**濁音前鼻音**：中世日本語では濁音の直前に鼻音性を伴い、ローマ字本にはそれが "m" や "n"、または "~"（母音上のティルダ：スペイン語・英語 tilde, ポルトガル語 til）の綴り字で現れることがある。「バレト写本」の「女房」（166r）には "nhombo"、「侍」（237r）には "sanbraỹ" の表記がみられる。

7.2.5. 今後の研究課題

『サントスの御作業』はキリシタン版初期の出版であり、言語規範や組版方法に不統一な点がみられる。版面に現れる特徴や本文の用語選択・文法的特徴を詳しく分析し、本文成立の過程について更に詳しい研究を期待したい。巻末語彙集の形態素注解を『日葡辞書』の訓釈や『落葉集』の定訓と比較することで、ローマ字本で語義の理解を助ける工夫はどのようなものだったか、キ
*p.50
リシタン語学として漢字や熟語がどのように整理されていたのか探ることもできる。活字本と「バレト写本」双方の本文の相違に基づき稿本となった聖人伝の姿を明らかにすることも必要である。

参考文献

姉崎正治（1976）『切支丹宗門の迫害と潜伏（姉崎正治著作集 1）』国書刊行会

石塚晴通・豊島正之（1996）「東洋文庫蔵「スピリツアル修行」国字写本」『東洋文庫書報』27、pp. 38-48

海老沢有道・井手勝美・岸野久編著（1993）『キリシタン教理書』教文館

尾原悟編著（1996）『サントスのご作業』教文館

尾原悟編（2005）『きりしたんのおらしよ』教文館

尾原悟編（2006）『きりしたんの殉教と潜伏』教文館

折井善果（2021）「フランス国会図書館蔵『サントスのご作業』（1591 年）について」『キリシタン文化研究会会報』158、pp. 15-22

かめいたかし（1967）「ハワからハハへ」『言語文化』4、pp. 61-89

川口敦子（2000）「バレト写本の「四つがな」表記から」『国語学』51-3、pp. 1-15

川口敦子（2001）「『サントスの御作業』の稿本—バレト写本の注記より—」『京都大学国文学論叢』7、pp. 1-29

キリシタン文化研究会編（1962）『キリシタン研究』7、吉川弘文館

小島幸枝（1994）『キリシタン文献の国語学的研究』武蔵野書院

土井忠生（1963）『吉利支丹文献考』三省堂

豊島正之（1982）「バチカン図書館蔵バレト写本『サントスの御作業』に於ける y と ẏ の使い分けに就て」（計算機利用言語学研究会編『言語研究の中の計算機』）

豊島正之（2015）「キリシタン版の辞書」『文学』16-5、pp. 48-60

豊島正之（2017）「キリシタン版ローマ字本「言葉の和らげ」の文脈依存性に就て」『上智大学国文学論集』50、pp. 176-162

中野遙（2021）『キリシタン版 日葡辞書の解明』八木書店

橋本進吉（1950）『国語音韻の研究（橋本進吉博士著作集 4）』岩波書店

橋本進吉（1961）『キリシタン教義の研究（橋本進吉博士著作集 11）』岩波書店

浜田敦（1955）「語末の促音」『国語国文』24-1、pp. 15-28

福島邦道（1973）『キリシタン資料と国語研究』笠間書院

福島邦道（1979）『サントスの御作業　翻字研究篇』勉誠社

福島邦道（1983）『続キリシタン資料と国語研究』笠間書院

H. チースリク著／福島邦道・三橋健解説（1976）『サントスの御作業　影印篇』勉誠社

丸山徹（2020）『キリシタン世紀の言語学—大航海時代の語学書—』八木書店

村上直次郎（1944）「ドミニカの説教に就いて」『キリシタン研究』2、pp. 1-25

山田健三（2004）「キリシタン・ローマ字文献のグロッサリー」（田島毓堂編『語彙研究の課題』和泉書院）

山田昇平（2017）「コリャードとバ行の濁音前鼻音」『語文』108、pp. 104-89、大阪大学国語国文学会

Algüés Aldaz, José（2014）La difusa autoría del Flos Sanctorum : silencios, presencias, imposturas. (Le Guellec, Maud ed: *El autor oculto en la literatura española - siglos XIV a XVIII*, Casa de Velásquez, Madrid)

【白井　純】

〔コラム〕キリシタン文献・ローマ字本の分かち書きについて

初期のキリシタン文献・ローマ字本では、日本語の一部の助詞を一語として表記している。

Qiſo ga maye nimo Necoma dono no maye nimo vonaji yǒni ſuyeta（木曽が前にも猫間殿の前にも同じように据えた 『天草版平家物語』206-20, 21 下線筆者）

「Qiſo」に続く「ga」、「Necoma dono」に続く「no」の間に空白がある。この語間に空白を入れることを「分かち書き」と言う。ただ、いざ「分かつ」にも何を語とするか決めなければならない。これには出版に関わった者たちも悩んだようである。その結果か『天草版平家物語』（1592）途中の p. 207 以降で助詞は前の語と続けて記すようになり、その後刊行されるローマ字本で踏襲される。

Necomadonoga cayerarete cara, Qiſomo xuxxiuo xôto yūte detattaga,［猫間殿が帰られてから、木曽も出仕をせうと言うて出立ったが、］（『天草版平家物語』207-08,09 下線筆者）

この表記の変更について豊島（2013）は、**キリシタン版**が原稿のまま印刷されることはなく、印刷上
*p.43
の方針でこの分かち書きが生じたと指摘する。さらに豊島（2019）では、この変更が以下の p. 206 から p. 207 に続く 1 文の途中で起きており、印刷現場で起きた変更であることも指摘する。

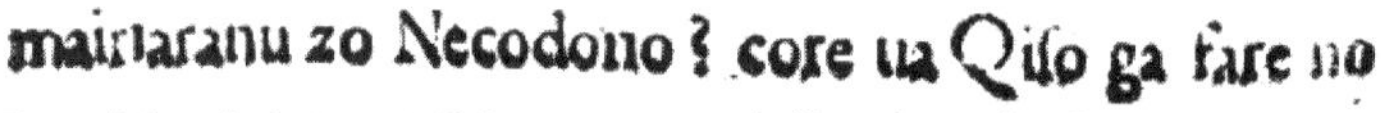

mairiaranu zo Necodono ? core ua Qiſo ga ſare no

図1 ［まゐりあらぬぞ猫殿？ これは木曽が晴れの］（『天草版平家物語』206-24）

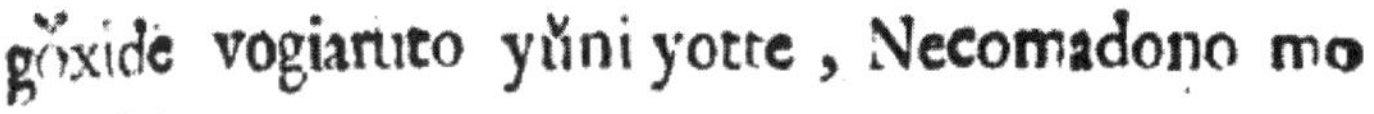

gǒxide vogiaruto yŭni yotte , Necomadono mo

図2 ［合士でおぢゃると言ふによって、猫間殿も］（『天草版平家物語』207-1）

p. 206 では「core ua」「Qiſo ga」「ſare uo」と助詞を分け、p. 207 では「vogiaruto」「yūni」と分けない。この p. 206 と p. 207 にある違いは印刷の折にある。p. 206 は octavo 印刷の N 折、p. 207 からは O 折から成る。この新しい O 折から分かち書き方針が変更される。ただ p. 207 でも「猫間殿」に後続する「も」は分かれており、この方針は徹底されたものとは言えない（千葉 2009 で指摘）。『天草版平家物語』に後綴される『天草版伊曽保物語』（1593）でも 467-15「xixivǒ no［獅子王の］」といった助詞を分けて表す例は確認でき、逆に『天草版平家物語』の p. 206 より前でも 201-22「coreua［これは］」や、これ以前の作『ヒイデスの導師』（1592）でも 541-03「yuyeua［故は］」と助詞を分けない例があり、分かち書き方針を深く理解するには、より入念な調査が必要となる。

分かち書きの変更を**イエズス会**の日本語理解の進展と結びつける意見もあるが、分かち書きの方針が
*p.85
1 つのテキスト内の章段と無関係の場所で切り替わるという事象の説明にはなり得ない。近年キリシタン語学の傾向として活字印刷の表記規範・表記方針に与えた影響に注目する論考が多い。この分かち書きも活字印刷の規範の切り替えという着眼点として注目すべき事例であろう。

参考文献

千葉軒士（2009）「キリシタン文献・ローマ字本の分かち書きについて―体言と助詞の関係から―」『名古屋言語研究』3、pp. 25-34

豊島正之（2013）「日本の印刷史から見たキリシタン版の特徴」（豊島正之編『キリシタンと出版』八木書店）

豊島正之（2019）「キリシタン版の表紙絵裏の本文の印刷に就て」『上智大学国文学論集』52、pp. 左 1-12

【千葉軒士】

7.3. 日本語国字本（1）
どちりなきりしたん ―日本で４回出版されたカトリック教義の基本書―

7.3.1. 標題紙と本文冒頭 （カサナテンセ図書館蔵本）

図1　標題紙

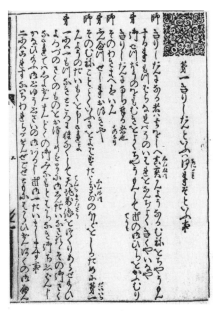

図2　本文冒頭

7.3.2. 基本書誌

正式書名　『どちりなきりしたん』DOCTRINA CHRISTAM

成立・刊行　1600 年・長崎にて刊行

著編者　不明（原著はマルコス・ジョルジュによる**ポルトガル語**版の Doctrina Christãa, 1566）
＊p.68

構成　標題紙・序・目録（計３丁）、本篇（52 丁）、合計 55 丁

判型　美濃判袋綴じ

言語・活字　日本語、漢字活字・仮名活字・小型仮名活字（振り仮名）

所蔵　カサナテンセ図書館

7.3.3. 解　説

　キリスト教要理、カテキズモ（Catechismo）とも呼ばれるキリスト教の入門的教義書で、**キリ
シタン版**として４種類出版された。『どちりなきりしたん』（1600 刊国字本、カサナテンセ図書館）の
＊p.43
他に、『どちりいなきりしたん』（1591 刊国字本、バチカン図書館（オンライン画像あり））、『ドチリナキ
リシタン』（1592 刊ローマ字本、東洋文庫）、『ドチリナキリシタン』（1600 刊ローマ字本、水戸彰考会）が
あり、小島（1966）、亀井・チースリク・小島（1983）、福島（1973 : 83-101）などの**対校**にみるよう
＊p.106

に本文に大きな相違がある。『どちりいなきりしたん』（1591 刊）の写本に中谷本（東京大学総合図書館）がある。複製本はカサナテンセ本と水戸彰考会本に小島（1971）、バチカン本に小島・亀井（1979）、東洋文庫本に豊島（2014）があり、中谷本は『ぎやどぺかどる』写本と共に東京大学総合図書館が電子画像を公開している。注釈本に海老沢・井手・岸野（1993）などがある。

　原著は**イエズス会**士マルコス・ジョルジュによって 1566 年にリスボンで出版されたポルトガル語版 *Doctrina Christãa*（バイエルン州立図書館蔵、吉田・水谷 2012 に詳しい）で、亀井・チースリク・*p.85* 小島（1983）にはドチリナの解説の他に原典と日本語版の比較もあるが、イエズス会の出版物に共通する傾向として日本語版には独自部分があり逐語訳ではない（豊島 2014 : 150）。ドチリナは教義書であると共に CARTILHA（児童教育用教材）として語学書としての側面を持ち、現地語での宣教にも重要な役割があったため、イエズス会によるドチリナとしてアフリカのコンゴ語・キンブンドゥ語版、ブラジルのトゥピ語・キリリ語版、インドのコンカニ語・タミル語版なども出版された（丸山 2020 : 57）。

　本文は典型的なカテキズモにみられる師弟の対話形式（問答体）であり、キリスト教の基本的な教理を分かりやすく説明する。ポルトガル語版では師から子供に対する質問、日本語版では弟子から師への質問となっているが、西洋には類例が殆どなく、大人向けに編集した日本語版独自の工夫である（亀井・チースリク・小島 1983 : 33）。本文は漢字と平仮名によるが、**後藤版**の特徴として一部漢字には振り仮名を用い、隣接行に空きがない場合は本文を平仮名表記とするなど、読解* しやすさへの配慮がみられる。

　＊**対校**：異なる複数の本文を比較し、異同を確認すること。校合（きょうごう）ともいう。言語資料として文献を利用する際には不可欠な基礎作業で、1. 本文批判（Textkritik, Text criticism）の手段として本文の本来の形を復元する、2. 本文の相違を明らかにして編集や改編の意図を明らかにする、3. 文献相互の関係を明らかにして系統関係を明らかにする、などの目的がある。

　＊**後藤版**：イエズス会の委託を受けた後藤登明宗印（Gotô Thome Sôin）が長崎のイエズス会敷地内で出版したキリシタン版後期国字本で、『どちりなきりしたん』（カサナテンセ本）、『おらしよの翻訳』、『ひですの経』を印刷し信徒向けに販売した。使用活字はイエズス会版を引き継ぐが振り仮名に特徴がある。キリシタン版末期の『ひですの経』も後藤版だがキリシタン版の表記規範を大きく逸脱しており、どのような経緯で出版されたのか今後の更なる研究が期待される。

7.3.4. 本文より

　繰り返し出版された日本語版ドチリナはポルトガル語版に基づくが本文の違いが大きく、用語や表現が安定しないキリシタン版初期の出版と、問題が整理され統一されていた中期の出版の相違が読み取れる。亀井・チースリク・小島（1983 : 129）では前後期国字本の表記・用語・表現・文体などが比較されるが、変更は何らかの意図に基づくことが多く、そこから当時の日本語の様々な特徴が明らかになることも多い。

ポルトガル語版（亀井・チースリク・小島 1983 : 24）

　M. Dizei vos minino, qual he o sinal do Christam?

　（師　子どもよ、お言い、キリシタンのしるしとは何であるか）

　D. A sancta Cruz.（聖なるクルス）

M. Porque?（なぜか）

D. Porque nella nos remio Christo nosso Senhor.

（われらの主キリストが聖なるクルスによってわれらをお救いになったから）

前期本（イエズス会版）：『どちりいなきりしたん』（6ウ7）

弟　きりしたんのしるしとは何事ぞや

師　右に云しごとく貴き御くるす也

弟　其故いかん

師　我等が御主ぜずきりしとくるすの上にて我等をげだつし給ふによて也

後期本（後藤版）：『どちりなきりしたん』（5オ12）

弟　きりしたんのしるしとハなに事ぞや

師　たつときくるすなり

弟　そのゆへいかん

師　われらが御あるじJくるすのうへにて我等を自由（われら）（じゆう）になしたまへば也

　ポルトガル語版では師匠から子供に呼びかける問答形式だが、日本語版では（大人の）弟子から師匠への質問という形式に置き換えられている。日本語版はポルトガル語版に基づく翻訳だが、後期本はより簡単な日本語で編集する基本的方針があるため、原典に必ずしも忠実でない翻訳も含まれる。上の例では「解脱し給ふ」を「自由になす」で置き換えたように平易な用語を選ぶ傾向があり、「解脱」は『日葡辞書』（115v：邦訳本 p. 294）に「解放すること、あるいは、自由にすること。仏法語（Bup.）」と説明されるように仏教語だが、『ぎやどぺかどる』（1巻86オ13）に「善人達の保ち給ふ心の自由といふハ我身の望みを心のまゝに随へ身の解脱を得給ふ事也」とあるようにキリスト教の文脈にも利用される。

　このようなキリシタン用語は本書にも頻出するキリスト教の重要な概念を表す語である。イエズス会は当初、キリスト教の重要な概念を日本語に翻訳する方針を採り、神の訳語に大日、十字架の訳語に十文字などを用いたが、宣教師ガゴの用語改革によってキリスト教の独自性を強調するため重要な語を原語（キリシタン版では本語という）とすることが定着した（土井1982：14-61）。そのため、『どちりなきりしたん』の宗教的な用語にも、「X（キリスト）・すぴりつさんと（聖霊）・あんじよ（天使）・がらさ（恩寵）」などの原語と、「覚悟・情識」などの仏教語由来の漢語、その他の一般的な和語・漢語が用いられている。前期本で「さんたまりあにゑかう仕る也」（22オ1）と仏教語「回向」を用いるが、『日葡辞書』では「坊主（Bōzos）の行う祈禱の終わりに読誦するもの、すなわち、対話体の祈り」（319v：『邦訳 日葡辞書』p. 815）とあるようにキリスト教の文脈に用いるべき語ではない。そのため（もしくは単に難しい語を避けるためか）後期本では「びるぜんまりやに申あげ奉る也」（15ウ6）と平易な表現に置き換わっている。「入滅」（36オ12）→「しゝ給ふ」（24オ2）も同じである（小島・亀井1979、豊島1989）。

　キリシタン版の「御大切」は当時の日本語とは意味が大きく異なる。当時の日本語「大切」では喫緊・重要の意味や大事にするという意味が中心だが、『どちりなきりしたん』で30例あまり用いられるようにキリシタン版に頻出する「大切」「御大切」は「ds（デウス）をばなにとやうに御たいせつに思ひ奉るべきや」（31オ3）のように宗教的な愛を意味しており、『日葡辞書』「大切」

にも Amor（愛）の語釈がある。「作者」は一般的には作り手という意味だが、キリシタン版の「御作者」は「創造主。イゲレジヤ（Igreja 教会）で通用している語」（『邦訳 日葡辞書』548l）でありキリスト教の神を、「天狗」は悪魔を意味する特殊な用語である。言語・文化・宗教を異にする文脈において訳語の選択が難しい問題であったことは疑いなく、折井（2005）は『ヒイデスの導師』（1592 刊）で神の摂理（providencia）と反対の意味をもつ偶然（acaso）が自然（じねん／しぜん）と訳されたことによって日本人に生じた教理解釈上の混乱を論じている。また、国字本の原語は仮名表記が原則だが、『ひですの経』（1611 刊）には「あんじよ」（Anjo：天使）を「安如」と漢字表記した例があり規範に反している。但し『日本のカテキズモ』『講義要綱』などの写本では原語の漢字表記は珍しくなく、キリシタン版国字本の原語の仮名表記は出版にあたっての表記の統一とみるのが自然である。

　初めてキリシタン版を読む際に戸惑うのが頻出する原語（外来語）で、**ラテン語**、ポルトガル語、**スペイン語**が中心である。主要な語は大きな国語辞書にも掲載されるが、『どちりなきりしたん』にも用いられる「あるかんじよ」（Archangelus：大天使）・「かたうりか」（Católica：**カトリック**）などは平仮名綴りから原語に結びつきにくいため理解が難しい。本書「**8. キリシタン版を読んでみる**」で示すように、巻末に原語一覧をもつ注釈書もあるのでレポートを書く際には参考にし、必要に応じて各種辞書を参照するとよい。仏教語の意味は古語辞典や仏教語辞典で知ることができるが、仏教語であっても当時は一般語として用いられていた語も多いので注意したい。

　振り仮名は後藤版の特徴で、小島（1971）に一覧表がある。漢字（和語と漢語）や Jx などの記号の左右に読み仮名を付して読解を容易にしたもので、教養の低いより多くの読者を想定した配慮である。「遺恨」（11 ウ 9）は振り仮名付き漢字だが、「いこん」（12 オ 3、29 ウ 13、51 オ 10）は仮名表記で左右に空きが無い。「哀憐」（37 オ 11）も振り仮名付き漢字だが、左右に空きの無い「あいれん」（16 オ 7）は仮名表記で、これらの漢字は振り仮名使用が前提である。「糺明」「談義」「果報」「折檻」なども同じで、『どちりなきりしたん』の漢字 216 字種のうち振り仮名無しでも用いられる漢字には「御」713 回、「事」579 回、「給ふ」287 回など高頻度の漢字もあるが、全体の半数を占める 106 字種は 1 回しか現れずそれらの多くは振り仮名を持つ。字音語を仮名表記することに抵抗は全く無いので、同音異義語を識別し語を同定するため敢えて漢字を用いたのかもしれない。その他、後期本での変更点として、濁点符の徹底、半濁音符の追加、原語の語末「あ」の「や」への変更（あべまりあ→あべまりや）、撥音「む」の「ん」への変更（きりしたむ→きりしたん）がある。

　表記は漢字仮名交じり文で変体仮名や連綿を含む仮名表記が主体であり、漢字を減らし読みやすさに強く配慮したのは、ドチリナというテキストの性格にも一致する。「あにま」（魂）や助動詞「けり」「ける」のような 2、3 字の連綿活字（図3）も豊富であり、形態素もしくは形態素の一部で高頻度の文字列に対応する（白井 2008）。連綿が自立語の開始位置を跨ぐことがない（豊島 2001）のは嵯峨本など同時期の印刷物にもみられる傾向だが、キリシタン版後期国字本がこれを徹底したのは写本的特徴の再現というより、連綿によって語の単位を明確にする機能を重視したためだろう。

　本書の 2 文字の連続（2-gram：バイグラム）で高頻度文字列（数値は出現回数）は、なり 406、給ふ 287、んと 261、その 255、さん 217、ある 213、の御 212、たる 204、る事 202、にハ 198、より 182、なる 178、奉る 176、から 171、めん 168、べき 164、とい 158、らず 158、して 156、かな 155、した 154、とな 153、をも 151、もの 150、であり（「もの」は「もの〻」）、下線のある文字列は連綿表記を持つが、連綿は動詞や助動詞などの語の単位に対応することが多く、連綿を持たな

い「の御」「る事」などは自立語の開始位置を跨ぐため連綿が現れない。

例えば「ぜんじのくどく<u>をも</u>うしなふ者也」（40 ウ 13：図 4 左）で「をも」を連綿しつつ「はつる事なきあにま<u>をも</u>つなり」（3 ウ 15：図 4 右）で「をも」を連綿しないのは自立語の動詞「持つ」にかかるためだが、『ぎやどぺかどる』では「大きなる大切を持つと見えたり」のように漢字表記した箇所は連綿は不要でこうした表記規範が表面化しない。図 4 の左の例では「をも／うしなふ」、右の例では「事／なき／あにまを／もつ／なり」のように字間がやや空くのは分かち書き（込め物を用いた字間調整）だが、行末を揃える際に配慮される程度で必ず分かち書きをするわけではない。

図 3　連綿活字

連綿活字「あにま」（魂）は形態素（語）に対応する。（『どちりなきりしたん』1 ウ 13（左）、3 ウ 8（右））

原語の仮名遣いには**定家仮名遣い**や**字音仮名遣い**の伝統が及ばないのでゆ
＊p.110　　　　　　　　　　　＊p.110
れが現れやすく、キリシタン版国字本独自の規範が必要となるが、亀井・チースリク・小島（1983）は国字本『どちりなきりしたん』の前期版から後期版への変化があるという。

1. 語尾の「あ」を「や」としたこと

2. 語頭の表記について、「ゐ、え、を」を「い、ゑ、お」としたこと

3. 語中の「ゑ」を「え」にしたこと

4. 長呼音の表記を廃したこと

岸本（2001）は 2 と 3 に関連して、原語の音韻の違いの反映ではなく、語頭と語中尾で仮名字母を使い分けて語境界を明示する**仮名用字法（仮名文字遣）**であり、日本人には馴染みのない原語の読解を助ける工夫として理解
＊p.110
すべきとした。白井（2012）は前期本では原語の仮名用字法が日本側文献の通例に沿わないことを根拠に、当時の仮名用字法は仮名遣いのような規範性を持ち得なかったとする。

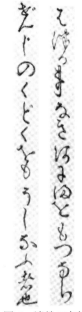

図 4　連綿の有無

和語の仮名用字法は当時の通例に従い、いくつかの仮名で使用位置による使用字母の偏りがある（白井 2009）。「し」の［志］や「か」の［加］が語頭専用であることが代表的で、［志］は「<u>し</u>かるに」「<u>し</u>らずんば」「ご<u>し</u>やう（後生）」「<u>し</u>めす」などの語頭に用いられる（「後生」のような熟語の後部形態素は語に準じた扱い）。本書付録**「仮名字体一覧」**に示したように 1 つの仮名に複数の字母がある場合に
→p.148
しばしばこうした特徴がみられる（表）。

当時の日本語の平仮名表記全般にもみられる傾向で珍しいものではないが、本書**「4. 印刷技術」**で説明するように、書写という行為から離れた活字本としてキリシタン版が最も早く実現
→p.28
した点に特徴がある。

表　仮名用字法の例

仮名	字体	字形	活字	分布	機能
か	[加]	加		語頭	語境界標示
	[可]	可		汎用	
し	[志]	志		語頭	語境界標示
	[之]	之		汎用	
の	乃 [乃a]			汎用	
	乃 [乃b]			助詞	語境界標示（表語）
	[能]	能			

＊**定家仮名遣い**：鎌倉時代に藤原定家が書写の原則として『下官集』に記した仮名遣いの原則で，南北朝時代に行阿『仮名文字遣』によって増補され普及した。歌道における定家の権威によって絶対的な影響力を持ったが，平安時代後期の文献に基づくため，その時代に既に混乱していた「お」と「を」の仮名遣いは定家自身のアクセント感覚によって区別し，上代文献にみられるア行エとヤ行エの区別もない。江戸時代中期に契沖が上代の万葉仮名に基づく契沖仮名遣いを提唱し，これをもとに明治時代に歴史的仮名遣いが策定された。

＊**字音仮名遣い**：日本漢字音（音読み）の仮名遣いで，和語の仮名遣いに比べて規範の成立が遅れたのは，字音語を仮名で書く機会が少なかったためである。江戸時代の本居宣長『字音仮字用格』（1776刊）により整理されたが，キリシタン版『落葉集』ではおおむね安定しており，一定の規範はあったようである。

＊**仮名用字法（仮名文字遣）**：仮名遣いは個々の語をどの仮名で書くのかという規範（同じ音韻を語に応じて書き分けることで，助詞の「は」は /wa/ だが「わ」ではなく「は」と書くというきまり）だが，仮名用字法（仮名文字遣）は１つの仮名のなかでの字母の書き分けをいう。書き分けは全く無作為ではなく，語頭や助詞などの語の境界を示したり，助詞専用の字母を持つことで可読性を向上させる機能を持っていたとする考え方がある。代表的な研究として，積極的に機能性や表語性を認める立場に安田（2005：180-206）や小松（2006：131-164），書写の習慣に過ぎず意識的ではなかったとする立場に今野（2001：232）や矢田（2012：341-381）がある。

7.3.5. 今後の研究課題

　キリシタン版国字本の研究は、ローマ字本に比べ独自性に乏しいとされたため研究が遅れていたが、表記論を中心に新しい成果が出ている。国字本全体として使用語彙や使用漢字がキリシタン版の辞書（『日葡辞書』や『落葉集』）とどのような関係を持つのか、ローマ字本との比較も含めて語彙論、表記論の観点から検討したい。キリシタン大名が黙読したという『ぎやどぺかどる』のような本文と、キリシタンに広く読まれたであろう『どちりなきりしたん』では語彙や文字の選択に相違があり、そこから当時の社会階層と日本語の関係を探ることもできる。典拠が明らかなキリシタン版は翻訳する過程で日本語版独自の要素を加えることが多いが、4種の日本語版ドチリナを比較し、他本もあわせて参照することで、翻訳をとおしたイエズス会の宣教方針や日本語・日本社会への適応方法、およびその変遷を知ることもできるだろう。

参考文献

海老沢有道・井手勝美・岸野久編著（1993）『キリシタン教理書』教文館

折井善果（2005）「キリシタン文学における「自然」―スペイン語原典における「偶然（acaso）」の翻訳を手がかりに―」『比較思想研究』32、pp. 91-100

亀井孝・H. チースリク・小島幸枝（1983）『日本イエズス会版 キリシタン要理―その翻案および翻訳の実態―』岩波書店

岸本恵実（2001）「キリシタン版国字本の本語表記における「え」「ゑ」の用法」『日本語・日本文化』27、pp. 71-92

小島幸枝編（1966）『校本 どちりなきりしたん』福井国語学グループ

小島幸枝編（1971）『どちりなきりしたん総索引』風間書房

小島幸枝・亀井孝解説（1979）『どちりいな　きりしたん（バチカン本）』勉誠社

小島幸枝・亀井孝解説（1979）『どちりな　きりしたん（カサナテンセ本）』勉誠社

小松英雄（2006）『日本語書記史原論　補訂版』笠間書院

今野真二（2001）『仮名表記論攷』清文堂出版

白井純（2008）「キリシタン版の連綿活字について」『アジア・アフリカ言語文化研究』76、pp. 5-20

白井純（2009）「キリシタン版の仮名用字法」『訓点語と訓点資料』122、pp. 左 1-16

白井純（2012）「キリシタン版の原語にみる仮名用字法の意識―活字本と写本の比較から―」『人文科学論集』46、pp. 21-30

土井忠生（1982）『吉利支丹論攷』三省堂

豊島正之（1989）「キリシタン版は何故印刷されたのか」（北大国文学会編『刷りものの表現と享受：北大国文学会創立四十周年記念』北大国文学会）

豊島正之（2001）「ぎやどぺかどる　解説」（尾原悟編『ぎやどぺかどる』教文館）

豊島正之解説（2014）『重要文化財 ドチリーナ・キリシタン 天草版』勉誠出版

バチカン図書館蔵『どちりいなきりしたん』https://digi.vatlib.it/view/MSS_Barb.or.153.pt.A（閲覧日：2022 年 2 月 18 日）

福島邦道（1973）『キリシタン資料と国語研究』笠間書院

丸山徹（2020）『キリシタン世紀の言語学―大航海時代の語学書―』八木書店

安田章（2005）『国語史研究の構想』三省堂

矢田勉（2012）『国語文字・表記史の研究』汲古書院

吉田新・水谷俊信（2012）「〈研究ノート〉バイエルン州立図書館蔵、マルコス・ジョルジュ 'Doctrina Christaa'（1566 年リスボン刊）の発見」『キリシタン文化研究会会報』139、pp. 29-41

【白井　純】

7.4. 日本語国字本（2）
ぎやどぺかどる ―"退悪修善の道理" を説くキリスト教修徳書―

7.4.1. 標題紙と本文冒頭（バイエルン州立図書館蔵本）

図1　標題紙

図2　本文冒頭

7.4.2. 基本書誌

正式書名　御出世以来千五百九十九年 きやとへかとる 罪人を善に導くの儀也 慶長四年正月下旬（上巻。下巻は慶長四年潤三月中旬）鏤梓也

成立・刊行　1599 年・長崎刊か

編著者　記載なし。複数の外国人宣教師、日本人イルマンか。一方ディオゴ・デ・メスキータは、総会長アクアヴィーヴァへの手紙で、原マルチノの高い言語能力を賞賛するとともに、原が翻訳した幾つかの書籍の1つとして『ぎやどぺかどる』の名を挙げている。土井はペロ・ラモンに帰すると述べる（土井 1980：10）

構成　2 巻 2 冊。上巻は標題紙・目録・序・本文・字集、下巻は標題紙・序・目録・本文・字集。

判型　美濃判

言語　日本語　漢字交じり平仮名

所蔵　バチカン図書館、大英図書館、インディアナ大学リリー図書館（上巻のみ）、エル・エスコリアル図書館（上巻のみ）、天理図書館（上巻のみ）、バイエルン州立図書館（上巻のみ）、イエズス会ローマ文書館（下巻のみ）、上智大学キリシタン文庫（下巻のみで字集欠）、フランス国立図書館（下巻のみ）、マヌエル文庫（ビラ・ビソウザ：下巻のみ）。なお、字集のみがバチカン図書館（『どち

りいなきりしたん』の芯として）ならびにアンジェリカ図書館（『天草版ラテン文典』の芯として）にある。大英図書館本は福島（1981）に、天理図書館蔵本とイエズス会ローマ文書館本は天理図書館（1976）に、天理図書館蔵本と上智大学キリシタン文庫蔵本は高祖（2006）に、それぞれ複製がある。翻刻は村岡（1927）、長沼（1929）、豊島（1987）、尾原（2001）がある。豊島（1987）の本文篇・注と、尾原（2001）に採録された豊島の解説は『ぎやどぺかどる』研究の最前線であり、本項もこれに多く依拠している。なお、下巻の筆写本が大阪・高槻の中谷家から 1922 年に発見され、現在は東京大学総合図書館貴重書部に所蔵されるとともに全文が公開されている。

7.4.3. 解　説

スペイン人**ドミニコ会**士で、16 世紀イベリア半島において説教師・著作家・ポルトガル王室
*p.85
付聴聞司祭などとして活躍した**ルイス・デ・グラナダ**の『罪人の導き (Guía de Pecadores)』（1567 年
*p.114
改訂初版）の翻訳。標題紙の割書きに「罪人を善に導くの儀也」、あるいは上巻序に「退悪修善の道理」といった言葉からうかがえるように、16 世紀後半のトリエント公会議以降の**カトリック**
*p.2
宗教改革の流れに与するキリスト教修徳思想書であるが、それを逐語訳−意訳、漢語−本語など様々な工夫を凝らしながら当時の日本語日本文化に適応させている。これをヴェヌッティ（Venuti, 1995）の翻訳理論に当てはめれば、異文化間翻訳における「受容化 domestication」と「異質化 foreignization」の双方が駆使されているともいえる。1573 年**ポルトガル語**版を底本とした抄訳
*p.68
本、と言われてきたが、16 世紀中に刊行されたポルトガル語版がないことから現在この説は否定されている。**スペイン語**版は多くの版があるが、1571 年サラマンカ版に至って改訂された第
*p.68
2 巻第 1 部第 3 章のタイトル「善きキリスト教徒が抱くべき、大罪となることを決して行わないという堅い目標」、および同章の内容の増補部分 (De Granada 1571, ff.285r-288v) が、『ぎやどぺかどる』下巻第 1 篇第 7 に「もるたるといふ深き科に落まじきと、堅く思ひ定むべき事」として訳出されているため、これ以降の版が翻訳底本であることがわかる（スペイン語諸版の異同については De Granada and Huerga1995 : 537-543）。なお、豊島はスペイン語版に加えて**ラテン語**版も参照されてい
*p.68
る可能性を指摘している（豊島 2001 : 367-369）。

　グラナダの著作から作成された**キリシタン版**は多い。『ぎやどぺかどる』の他に、『ヒイデスの
*p.43
導師』、『ひですの経』、『サントスの御作業』下巻の後半部「マルチリヨのことわり」もそうである。また『コンテムツスムンヂ』と『こんてむつすむんぢ』の翻訳に際して、グラナダのスペイン語訳が使用された可能性、またグラナダの主要著作『祈りと黙想の書』が日本で翻訳出版された可能性も指摘されている。原マルチノは 1584 年 8 月、老齢のグラナダにリスボンにおいて謁見しており、その際にグラナダに手渡したと記録される翻案が、この『ぎやどぺかどる』であった可能性もある。

　キリシタン活字鋳造史における本書の位置は本書「**4. 印刷技術**」に譲るが、ここでは『ぎや
→p.28
どぺかどる』刊行の前年である 1598 年の『落葉集』の出版に際して、『ぎやどぺかどる』で使用される漢字活字の 97％が既に用意されていたことを今一度想起したい。『ぎやどぺかどる』は一部の和語を仮名に開くものの、「巍々蕩々」「垢膩」「焙籠」のようなキリシタン版全体で一度しか現れない漢語にも漢字活字を積極的に用いることにより、漢字・漢語の豊饒な文面を実現させた。このような理由により、文体、文面の両側面から『ぎやどぺかどる』はキリシタン版中の白眉と称されてきた。

＊ルイス・デ・グラナダ：Luis de Granada（1504-1588）はスペインのドミニコ会士で、同会ポルトガル管区長を務めた。キリシタン版『ぎやどぺかどる』の原典である Guía de Pecadores（1556 年リスボン刊、但し『ぎやどぺかどる』の翻訳は改訂版による）や、『ヒイデスの導師』『ひですの経』の原典である Introducción del Símbolo de la Fe（1583 年サラマンカ刊）の著者である。

7.4.4. 本文より

以下では、比較的入手し易い、バチカン図書館蔵本（上巻）と上智大学キリシタン文庫蔵本（下巻）を底本とした尾原（2001）の翻刻を参照した。なお、諸本の校勘については豊島（1987、本文篇注 pp. 4-6）。対照として掲げるスペイン語原典については、理論的には 1571 年以降の版を全て参照すべきであろう。一方、グラナダ自身が翻訳底本としての使用を定めた大型本（二折 folio 本）が、Llaneza によると 1579 年に他の著作とともに全集としてサラマンカで出版されており、翌年にかけて同じ出版社から分冊出版もなされたようである。本稿では、グラナダが序において el original más fiel y más correcto（最も忠実で正確な原典である）と断言している、1580 年刊のこの分冊版（Llaneza による書誌番号 1270）を使用する。

『ぎやどぺかどる』訳者の文才の程度は、原典と比較することにより実証的に理解できる。例えば豊島（1987）にも言及されている以下の例を見てみよう。

例 1
見よ、如此の迷ひを以ていんへるのにおちし族多きが故に、何ぞ前車の覆るを見て、後車の戒めとせざらんや（下 3 表）
Y pues son tantos los que desta manera son castigados, muy mejor acuerdo será escarmentar en cabeza agena, y sacar de los peligros de los otros seguridad ： (De Granada 1580, p.135)
（このようにして罰を受ける者は多いのだから、他人の失敗に学び、他人の危険から安心を引き出すほうがずっと正しいではないか）

ここで仮に訳した「他人の失敗に学ぶ」は直訳すると「他人の頭で懲りる」となり、日本語の「人のふり見て」と同様、スペイン語では極めて一般的な常套句である。翻訳者はこれが常套句であることを意識したと思われ、代わりとして「前車の覆るは後車の戒め」という日本語の諺を充てている。『日葡辞書』にも採録されているとおり、この表現もまた当時一般的であった。キリシタン版は「でうす」「がらさ」「おんたあで」など、いわゆる「原語主義」の採用による斬新な文体が注目される。一方上の例のような「こなれ感」、すなわち先述のヴェヌッティのいう「受容化」に相当する翻訳の実態解明は、『ぎやどぺかどる』研究の醍醐味ともいえる。

また、次のような事例にも、欧文原典との対照は重要な情報を提示する。たとえば

例 2
藤かづらの類は木を伝ひて上るごとく、生得、人は貧窮不如意なるが故に、でうすの御影に頼みをかけ、御恵みを仰ぎ奉らずんは有べからず（上 82 表）
（ママ）

ここでいう「御影」の読みは「ゴエイ」であろうか「ミカゲ」であろうか。この問いに答える

ためには、スペイン語原典との対照が有用である（下線部分は訳出されなかった部分）。

例3

De suerte que así como la hiedra busca el arrimo de el árbol para subir a lo alto, porque por sí no puede; <u>y así como la mujer naturalmente busca el arrimo y sombra de el varón, porque como animal imperfecto entiende la necesidad que tiene deste arrimo,</u> así la misma naturaleza, como pobre y necesitada, busca la sombra y amparo de Dios.（蔦が上に登るのに自分自身では不可能であるために木の支えを必要とするように、…貧しく困窮したその自然本性は神の影と隠れ場を探すのである）

([De Granada 1580, p.93])

「影」に相当するのは sombra（影）である。キリシタン時代を前後するスペイン黄金世紀文学には「逞しい木に寄りかかるものは逞しい日陰に守られる Quien a buen árbol se arrima buena sombra le cobija」（すなわち日本語でいう "寄らば大樹の影"）という常套句がお馴染みであり、そういった文脈から考えると、「影」は「カゲ」と読むのが意味的に適切ということになる。このように、欧文原典との対照は漢語の「読み」を確定するために重要な情報を提供する。

7.4.5. 今後の研究課題

近年、筆写本との比較から新たな研究が生まれている。上述の中谷本の他にも『ぎやどぺかどる』の部分的な筆写本が知られ、ソブチェックは同じ茨木の東家において発見された通称「**吉利支丹抄物**」に『罪人の導き』と酷似する内容が採録されていることを指摘した。さらにそれがキリシタン版『ぎやどぺかどる』よりも前の翻訳であるという説を展開するとともに、同抄物が説教の代用として読誦されたことを**イエズス会**士の報告を根拠に提唱している。刊本から写本、あるいは写本から刊本という流れを考察することにより、キリシタン語、ひいては室町時代語の使用実態がより多角的に明らかになってくるのではないだろうか。

本項で述べてきたように、『ぎやどぺかどる』は筆写本や原典と対照されることによって国語学の研究に様々な方向性を示し得る資料である。事実、キリシタン文献をその欧文原典との連続性のうちに考察するという方法は、日本語日本文学を研究する欧米の研究者が自分の長所を生かせる点でとっつき易く、そのレベルは近年想像以上の高まりをみせる。国内のキリシタン語学研究も彼らとの協調のなかで進められていくべきであろう。

* **吉利支丹抄物**：茨木の東藤次郎氏宅から 1920 年に発見された写本で、「一七日にわくる最初のめぢさんの七箇条」他から構成される。ソブチェック（2013）によれば、ルイス・デ・グラナダ原著のキリシタン版『ぎやどぺかどる』と共通する内容を持つという。

参考文献

尾原悟編（2001）『ぎやどぺかどる』教文館

高祖敏明解説（2006）『ぎやどぺかどる』雄松堂出版

小島幸枝（1997）『ぎやどぺかどる筆写本の国語学的研究』風間書房

ソブチェック マウゴジャータ（2013）「東藤次郎旧蔵本『吉利支丹抄物』と Guia de pecadores との関係について」『日本研究』48、pp. 35-54

天理図書館編（1976）『ぎやどぺかどる（天理図書館蔵きりしたん版集成）』天理大学出版部

土井忠生・森田武・長南実編訳（1980）「解題」『邦訳 日葡辞書』岩波書店

東京大学総合図書館蔵『ぎやどぺかどる』筆写本　https : //iiif.dl.itc.u-tokyo.ac.jp/repo/s/christian/page/home（閲覧日：2022 年 2 月 18 日）

豊島正之編（1987）『キリシタン版ぎやどぺかどる　本文・索引』清文堂出版

豊島正之（2001）「ぎやどぺかどる　解説」（尾原悟編『ぎやどぺかどる』教文館）

長沼賢海（1929）『南蛮文集』春陽堂

バイエルン州立図書館蔵『ぎやどぺかどる』https : //daten.digitale-sammlungen.de/~db/0011/bsb00117901/images/（閲覧日：2022 年 2 月 18 日）

福島邦道編（1981）『ぎや・ど・ぺかどる』勉誠社

フランス国立図書館蔵『ぎやどぺかどる』https : //gallica.bnf.fr/ark : /12148/btv1b10508361v.r=pecador%20 1599?rk=21459;2（閲覧日：2022 年 2 月 18 日）

村岡典嗣（1927）『日本古典全集』日本古典全書刊行会

De Granada, Luis (1571) *Guia de peccadores, en la qual se trata copiosamente de las grandes riquezas y hermosura de la virtud, y del camino que se ha de lleuar para alcançarla.* Salamanca : Domingo de Portonarijs

De Granada, Luis (1580) *Guia de peccadores, en la qual se trata copiosamente de las grandes riquezas y hermosura de la virtud, y del camino que se ha de lleuar para alcançarla.* Salamanca : Los herederos de Mathias Gast

De Granada, Luis and Álvaro Huerga (1995) *Guía de pecadores : texto definitivo.* Obras Completas / Fray Luis De Granada. Madrid : Fundación universitaria española

Llaneza, Maximino (1926) *Bibliografía del V. P. M. Fr. Luis de Granada de la Orden de predicardores.* 4vols. Salamanca : Establecimiento typográfico de Calatrava

Sobczyk, Malgorzata (2020) Estrategias de domesticación y extranjerización en la traducción al japonés de *Tratado de la oración y meditación*, in Yoshimi Orii and María Jesús Zamora Calvo (eds.), *Cruces y áncoras : la influencia de Japón y España en un siglo de oro global,* pp. 159-177. Madrid : Abada Editores

Universal Short Title Catalogue（通称 USTC：1450 年から 1650 年のヨーロッパの印刷物を扱うデータベース）https : //www.ustc.ac.uk/（閲覧日：2022 年 2 月 18 日）

Venuti, Laurence (1995) *Translator's Invisibility: A History of Translation*, Routledge, London

【折井善果】

7.5. 写　本

バレト写本 ―日本語訳された福音書・聖人伝など―

7.5.1. 本文冒頭 （バチカン図書館蔵本）

1 丁表の標題（朱書き）は **ポルトガル語** で「Historia breue da cruz q[ue] milagrosamente apareceo em Jappaõ.」（日本で奇跡的に出現した十字架の短い物語）とある。続く本文は日本語で「JESVS goxutxe ẏraẏ xengo fiacu fachiju qunen me」（ゼズス御出世以来千五百八十九年目）と始まる。

＊p.68

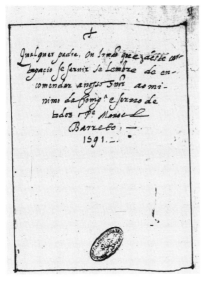

図 1　マノエル・バレトによる序

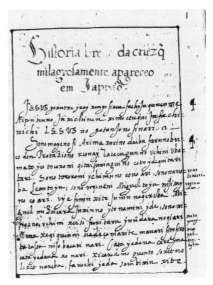

図 2　本文冒頭

7.5.2. 基本書誌

正式書名　バチカン図書館所蔵 Codices Reginensis Latini 459 (Reg. Lat. 459)。Codices Reginensis Latini は「女王（スウェーデン女王クリスティナ）旧蔵ラテン写本」の意味。

成立・刊行　1591 年・日本にて書写

著編者　マノエル・バレト Manoel Barreto 写筆、ただし 132r（132 丁表）から 155v（155 丁裏）は別筆。
＊p.118

構成　序・本文・索引（内容目次）。銅版画・挿絵あり。本文は大きく分けて以下の 4 部構成である。より詳細な構成については土井（1963a）、川口（2001b）を参照のこと。

　　　第 1 部　クルス（十字架）の奇跡物語（1r-3v）

　　　第 2 部　福音書：主日と祝日の福音書・キリストの受難物語・受難の道具の対話・聖人の祝日の福音書・守護のアンジョ（天使）の加護・索引（4r-111r）

　　　第 3 部　聖母の奇跡物語・索引（116r-163r）

　　　第 4 部　聖人伝・索引（164r-381r）

判型　オクタボ

言語・文字　日本語（文語）・ポルトガル語・**ラテン語**、ローマ字（手書き文字）
＊p.68

所蔵 *バチカン図書館*

　近年、バチカン図書館デジタル・ライブラリー DigiVatLib（イタリア語・英語・日本語）で画像が公開された。https : //digi.vatlib.it/view/MSS_Reg.lat.459

　第 1 部〜第 3 部（163r まで）の翻字がキリシタン文化研究会（1962a）、影印がキリシタン文化研究会（1962b）にある。第 2 部の一部については、鈴木・梅崎・青木（1997）、鈴木・青木（1998）、鈴木・青木（1999）の翻字と註解がある。第 4 部（164r から 381r まで）の翻字は尾原（1996）にある。第 4 部のうち「聖バルラン・聖ジョザハッ伝」「聖エウスタキオ伝」「聖アレイショ伝」「聖エウゼニヤ伝」の翻字が福島（1995）に収録されている。

7.5.3. 解　説

　本書は、1940 年にシュッテ師によって発見された写本である（Schütte 1940, 1962）。1590 年に来日したポルトガル人**イエズス会**士マノエル・バレトによって書写された、日本語文を主体とする
*p.85
文書集である。約 380 丁から成り、ローマ字書き日本語の写本として、現存が確認されている中では最も大部なものである。日本に現れた十字架の奇跡物語や、日本語訳された福音書（ミサ典礼の朗読集）、受難物語、聖母の奇跡物語、聖人伝などがローマ字で書かれている。ポルトガル語による序（図 1）には「P.e Manoel Barreto」（マノエル・バレト神父）の名と「1591」の年号が見え、これが本書の写筆者と成立年を示している。本書の福音書は、現存するまとまった日本語訳としては最も古いものである。聖人伝は、「バレト写本」の成立と同年の 1591 年に加津佐で刊行された『サントスの御作業のうち抜書』との相違が指摘されている。本文の余白の飾り模様は**キリシタン版**に使用されているものと共通するため、イエズス会コレジオの印刷所に近い場所で成立し
*p.43
たと考えられる（川口 2001a）。

　なお、筆者バレトのキリシタン版との関係は、著書『フロスクリ』（1610 長崎刊）の存在や『太平記抜書』の**出版許可**からも窺い知れる。
　　　　　　　　　　　　　*

* **マノエル・バレト**：Manoel Barreto（1564?-1620）は 1590 年に来日した、高いラテン語・日本語力をもつイエズス会士である。キリシタン版『フロスクリ』（1610 長崎刊）の作者であり、キリシタン版『太平記抜書』の出版許可にその名が見え（『太平記抜書』巻 2- 巻 6 の「目録」参照）、キリシタン版との関係が深い。バレト自筆とされる写本には、本項で紹介する「バレト写本」の他に、大英図書館所蔵『天草版平家物語』(1592) の「難語句解」（森田 1976）と、リスボン科学アカデミー所蔵の『葡羅辞書』（1606-1607 長崎成立）がある。

* **出版許可（許可状）**：キリシタン版の出版に際しては、内容がカトリックの教義に反していないことを確認した証である允許状 Nihil obstat(aprouação)と、それに基づく出版許可状 Imprimatur (licença)が添付された。形式的な内容ではあるが、刊行年不明の『太平記抜書』にはマノエル・バレトの允許状があるため、滞在時期との関連から刊行時期を推定することも可能であるなど、出版事情を知る手かがりともなる。

7.5.4. 本文より

　本書は性質の異なる複数の文書から成る文書集であり、写本であるという性質から、キリシタン版とは異なるアプローチが可能である。以下にいくつか例を挙げる。

　なお、「バレト写本」の丁付けは片面のみなので、表面を「r」（recto の略）、裏面を「v」（verso の略）
　　　　　　　　　　　　　　　　　　　　*p.43　　　　　　　　　　　　　　　　　　　　　*p.43

で示す（例：1丁表は「1r」）。

7.5.4.1. 表　記

　まず、写本であるという特性から、版本よりも本文の判読がやや困難であるという問題がある。「バレト写本」の文字は、キリシタン資料の手稿類の中では比較的読みやすい部類ではあるが、大文字・小文字の区別が曖昧だったり、重ね書きによる文字の訂正があったり、行間・欄外の書き入れがあったりと、版本にはない読みにくさがある。行間・欄外の書き入れは、段落記号（ピルクロウ）・語句への注記・本文の訂正である。例として、本文 1r の翻刻で示す。

Historia breue da cruz q̃
milagrosamente apareceo
em Jappaõ.
}　①

JESVS goxutxe ẏraẏ xengo fiacu fachiju qunen me
Nipon tenxo juxichinen ximo ccuqui jufachi=
nichi IESVS no gotanjono finari.
¶　②

　Sono maẏeno fi Arima xurino daibu farunobu=
co don Protaziono reonaẏ Tacacugun no vchini vba=
mato ẏu tocoroni qitai fuxingui no coto ẏdequi tari
¶　②

tari. Sono tocoroni ẏchininno rouo ari, sono nauo=
rouo　③

ba Lean to ẏu, sono voqinani Miguel toẏu nijisaẏ
toxiori-

no co ari. iẏe finin xite junin naqereba: Mi=
voqina　④

guel mizucara juxinno ẏtonamini ẏde, sono xi=
idem.-

feqino vchini xeiso furi taru ẏnūdara no qi ari
xeiso　⑤

Neua xeqi quen ni uadacamarite mauari fitofiro
youaẏ-

tacassa nijo bacari nari. Cata ẏedaua care ẏma
xeqi　⑥

cata ẏedaua xo nari. Xicaredomo guento soxet no
ẏxi-

Iixet nareba, fa uochi ẏeda sambixiu xite
qen –　⑦
aẏba

図 3　「バレト写本」1r

①はポルトガル語による第1部のタイトル。

　欄外の②は段落記号（ピルクロウ）で、それぞれ「JESVS」「Sono」で始まる段落に付けられたものである。

　欄外の③〜⑦は本文の語に対する注記である。ここでは語釈や読みの注記であることがわかる。

③「rouo toxiori」［老翁　年寄り］→ 10 行目「rouo」［老翁］への注記。

④「voqina idem.」［翁　同前］→ 11 行目「voqinani」［翁に］への注記。

⑤「xeiso youaẏ」［星霜　齢］→ 14 行目「xeiso」［星霜］への注記。

⑥「xeqi ẏxi」［セキ　いし］・⑦「qen aẏba」［ケン　あいば］→ 15 行目「xeqi quen」［石間］への注記。

　この箇所にはないが、数字や「×」印、「＾」印で本文と欄外の書き入れを対応させている箇所もある。欄外だけでなく本文の行間にも語句への注記がなされる箇所もある。

　このような体裁による読みにくさ以前の問題として、この時代の手書き文字の癖に慣れるまでは読みにくいかもしれない。なお、「点付きの ẏ」は「バレト写本」によく使われるが、点なしの y との区別はないようである。

実 践 編

「バレト写本」の本文を読むと、まず、キリシタン版の一般的な表記とは異なる箇所があることに気づくだろう。例えば、1r の範囲だけでも以下の点が挙げられる。

⑴ 長音を示す**アセント記号**や**開合**記号が使われていない。
    *p.80 ***p.127**
⑵ ツ＝ccu…「ximo ccuqui」（［霜月］1r05）。キリシタン版では「tçu」。
⑶ サ＝ssa…「tacassa」（［高さ］1r16）。キリシタン版ではサ＝sa。
⑷ ガ行・ダ行の前に鼻濁音を示す n・m・ティルダがある…「fuxingui」（［不思議］1r09）、「sambixiu」
  （［寂しう］1r18）、「ỹnũdara」（［イヌダラ］1r14）。
⑸ **四つ仮名**の誤り…「mizucara」（［自ら］1r13）。mizzucara とあるべきところ。
    *p.54

⑴ については、長音を示すアクセント記号が付けられている例もあるが、版本のように必ず付けられるものではない。また、鼻音を示すティルダ（~）は、アクセント記号（グレイヴ・アクセントないしアキュート・アクセント）のような形で示されていることが多い。

⑵ のツについて、キリシタン版では tçu と表記されるところを ccu と表記する。ccu は ççu とも書かれる。なぜツを ccu・ççu と表記するのかについては、çu がポルトガル語でスと読めることから、ス・ツの交替という観点で考察できる（森田 1993：136-139）。⑶ のサ＝ssa とあわせて、二重子音による表記という観点からの考察もできる。

⑷ は版本でも一部の語に見られる表記法だが、版本よりも例が多い。

⑸ については、単純に日本語の側の「四つ仮名の混乱」の例と解釈するのは危険である。ローマ字表記の日本語は、つい、当時の日本語の音声を忠実に写し取っていると思い込みがちだが、それを筆記するヨーロッパ人の側の音声・音韻の問題による表記の混乱も考慮しなければならない（川口 2000）。

なお、「バレト写本」の表記や書写態度について考察する場合、バレト以外の筆跡で書かれている「別筆部分」（132r-155v）について留意が必要である。

この他にも「バレト写本」にはキリシタン版の規範とは異なる表記が見られるが、これについては土井（1963b）、福島（1973）などに詳しい。ただし、このような「特異な」表記は「バレト写本」特有の特徴ではなく、イエズス会の書簡や年報などの手稿類（手書き文書）にも見られるものである。しかし、他の手稿類ではまとまった分量のローマ字書き日本語文の例は非常に少なく、380丁もの大部となると、他に例がない。「バレト写本」はその点でも資料価値が高いと言える。

このような写本に特徴的な表記が 16 世紀末の日本語の音声の実態をどの程度示しているのか、また、キリシタン版の表記規範とどのように関わるのかといった視点での研究が行われている。

7.5.4.2. 聖人伝と『サントスの御作業のうち抜書』

本書の聖人伝（第4部）と、『サントスの御作業のうち抜書』（以下『サントス』とする）の比較研究は早くから行われてきた。『サントス』の研究で「写本」と出てきた場合、それは「バレト写本」所収の聖人伝を指す。「バレト写本」には 32 篇、『サントス』には 31 篇（第1巻17篇、第2巻14篇）の聖人伝が収録されており、両者に共通するのは 17 篇である。両者の配列は、尾原（1996）の「解説・解題」にある対照表がわかりやすい（尾原 1996：385-387）。

「バレト写本」と『サントス』に共通する聖人伝の本文を比較してみよう。以下は両者ともに一番目に収録されている、聖ペテロ・聖パウロ伝の冒頭部分である。括弧内に翻字を示し、相違

120

がある箇所には下線を施す。

例1

Conichi Sancta Ecclesia yori S. Pedro to S. Paulo Ẏssaẏ ninguen miccuno tequini taixerarete go vn uo firaqui tamo tocorouo yorocobi mosaruru nari. Miccuno tequi toua Vagami, cono xecaẏ, tengu, core nari. Conichino ẏorocobiua voquinaru ẏorocobi nari. Sonoẏuẏeua xo Christãono daẏichibanno taixo von xoriuo yetamo finareba nari.

[今日サンタ・エケレジヤよりサン・ペドロとサン・パウロ一切人間三つの敵に対せられて御運を開き給ふところを喜び申さるるなり。三つの敵とは我が身、この世界、天狗、これなり。今日の<u>喜び</u>は<u>大きなる喜び</u>なり。その故は諸キリシタンの第一番の大将<u>おん勝利</u>を得給ふ日なればなり。]（「バレト写本」164r）

例2

CONNIchi Sancta Ecclesia yori S. Pedro, S. Paulo issai ninguen no mitçu no teqi ni taixerarete go vn uo firaqui tamŏ tocoro uo yorocobi mŏsaruru mono nari. Mitçu no teqi toua vagami, cono xecai, tengu core nari. Connichi no iuai ua Christan no vchi no dai ichi no iuai nari. Sonoyuyeua, Christan no dai ichiban no taixŏ go xôri uo ye tamŏ fi nareba nari.

[今日サンタ・エケレジヤよりサン・ペドロ、サン・パウロ一切人間の三つの敵に対せられて御運を開き給ふところを喜び申さるる<u>もの</u>なり。三つの敵とは我が身、この世界、天狗これなり。今日の<u>祝ひ</u>は<u>キリシタンのうちの第一の祝ひ</u>なり。その故は、キリシタンの第一番の大将<u>ご勝利</u>を得給ふ日なればなり。]（『サントス』第1巻 p. 1）

両者の本文の違いを整理すると、表1のようになる。

表1　「バレト写本」と『サントス』の違い

「バレト写本」	『サントス』	備考
喜び申さるるなり。	喜び申さるるものなり。	語句の有無
喜び	祝ひ	語句の違い
大きなる喜び	キリシタンのうちの第一の祝ひ	語句の違い
おん勝利	ご勝利	読みの違い

　このような本文の相違を考える上で、当然ながら「バレト写本」と『サントス』の成立関係が問題になるわけだが、ともに1591年の成立・刊行ということもあって先後関係は不明である。先行研究では、「バレト写本」と『サントス』は直接の影響関係にあるのではなく、現存しない聖人伝からそれぞれ編纂された可能性が指摘されている（尾原1996：390-391、川口2001c）。したがって、両者の相違を論じる際には現存しない本文の存在を念頭に置いておく必要がある。

7.5.4.3. 福音書の翻訳

　第2部の福音書は、聖書の翻訳である。聖書の原文（または現代の日本語訳版）との比較を行う場合は、16世紀末当時の、少なくとも第2バチカン公会議（1962-1965）以前の典礼を参考にしなければならない。「バレト写本」所収の福音書は、ミサにおける朗読集の体裁を取っているが（川口2002）、この典礼暦が現在とは異なるからである。

聖書との対訳研究も、当時のカトリック教会で使われていた**ウルガタ訳**ラテン語聖書（例えば Weber & Gryson 1994 などの校訂本）との比較でなければならない。日本語訳として入手しやすい聖書の多くはギリシア語聖書を底本としているため、参考にする際には注意が必要である。

ウルガタ訳との対照研究はラテン語の知識が必要なので、ハードルが高いかもしれないが、聖書は章節で本文の範囲を特定できるので、「バレト写本」→現代日本語訳を参照して章節を特定→ウルガタ訳を参照、という手順でやれば対照しやすい。

また、幸いにも福音書（第 2 部）はキリシタン文化研究会（1962a）に「語彙索引」があるので、日本語語彙から翻訳の傾向を見るということも不可能ではない。例として、「バレト写本」所収福音書の「ヂシポロ」「み弟子」「おん弟子」「弟子」という語彙の使い分けを示す。第 2 部の福音書は、さらに「福音第 1 部（主日その他主要な祝日の福音書）」「福音第 2 部（四旬節の金曜日の福音書）」「福音第 3 部（聖人の祝日の福音書）」に分かれている。各部での用例を調べると、以下のように、福音第 1 部と第 3 部では本語「ヂシポロ」、福音第 2 部では「み弟子」が多いという傾向が見られた。

表 2 「バレト写本」所収福音書の「ヂシポロ」「み弟子」「おん弟子」「弟子」

	ヂシポロ	み弟子	おん弟子	弟 子
福音第 1 部（4r-50v）	60 例	9 例	0 例	3 例
福音第 2 部（52r-60r）	0 例	11 例	1 例	0 例
福音第 3 部（84r-100v）	17 例	2 例	0 例	0 例

以上の傾向が、各部の翻訳者が違っていたからなのか、それとも他の理由があるのかを考えるには、やはりウルガタ訳との比較が必要である。

なお、いずれもウルガタ訳ではラテン語 discipulus がこれに相当するが、「ヂシポロ」「み弟子」「おん弟子」はすべて「イエスの弟子」を指すのに対し、「弟子」はすべて「イエス以外の人物の弟子」を指している。ラテン語の単語にはない、日本語の「敬意による訳し分け」の意識があったことがわかる。

＊**ウルガタ訳**：カトリック教会の標準ラテン語聖書である editio vulgata（共通訳）のこと。1546 年トリエント公会議でカトリックの公式訳とされたあと、1590 年シクトゥス 5 世のもと改訂版が、1592 年クレメンス 8 世のもと改訂新版が出され、この版がその後 20 世紀まで公式のものとして使用された。ただしキリシタン版では、聖書の直接引用でなく翻訳底本からの「孫引き」が多いという（豊島 2015）。

7.5.5. 今後の研究課題

「バレト写本」は 1940 年にシュッテ師によってその存在が明らかにされ、第 1 部～第 3 部の影印と翻字が刊行された 1960 年代から研究が進み、『岩波古語辞典』等の用例にも採用されたりしたが、長らく全体の影印は刊行されなかった。バチカン図書館デジタル・ライブラリー DigiVatLib で画像が公開されるまでは、第 1 部～第 3 部だけを研究対象とするか、バチカン図書館からモノクロ画像の複写を取り寄せるしかなかった。現在は DigiVatLib のカラー画像によって、従来のモノクロ画像では裏写りや汚れ等の判別が困難だった箇所も、見極めができるようになった。今後、「バレト写本」を活用した研究が増えるであろう。また、これまで第 1 部～第 3 部の範囲内で検証されてきた内容も、第 4 部も含めた全体を対象に再検証することが可能である。

　なお、DigiVatLib は NTT データが構築しているので、英語・イタリア語・日本語の 3 言語対応になっているのが、日本人利用者にとってありがたい。DigiVatLab の公開データは日々追加されているため、バチカン図書館所蔵の他の日本関係資料もさらに公開されるものが増えていくだろう。ただし、写本・手稿（Manuscript）に分類されるコレクションは、資料に名称がないものも多く、所蔵番号（コレクション名と番号）を知らないと所蔵検索が難しいものが多い。DigiVatLab は資料とリファレンス情報が紐付けされるようになっているので、リファレンス情報の記載内容からたどり着ける可能性もある。様々なキーワードで探索すると良いだろう。

参考文献

尾原悟編著（1996）『サントスのご作業』教文館

川口敦子（2000）「バレト写本の「四つがな」表記から」『国語学』51-3、pp. 1-15

川口敦子（2001a）「「バレト写本」の成立とその周辺—飾り模様を手がかりとして—」『京都大学国文学論叢』6、pp. 21-34

川口敦子（2001b）「ヴァチカン図書館所蔵「バレト写本」の基礎的研究」ニューズレター『古典学の再構築』9、pp. 78-83

川口敦子（2001c）「『サントスの御作業』の稿本—バレト写本の注記より—」『京都大学国文学論叢』7、pp. 1-29

川口敦子（2002）「朗読集 (Lectionarium) としてのバレト写本所収文書」『京都大学国文学論叢』9、pp. 37-53

キリシタン文化研究会編（1962a）『キリシタン研究』7、吉川弘文館

キリシタン文化研究会編（1962b）『キリシタン研究』7 別冊、吉川弘文館

鈴木広光・梅崎光・青木博史（1997）「バレト写本所収福音書抄註解 (1)」『文學研究』94、pp. 1-29、九州大学文学部

鈴木広光・青木博史（1998）「バレト写本所収福音書抄註解 (2)」『文學研究』95、pp. 1-29、九州大学文学部

鈴木広光・青木博史（1999）「バレト写本所収福音書抄註解 (3)」『文學研究』96、pp. 1-13、九州大学文学部

土井忠生（1963a）「ヴァチカン文庫蔵バレト書写の文書集」『吉利支丹文献考』三省堂

土井忠生（1963b）「サントスの御作業版本の本文成立に関する考察」『吉利支丹論攷』三省堂

豊島正之（2015）「キリシタン版の Vulgata 聖書引用に就て—ロヨラ「霊操」・バレト「フロスクリー」を例として—」『上智大学国文学科紀要』32、pp. 260-247

福島邦道（1973）「サントスの御作業本文考 (一)」『キリシタン資料と国語研究』笠間書院

福島邦道（1995）『続々キリシタン資料と国語研究—聖人伝抄—』笠間書院

森田武（1976）『天草版平家物語難語句解の研究』清文堂出版

森田武（1993）『日葡辞書提要』清文堂出版

Schütte, Joseph Franz (1940) Christliche japanische Literatur, Bilder und Druckblätter in einem unbekannten Vatikanischen Codex aus dem Jahre 1591. *Archivum Historicum Societatis Iesu*, IX, pp. 226-280. Rome : Institutum Historicum Societatis Iesu

Schütte, Joseph Franz (1962)「ヴァチカン図書館所蔵バレト写本について」『キリシタン研究』7、pp. 3-29、吉川弘文館。本論文は Schütte (1940) の一部を日本語訳したものである。

Weber, Robertus & Roger Gryson (1994) *Biblia Sacra Iuxta Vulgatam Versionem*: Deutsche Bibelgesallschaft

【川口敦子】

〔コラム〕キリシタン語学研究の今後

　「キリシタン語学」というと、その背景として「**ザビエル来朝**」あたりから話を始めるのが常道で、そ*p.125
れはもちろん正しい姿勢である。ただザビエルが日本にやってきた1549年、その同じ年に、ポルトガル
は千人規模の大移民団をブラジルへ送っている。ここにその詳細を記すことはできないが、世界全体を
見た時、ザビエルがある時ふらりと日本にやってきたわけでないことは心に留めておかなければならな
い。当時ポルトガルからは、キリスト教布教と交易のために、ザビエルに限らず、多くの人が世界各地へ「命
がけ」で赴いていた、そんな時代であったということを忘れてはならない。

　「語学研究」も同じであり、その土地土地の言語は、日本に限らず、アフリカでも、ブラジルでも、イ
ンドでも、ポルトガル人の行く先々でその文法が記述されていった。ここではそうした文法書に限って
話を進める。

　まず考えなければならないのは、なぜ16・17世紀、キリスト教世界において世界各地で「語学研究」
の花が開いたのかということだ（Ostler 2004）。アレクサンドロス大王（紀元前4世紀）も玄奘三蔵（7世紀）
もイブンバットゥータ（14世紀）も世界各地を旅している。彼らやその仲間はなぜ訪れた土地土地の言
語についての（体系的）記述を残さなかったのか、またキリスト教世界にしたところでパウロとその仲間（1
世紀）は異言語記述を残していない。なぜ「キリスト教世界で」「16・17世紀になってから」語学研究が
行われるようになったのか、これは一考に値する問である。ここに詳述はできないが、ルネサンスを背
景にした様々な事情が考えられる。ひとつ確実に言えることは、活字印刷の時代が訪れていたこと、活
字を作り印刷するには、字形、綴り字、文法、表現法などにはっきりした規範を打ち立てなければならず、
そうした規範の確立には、まずその対象となる言語の分析が不可欠であった。そして、この「活字印刷」
という技術を歴史上もっとも早く有効に利用したのが、キリスト教世界（プロテスタントおよび**カトリッ
ク**）であったこと、これは心に留めておくべきことであろう。
*p.2
　さて、対象言語が印欧語であるかそうでないかによって文法記述は大きく変わる。たとえばインド・
ゴアを中心に話されていたコンカニ語は、400年前も今も、英・独・仏語や**ポルトガル語**、またギリシャ、*p.68
ラテン語とは表面上まったく異なる言語であるが、もとをただせば印欧語なので、その文法記述はラテ
*p.68
ン文法に則った形で（その大枠は）問題ない。たとえば動詞の形は、人称、数、性によって変化し、時制
も法もラテン語やポルトガル語のそれを少し変更すればそれですむ。一方で印欧語でない、たとえば南
米キリリ語の場合、その文法はラテン文法の枠組みでは到底記述できない。南米キリリ語にはアフリカ
のバントゥー諸語に見られる「名詞クラス」に似た分類があり、入手されたものが、食料かそれ以外か、
食料も獲得によるものか準備されたものか、さらに獲得によるものも野生の植物か動物かなど、また準
備されたものも調理したものかどうかなどによりそれぞれ異なる所有分類辞が使われる。一方入手した
食料以外の物でも、見つけた物か、分け前か、贈り物か、戦利品かで違った分類辞が使用される。こう
した（一般にヨーロッパの言語には見られない）現地語の特徴は、ある意味、目につきやすく、マミアニの
著したキリリ語文法にもそれなりに詳細な記述が見える。**ロドリゲス**の日本語文法でも「敬語論」は極
めて興味深いものであるが、これもラテン文法には見られないテーマであると言えよう。
*p.56
　アフリカ、キンブンドゥ文法の場合は、全体として極めて表面的な記述に終わってしまっているが、
南米、トゥピ語、キリリ語文法はレベルが高い。インド・コンカニ語は、先程も申し上げたように印欧
語であるが、その文法レベルはやはりとても高い。日本語もロドリゲス文典（特に『小文典』とその内容
に対応する『大文典』の各箇所）のレベルの高さは特筆に値する。

　そのロドリゲスにあのようにすばらしい日本語文法書を書かせた原動力はいったい何だったのだろう
か。キリスト教信仰が土台にあることは間違いないのであろうが、それだけであったのだろうか。これ
もここに詳述することはできないが、彼の出自との関連も考慮に入れておく必要があるように思われる。

　さて、アフリカ、ブラジル、インド、日本における現地語文法記述においては、徐々にラテン文法か
らの脱却が図られていて、その点、ある意味で「進化」が見られるともいえる。しかし一方、当時、西

洋人の記述する「日本像」で扱われる話題はそのほとんどが、「同性愛」や「飲酒強要」のように、同時代、西洋でも問題になっていたことである（ヨリッセン 1998）のと同じように、日本語文法記述においても、それぞれの記述者の母語において問題になっていたテーマにより光が当たりやすいということもまた忘れてはならない。ポルトガル人ロドリゲスとスペイン人**コリャード**の日本語文法記述相違の背景には、両人の母語ポルトガル語、**スペイン語**が存在し、それぞれの言語において当時問題となっていたことが両人の日本語記述に大きく影響を与えていると思われる。^{*p.80}^{*p.68}

　さて、このコラムに課せられた「今後の研究の方向性」だが、ひとつは上にも述べたように「キリシタン語学」は日本だけのものではないのだから、日本語以外の他言語がどんな背景のもとにどのように記述されてきたかを広く見ていくということであろう。その中で「日本語」に戻ってくるなら、そこに新しいものが見えてくることもあるであろう。またこれまで主としてポルトガル語で書かれた文法書についてだけ述べてきたが、スペイン語で記述されたものに目を向けるだけでも様相は一変する（Smith-Stark 2005）。ポルトガル語以外の言語によって記述された「**大航海時代**の語学書」にも今後しっかり光を当てていく必要があろう。さらには「キリシタン語学」といっても「語学」だけが独立して存在するわけではない。文化史、文学史、思想史といった観点からも「キリシタン語学」成立の課題に迫っていくという道があろう。近年、印刷史や布教史を含め様々な、狭い意味での「語学」を超えた一般社会の歴史を背景に据えた研究も進展しつつあるようで、そうした方向性が少しずつ開かれていくことは望ましいことであると思っている。

* **フランシスコ・ザビエル**：Francisco Xavier（1506-1552）はバスク地方（スペイン）の貴族として生まれ、**イエズス会**創設メンバーの 1 人として 1549 年に初めて日本宣教を行った。マラッカに滞在していた日本人アンジロー（ヤジロー）が通訳として同行したが、キリスト教の神 Deus を「大日」で言い換えるような翻訳の方針は仏教との区別が曖昧になるという問題があったため、バルタザル・ガゴ（1520?-83）の改革によって翻訳せず外来語として用いる方針が定着した。^{*p.85}

* **大航海時代**：15 世紀から 17 世紀半ばまで、主にポルトガルとスペインによってアフリカ・アジア・アメリカ大陸への進出と貿易、植民地獲得が行われた時代をいう。イエズス会に代表されるカトリック修道会の活動もこうした列強の活動と連動している。英語では Age of Discovery（発見の時代）または Age of Exploration（冒険の時代）といい、「大航海時代」の名称は 1960 年代に岩波書店から刊行された同名の叢書で増田義郎によって命名されてから定着した。

* **アントニオ・ネブリハ**：Antonio de Nebrija（Lebrija, 1441?-1522）はスペインの人文学者で、ヨーロッパ言語で初の俗語文法書『カスティーリャ語文法』Gramática de la Lengua Castellana（1492・サラマンカ刊）の著者である。同書ではスペイン語を統一する「国語」の地位を謳うと共に、海外の植民地で言語教育に用いる効用も主張されている。その有効性は検証が必要だが、同年はコロンブスが西インド諸島に到達し、レコンキスタが完成してイベリア半島を統一した年であり、スペインにとって象徴的な出来事でもあった。

［追記］（ここに詳述すること叶わなかった）上で提起した諸課題については、拙著『キリシタン世紀の言語学 ―大航海時代の語学書―』八木書店（2020）もご参照いただければ幸いである。

参考文献

エンゲルベルト・ヨリッセン（1998）「魂とスパイス」『日文研叢書』17、pp. 213-248

Ostler, Nicholas (2004) The social roots of missionary linguistics, in Otto Zwartjes et al (eds.) *Missionary Linguistics*, pp. 33-46. Amsterdam : John Benjamins Publishing Company

Smith-Stark, Thomas C. (2005) Phonological description in New Spain, in Otto Zwartjes et al (eds.) *Missionary Linguistics II*, pp. 3-64. Amsterdam : John Benjamins Publishing Company

【丸山　徹】

8. キリシタン版を読んでみる

8.1. 本文・二次資料の参照

演習・講読のレポート作成では課題として本文の一部が割り当てられることが多く、その場合はあらかじめ注釈を付けるべき本文が示される。ここでは『天草版平家物語』の注釈を想定し、どのような資料を参照して注釈作業を進めればよいのか案内する。なお、ローマ字本の読解については本書**「7.2. 日本語ローマ字本（文語）サントスの御作業」**→p.95にも具体例を挙げているので、あわせて参照してもらいたい。

まず、参照可能な本文画像や翻刻、索引類を整理することから始める。『天草版平家物語』は**キリシタン版**＊p.43のなかで最も研究が活発で研究書の層も厚いが、現時点で本文は国立国語研究所によるカラーのオンライン公開画像（**バレト**＊p.118「難語句解」を含む）が利用できるので活用したい。全文検索は『日本語歴史コーパス』（CHJ）が利用できる。その他の本文や注釈に関する資料、研究書については、本書**「7.1. 日本語ローマ字本（口語）と CHJ の使い方　天草版平家物語」**→p.87に詳しい紹介がある。

8.2. 本文を読む

8.2.1. 翻　刻

ここでは「那須与一が扇を射たこと」の一場面（p.337 の 4 行目以降）をもとに、ローマ字表記を忠実に転写する翻刻、漢字仮名交じり表記に置き換える翻字、難読箇所や当代語の特徴が現れる箇所への注釈という一連の基礎作業の進め方を示す。

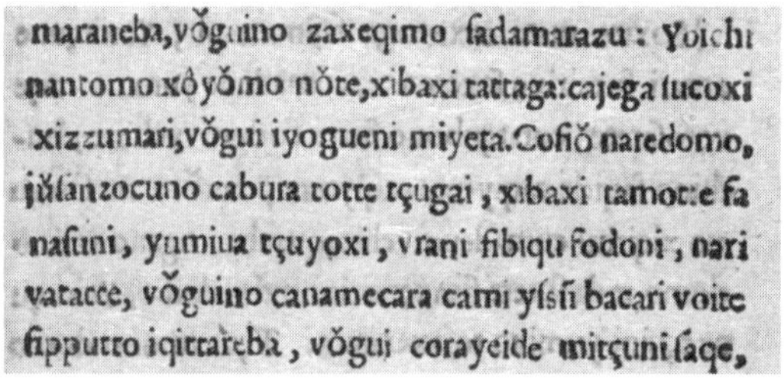
maraneba,vǒguino zaxeqimo ſadamarazu : Yoichi
nantomo xôyǒmo nǒte,xibaxi tattaga:cajega ſucoxi
xizzumari,vǒgui iyogueni miyeta.Cofiǒ naredomo,
jǔſanzocuno cabura totte tçugai , xibaxi tamotte fa
naſuni, yumiua tçuyoxi , vrani fibiqu fodoni , nari
vatacte, vǒguino canamecara cami yſsũ bacari voite
fipputto iqittareba , vǒgui corayeide mitçuni ſaqe,

図 1　『天草版平家物語』（大英図書館蔵）本文

337-04　Yoichi

337-05　nantomo xôyǒmo nǒte, xibaxi tattaga:cajega ſucoxi

337-06　xizzumari, vǒgui iyogueni miyeta. Cofiǒ naredomo,

337-07　jǔſanzocuno cabura totte tçugai, xibaxi tamotte fa

337-08　naſuni, yumiua tçuyoxi, vrani fibiqu fodoni, nari

337-09　vatatte, vǒguino canamecara cami yſsũ bacari voite

337-10　fipputto iqittareba,

翻刻は原文のローマ字表記の文字配置のまま転写するのが原則である。本書コラム「キリシタン文献・ローマ字本の分かち書きについて」_{→p.104}にも紹介するように、分かち書きや改行位置でのハイフンの入れ方にも表記の特徴が現れるので改行にも注意したい。5 行目 "xôyŏmo" のオ段長音の**開合**は当然区別すべきで、PC の言語入力システム上でコード表を表示して入力する必要がある。5 行目 "fucoxi" の "f" は "f" と紛らわしいが "s" の**異体字**_{*p.50}で語頭に現れやすく、そうした特徴も表記論として意味がある（"f" と "s" を区別しない翻刻もある）。5 行目や 14 行目のコロン ":" はコンマ "," やピリオド "." とは機能的に異なるようだが、セミコロン ";" との違いは分かっていない（出雲 1985）。

> **＊開合**：中世日本語のオ段長音にあった 2 種類の発音で、鎌倉時代には開音 [au]、合音 [ou] で区別していた（仮名遣いも「講説（かうぜつ）」と「口舌（こうぜつ）」で区別）。その後、発音が変化した結果、室町時代末期の音価（実際の発音）は、橋本（1961）では開音 [ɔː] と合音 [oː]（相違点は顎の開きの程度）、豊島（1984）では開音 [oo] ([oː]) と合音 [ou] ([ow])（相違点は唇の丸めの程度）だと推定されている。キリシタン版のローマ字表記では開音 ŏ、合音 ô で区別するが、音韻（音素）の対立を維持していたか（発音の違いで語の意味を区別していたか）については議論がある。

8.2.2. 翻　字

ローマ字表記を翻字するために漢字表記を確認する。当代の漢字表記の規範は現代とは異なる点があるので、注釈作業まで含めて演習の課題として取り上げるなら、現代語として無難な表記ではなく、当代語の表記あるいはキリシタン版の表記を反映した緻密な翻字を目指したい。

翻字作業は、本書付録「仮名・ローマ字綴り対照表」_{→p.146}などを参照しつつ、キリシタン版の辞書である『日葡辞書』と『落葉集』を参照するのが基本である。『日葡辞書』はローマ字綴りなので『邦訳 日葡辞書』も同一の排列（補遺と本篇を合わせて再排列）だが、カ行の綴り字のゆれ（キを qi と qui で綴るなど）やガ行の変則的排列（Ga → Gue → Gui → Go → Gu →…の順）によって探せないこともあるので、慣れないうちは仮名 50 音順の『邦訳日葡辞書索引』を利用するのもよい。『落葉集』には音訓索引があるので漢字表記の確認のため利用する。本書「6.1. 日葡辞書」_{→p.42}に詳しい説明があるように、当代の表記と現代の表記が一致しない場合、『邦訳 日葡辞書』の漢字表記は現代の表記を優先する場合があるので、これだけを根拠として翻字することは避けたい。

この作業を繰り返して翻字本文を作るが、問題がありそうな箇所には後から注釈を付けるので気がついたことはメモを残すとよい。語義を中心に語釈を付けるのは基本的な注釈だが、音韻・文法・語彙・表記などの各方面にわたって当代語や文献の特徴を目の前の用例に引き比べて解説する発展的な注釈もある。注釈を付けるのは単に現代語訳のためでなく、日本語史研究上の着眼点を得て、次の段階である研究につなげるという目的もあるので、現代語と異なる特徴をもつ部分を中心に幅広く調査したい。いずれの場合も、『日本国語大辞典』や『時代別国語大辞典（室町時代編）』などの現代の辞書を参照するのは当然であって、まずそこから知識を得ておくのは重要であるが、注釈はそれに留まるものではなく、当代の一次資料も参照する必要がある。

337-04　与一

337-05　何ともせう様も<u>無うて</u>①、<u>しばし</u>②<u>経った</u>③が：風が少し

337-06　静まり、扇<u>射</u>よげに④見えた。小兵なれども、

337-07　十三束の鏑<u>取って</u>③<u>番い</u>⑤、<u>しばし</u>②<u>保って</u>③放

337-08　すに、弓は強し、浦に響くほどに⑥、鳴り

337-09　<u>渡って</u>③、扇の<u>要</u>⑦から上一寸ばかり<u>置いて</u>⑧

337-10　ひっぷっと<u>射切ったれば</u>③⑨、

8.2.3. 注　釈

　下線①はウ音便で、『天草版平家物語』では形容詞の連用形に「て」、動詞ハバマ行の連用形に「て」「た」が接続する場合に現れる（和歌1例に非音便形がある）。**口語**的な特徴で文語体のキリシタン版^{*p.12}には原則として現れないが、ここからキリシタン版のイ音便（下線⑧）・促音便（下線③）・撥音便全体の現れ方を探るのは良い研究課題である。江口（1994）などの先行研究もあるので、用例の扱い方や解釈の仕方などを効率よく学べるだろう。現在では『日本語歴史コーパス』（CHJ）で『天草版平家物語』と『天草版伊曽保物語』の全文検索が利用できるので活用したいが、使用にあたっては本書「**7.1. 日本語ローマ字本（口語）とCHJの使い方　天草版平家物語**」で紹介するように^{→p.87}注意すべき点が多く、不用意に知識が無いまま使うことは全くお薦めできない。また、口語資料である**抄物や狂言**台本を参照すれば同様の特徴も見いだせるが、索引によっては（この形式がむし^{*p.130}ろ主流だが）、語毎に代表形を終止形で立てそこに各活用形を挙げており、律儀に分類を進めたことが仇となって文法的問題をかえって見分け難くすることもあるので、関連する語形にも広く目配りをして見落としがないようにしたい。

　　何も代も<u>なふて</u>とるてうぎは、これで<u>なふて</u>はなりまらすまひ（虎明本大名狂言・雁盗人）

　上記のような狂言台本（大蔵虎明本狂言集）の用例もCHJで検索できる。ここで「なふて」とあるのはウ音便形「なうて」の**ハ行転呼音**を意識した過剰矯正（アイウエオを誤ってハヒフヘホで表記する）^{*p.99}であるから、音便形である点では同じである。見た目の形態だけにとらわれず、問題を切り分けて扱う方法も学んでおきたい。

　下線②"xibaxi"は『日葡辞書』（『邦訳 日葡辞書』）に次のようにある。

　　Xibaxi. *Adu. Por hum pouco de tempo. Vt. Xibaxi vomachi are. Esperai hum pouco.*（298v）
　　Xibaxi, シバシ（暫し）副詞。しばらくの間。例、Xibaxi vomachi are.（暫しお待ちあれ）ちょっとの間お待ちなさい。　　　　　　　　　　　　　　　　　　（『邦訳 日葡辞書』p. 758）

　『日葡辞書』の原文に漢字は一切現れない。『邦訳 日葡辞書』の漢字表記は編訳者が宛てた表記で厳密さを求めなければ問題は少ないが、注釈作業では改めてその妥当性を検証する必要があるので『落葉集』を参照する。しかし『落葉集』では「しばし」を左右傍訓（**定訓**）にもつ漢字^{*p.50}は見当たらず、「暫」の左右傍訓（定訓）は「しばらく」であって一致しない。ここまでに表記が確定すれば問題はないが、この例では「暫」が妥当なのかはすぐに結論できない。そこで『ぎやどぺかどる』の巻末字集を参照するが、そこでも「暫」には「しばらく」の傍訓であって進展が無いので、『ぎやどぺかどる』の本文でどのように使われるのかを豊島（1987）で確認する。

　　縦ひ<u>しばし</u>ハいんへるのゝ苦みを凌ぐといふ共希ふべき求めに非ずやと＊さんとあぐすちい
　　の宣ふ者也　　　　　　　　　　　　　　　　　　　　　　　（『ぎやどぺかどる』上44ウ11）

　キリシタン版国字本では原則として同音の繰り返しには踊り字を使い、また、濁音には濁点付き活字を使うので、ここは「しばしば」ではなく「しばし」なのは間違いない。唯一の例だが、『ぎやどぺかどる』の漢字表記は『落葉集』の定訓と強い関係を持つので、辞書内の漢字と定訓の組み合わせに外れる漢字表記を避けた結果である。従って、ここで「しばし」に「暫」を用いず、「しばらく」8例すべてに「暫」を用いることは原則に一致する。当代の日本側資料を参照する場合は、中田（1979）の『古本節用集』や中田・北（1976）の『夢梅本倭玉篇』など中世の漢字・語彙辞書を参照するが、ここでも「しばし」と「暫」の結びつきは確認できない。但し原拠本とされる『百二十句本平家物語』（巻1から巻2の第1章までの典拠は覚一本）の表記に「暫」がある場合は、それを根拠として採用するという判断もある。

　従って、現代語で「しばし」に「暫」の表記を宛てるのは自然だが、当代語またはキリシタン版としては漢字で翻字しないのが妥当ということになる。たった1つの漢字だが、関連する語や漢字表記も含めてみることで正確な表記に近づくことができるだろう。

　下線⑦「かなめ」も『邦訳 日葡辞書』では「要」を宛てるが『落葉集』の「要」左右傍訓は「もとむ」であって一致せず、『ぎやどぺかどる』にも用例はないが、易林本『節用集』の「要」に「かなめ」の傍訓があるので採用しても良いだろう。語釈は『日葡辞書』とバレト「難語句解」にあるが、よく似た語釈である。

　Caname. *Eixo, ou parafuso do abano.* ¶ *Itē, Permet. Cousa solida, & em que consiste o negocio.* Vt, Corega canamede gozaru. *Isto he o essencial, & o em que cõsiste a cousa.* (35r)
　Caname. カナメ（要）扇の心棒、あるいは、締めねじ。¶ また、比喩。問題の事柄の基づく基盤となる事。例、Corega canamede gozaru.（これが要でござる）これが肝要な事であり、物事の基本である。　　　　　　　　　　　　　　　　　　　　　　　　　　　　　　　（『邦訳 日葡辞書』p. 87）

　Caname, *perafuso do abano.*
　Caname, カナメ（要）　扇のかなめ。　　　　　　　　　　　　　　　　　　（「難語句解」606左 -7）

　下線④「射よげに」は見出し語として『日葡辞書』にないが、「良げに」で立項があり、そのなかに「ある動詞の語根〔連用形〕について、その動詞の意味することを行うのに、ちょうど良い性質や状態であることを示す。例、Iyogueni gozaru,（射よげにござる）射るのに具合がよい、など」（『邦訳 日葡辞書』p. 825）の説明があるのでこれを参照すればよい。こうした用例の検索漏れを防ぐためには、仮に**ポルトガル語**の原文を引用しないとしても LGR (Latin Glossaries with vernacular sources：対訳**ラテン語**語彙集) で日本語部分の全文検索を行うべきだろう。もちろんポルトガル語語釈の難読箇所を読む手がかりにもなるので、積極的に活用したい。
*p.68
*p.68

　下線⑤ "tçugai" は『日葡辞書』に動詞として立項があり、『落葉集』にも「番」の左右傍訓（定訓）に「つがふ」がみえており、語釈、表記ともに問題はない。キリシタン版では文献に現れる語彙の多くは『日葡辞書』に採録されており、近いところで適切な語釈が得られることが多い。

　下線⑥ "fodoni" は『日葡辞書』に立項があり、副詞として語釈がある。

　Fodoni. *Adu. Por quanto, ou por tanto.*¶*Item, As vezes faz sentido de sendo assi, ou como fosse assi com algũs verbos, ou nomes com que se ajunta.* （99v）

Fodoni. ホドニ（程に）副詞。'…であるゆえに'、あるいは'…であるので'。¶ また、時としては、ある動詞、または、名詞と連接して、'…していると'、'…するうちに'、とか、'…していたら・…したら' とかの意味を表す。 （『邦訳 日葡辞書』p. 257）

語釈が文法的説明に及んで分かりにくい。『邦訳 日葡辞書』は注記を加えて説明しているが、ここでの「浦に響くまでに（大きく）鳴り渡って」には合致しない。こうした文法的問題に適切な注釈を付けるためには、**ロドリゲス**『日本大文典』『日本小文典』を参照する必要がある。『日本大文典』の「程」には附則7つ、例外1つを伴う詳しい説明がある。
＊p.56

FODO（程）、FODONO（程の）、FODONI（程に）
○この副詞は我々の言い方とは一致し難い支配関係並に用法を色々持っている。本来は実名詞であって、量や大きさを意味するが、それは継続性のものでも分離性のものでもよい。即ち時とか所とかの広がりに用い、質に関するものにも亦用いる。そうして亦、格助詞の或ものをとる。 （『日本大文典』邦訳 p. 451）

上記は説明の最初の部分であり、ここで検討する例について直接の言及はないものの「（空間的広がりで）〜という程度までに」という解釈が妥当だろう。むしろここでは、当代語の「程に」には多くの意味があり、複雑な用法を持っていたことを研究課題として取り上げるのがよい。

下線⑨「射切ったれば」も文法的問題として「已然形＋ば」に注目したい。この用例自体は特に問題ないが、『天草版平家物語』には、江口（1994）が紹介するように「もし…已然形」の仮定表現が2例あり、近世に入って仮定表現が未然形から已然形に移行することを考慮するなら、その早い例としてキリシタン版の仮定表現を精査することも必要だからである。

仮定表現に関連して、研究課題になりそうな面白い事例を紹介しよう。芥川龍之介の**切支丹物**の1つ『奉教人の死』はキリシタン版に仮託したフィクションだが、本文末尾に元ネタが「予が所蔵に関る、長崎耶蘇会出版の一書、題して「れげんだ・おうれあ」」とわざわざ注釈し、いかにもそれらしく見えたことから芥川が本物のキリシタン版を所有するかと話題になったという。実際には、当時発表された**新村出**の論文「吉利支丹版四種」（『新村出全集』5、筑摩書房）を参照したらしいが、芥川がその小説の冒頭でキリシタン版『ぎやどぺかどる』を引用し、
＊p.131
＊p.131

たとひ三百歳の齢を保ち、楽しみ身に余ると云ふとも、未来永々の果しなき楽しみに比ぶれば、夢幻の如し。―慶長訳 Guia do Pecador―

のように仮定表現を已然形接続「比ぶれば」としたのは奇妙である。というのも、新村出の論文も、『ぎやどぺかどる』の原文（下巻24ウ14）も、この箇所は未然形接続の「楽みに比べバ」であり、これが当代の仮定表現として一般的だからである。なぜ已然形接続に置き換えられたのかは不明で、芥川の文法知識の偏りによるのか、それとも別の理由があるのか、追究してみるのも面白いだろう。

＊**抄物・狂言**：抄物は中世に成立した漢籍や仏典の注釈書で、特に講義を筆録した資料の口語体に特

徴がある。狂言台本にも中世日本語の口語の特徴が強い。口語資料が乏しいなかでこれらは貴重な文献であり、中世日本語の解明に大きく貢献している。

* **切支丹物（芥川）**：「煙草と悪魔」「奉教人の死」「神神の微笑」「おぎん」など、キリスト教に関連した芥川龍之介の一連の著作をいう。キリシタン版にも用いられる用語や表記がみられるが、内容は芥川独自のキリスト教観により、自由な脚色を加えたものとなっている。

* **新村出**：『広辞苑』の編者として知られる新村出（1876-1967）は東京帝国大学で上田万年の指導を受け、同校で教鞭を執った後、京都帝国大学に赴任した。キリシタン関係の研究成果や随筆が多く、それらは『新村出全集』（1971-1983）の「南蛮紅毛篇」（巻5～7）に収録されている。国内外のキリシタン版紹介を積極的に行い、広い視野からキリシタン版研究の先鞭を付けた。

8.3. 注釈を付けるための手続き

ここまで具体例に則して説明してきたが、改めて参照すべき代表的な文献を挙げておく。

全般……『日本国語大辞典』、『時代別国語大辞典』（室町時代編）、各種の国語辞書や古語辞典

語義……『日葡辞書』、『羅葡日辞書』、キリシタン版巻末の「**ことばの和らげ**」、（『天草版平家物語』『天草版伊曽保物語』なら）「難語句解」 *p.98

表記……『落葉集』、『ぎやどぺかどる』巻末字集、『古本節用集』や『倭玉篇』（日本側辞書）

文法……『日本大文典』、『日本小文典』

注釈書……『サントスの御作業』『ヒイデスの導師』『コンテムツスムンヂ』『スピリツアル修行』『キリシタン教理書』『ぎやどぺかどる』『きりしたんのおらしよ』『きりしたんの殉教と潜伏』『ひですの経』『太平記抜書』『講義要綱』（以上、キリシタン文学双書、教文館）、『キリシタン書排耶書』（日本思想大系25、岩波書店）

用例……キリシタン版、『日本語歴史コーパス』（CHJ）、抄物や狂言台本（口語資料）、軍記物などの中世文献

注釈を付ける作業の目的は現代語訳だけでなく、当代語の実態を把握し、検討すべき課題を抽出することにある。そのためには各方面にわたる基本的な知識と共に、目の前の用例を慎重に吟味する姿勢が大切である。その用例自体に問題が無くとも関連する事項に大きな問題が潜んでいることも多い。通常は見落としがちな「分かったつもり」で読めてしまう部分を改めて俎上に載せる姿勢が、注釈を付けるうえで重要である。

これは投網を投げて魚を捕ることに近いが、そのためには網は大きく目は細かい方がよい。それでは網が重く引き上げるのにも苦労するが、スカスカの網では捕れる筈の魚も容易に逃がしてしまう。そのため始めは担当範囲を狭くし、（何が無駄なのかも分からないのだから）無駄を恐れず悉皆調査を行うくらいの心がけで臨むのが理想的である。経験を積めばあらかじめ魚がどこに潜むかを的確に予測できるようになり、小さい網でも素早く捕えるようになるだろう。

参考文献

出雲朝子（1985）「天草版平家物語における句読点の用法」『青山学院女子短期大学紀要』39、pp.15-37
江口正弘（1994）『天草版平家物語の語彙と語法』笠間書院
豊島正之（1984）「開合に就て」『国語学』136、pp.152-140

豊島正之（1987）『キリシタン版ぎやどぺかどる 本文・索引』清文堂出版

中田祝夫・北恭昭（1976）『倭玉篇夢梅本篇目次第 研究並びに総合索引』勉誠社

中田祝夫（1979）『改訂新版 古本節用集六種 研究並びに総合索引』勉誠社

橋本進吉（1961）『キリシタン教義の研究（橋本進吉博士著作集11）』岩波書店

【白井　純・岸本恵実】

付　　録

キリシタン文献へのアクセス方法

　ここでは、国外にあるキリシタン文献の原本調査を行うまでの基本的な手順を記す。より詳しくは、準備については川口（2019a, b）の記述がごく実用的であり、また、現地での入館・閲覧手続きについても川口（2020）が詳しい。個々の訪書先についてもその後の連載が大変参考になる。その他、実際の調査方法や書誌学の入門書としては、和書については堀川（2010）、洋書では日本語で書かれたものとして高野（2014）などを事前に読んでおきたい。

　（1）所在を確認する

　キリシタン文献の所在は、豊島編（2013）の「**イエズス会刊行キリシタン版一覧**」や、上智大学「ラ
　　　　　　　　　　　　　　　　　　　　　　　　　　*p.85
ウレスキリシタン文庫データベース」、東京大学史料編纂所のオンライン『日本関係海外史料目録』
　　　　　　　　　　　　　　　　　　　　　　　　　　　　　　　　　*p.43
などでおおよそ確認できる。既存のカタログの情報は変更されているおそれがあるので、訪書先のOPAC（オンライン蔵書目録）などできるだり新しい請求記号等の情報を確認する。

　（2）原本調査が可能か問い合わせる

　訪書先の利用案内・開館日程をウェブサイトで確認した後、氏名・身分・調査資料名と（1）で確認した請求番号・調査希望日を示し、原本調査の希望をメールで伝える。影印や画像がオンライン公開されている文献の場合、原本の調査が必要である理由を添えることが望ましい。やりとりには日数が必要なので、早めに問い合わせを行うこと。

　（3）準備する

　調査可能との回答があれば、あらためて訪書先の利用案内を熟読し、入館に必要な手続きを準備する。キリシタン文献は貴重書になっていることが多いので、パスポートの他、利用案内に書かれていなくても英文の身分証（在職証明書など）を持参することをすすめる。（2）のメールでのやりとりも印刷して持参すると、調査までがスムースに進むことが多い。その他、参考図書は必要箇所を複写して持参するとよいだろう。PCの持ち込みは認められている場合が多いが、自前のWi-Fiも持参しておけばインターネットでの調査や翻訳に役立つ（館内専用のWi-Fiに接続できない場合や、スマートフォンの使用が禁止されている場合がある）。

　（4）調査する

　訪書先の規則を遵守し、調査目的に応じて調査を行う。一時的に席を離れる時は、カウンターにその旨伝えること。

　（5）調査終了

　閲覧時間の30分〜15分前には閲覧を終え、調査のお礼とともに、その日の調査が終了であることと、翌日以降も調査を続ける場合はその旨を告げる。

参考文献
川口敦子（2019a）「パスポートと入館証、準備よし！①」『日本古書通信』84-1、pp. 4-6
川口敦子（2019b）「パスポートと入館証、準備よし！②」『日本古書通信』84-2、pp. 16-17
川口敦子（2020）「パスポートと入館証、準備よし！⑮」『日本古書通信』85-3、pp. 20-21
高野彰（2014）『洋書の話 第二版』朗文堂
豊島正之編（2013）『キリシタンと出版』八木書店
堀川貴司（2010）『書誌学入門 古典籍を見る・知る・読む』勉誠出版

【岸本恵実・白井　純】

参考文献

このリストは、以下 2 種類からなる。

（A）各キリシタン文献の影印・翻刻・翻字・索引
　実践編で紹介された以外の各キリシタン文献のテキストを読むための基本書誌情報。比較的新しい刊行のものを上位にあげた。影印については各図書館のウェブサイトで画像公開されているものに◎を付した。今後もインターネット公開が進むと思われるので各自で確認していただきたい。また、翻訳は原則として、テキストが欧文のものについて日本語訳と英訳のみをあげた。

（B）キリシタン文献全体に関わる基本参考書
　理論編・実践編でほとんど紹介できなかった、キリシタン文献全体に関わる、調査・研究のための基本参考書のリスト。ただし、日本語学・言語学・歴史学・思想史・書誌学など分野全般に関わる基本参考書は除いた。
　先行研究（研究書・論文）については、豊島正之編（2013）『キリシタンと出版』（八木書店）、小島幸枝（1994）『キリシタン文献の国語学的研究』（武蔵野書院）、福島邦道（正 1973、続 1983）『キリシタン資料と国語研究』（笠間書院）、Missionary Linguistics の論文集（2004-）、さらに、最新のものについてはインターネットを活用して探していただきたい。

（A）各キリシタン文献の影印・翻刻・翻字・索引

略　　号

CL: Classica Iaponica (1972-) 天理大学出版部
La: J. ラウレス編（1985）『上智大学吉利支丹文庫』（新訂第 3 版）臨川書店
きり：天理図書館編（1973）『きりしたん版の研究』天理大学出版部
集成：天理図書館編（1976）『天理図書館蔵きりしたん版集成』天理大学出版部
南欧：海老沢有道編（1978）『南欧所在吉利支丹版集録』雄松堂書店
版集：天理図書館善本叢書和書之部編集委員会編(1976-78)『きりしたん版集』天理大学出版部

刊　　本 （断簡は、書物として現存しないもののみ含めた）

「Abecedario（漢和アベセダリヨ）」マカオ　1585
　　影印：La（イエズス会ローマ文書館本）
「オラシヨトマダメントス」
　　影印：La（カサナテンセ図書館本）、きり（同左）
「善作ニ日ヲ送ルベキ為ニ保ツベキ条々」
　　影印：La（エル・エスコリアル図書館本）、きり（同左）

翻刻：新井トシ（1957）「きりしたん版国字本の印行について（1）」『ビブリア』9、pp. 24-30

「おらしよとまだめんとす」

影印：◎（上智大学キリシタン文庫）、高祖敏明解説（2006）『ぎやどぺかどる』雄松堂出版（付録）
（同左）、La（同左）、きり（同左）

影印・翻刻：尾原悟（1979）「キリシタン版について―「おらしよ断簡」（史料紹介）―」『上智史学』
24、pp. 89-102

1 『日本のカテキズモ』 Catechismus Christianae Fidei　1586

影印：CL Section 2,. Kirishitan materials 3（パッソス・マヌエル中学校本）

日本語訳：家入敏光訳編（1969）『日本のカテキズモ』天理図書館

2 『原マルチノの演説』 Oratio Habita A Fara D. Martino　1588

影印：南欧（イエズス会ローマ文書館本）

日本語訳：泉井久之助ほか訳（1969）『デ・サンデ天正遣欧使節記』雄松堂書店

渡邉顕彦（2012）「原マルチノのヴァリニャーノ礼讃演説―古典受容の一例として―」『大
妻比較文化　大妻女子大学比較文化学部紀要』13, pp. 3-19 も参照

3 『キリスト教子弟の教育』 Christiani Pueri Institutio　1588

影印：Instituto Cultural (1988)（アジュダ文庫本）、南欧（同左）

4 『遣欧使節対話録』 De Missione Legatorum Iaponensium　1590

影印：集成（天理図書館本）

日本語訳：泉井久之助ほか訳（1969）『デ・サンデ天正遣欧使節記』雄松堂書店

英訳：Moran, Joseph Francis (2012) *Japanese Travellers in Sixteenth Century Europe.* London : Ashgate

5 『どちりいなきりしたん』（前期国字本）(1591?)　→実践編
→p.105

6 『サントスの御作業』 Sanctos no Gosagueono Vchi Nuqigaqi　1591　→実践編
→p.95

7 『ドチリナキリシタン』（前期ローマ字本） Doctrina　1592　→実践編
→p.105

8 『ヒイデスの導師』 Fides no Dŏxi　1592

影印：◎（ライデン大学図書館）、鈴木博編『キリシタン版ヒイデスの導師』清文堂出版（1985）
（同左）、南欧（同左）

翻刻：尾原悟編著（1995）『ヒイデスの導師』教文館

9 「ばうちずもの授けやう」（刊行地不明）(1592?)

影印：版集1（天理図書館本）、集成（同左）

翻刻：尾原悟編（2006）『きりしたんの殉教と潜伏』教文館

海老沢有道・H. チースリク・土井忠生・大塚光信校注(1970)『キリシタン書 排耶書』岩波書店

翻刻・索引：林重雄編（1981）『ばうちずもの授けやう おらしよの翻訳 本文及び総索引』笠
間書院

10 『天草版平家物語』 Feiqe no Monogatari　天草　1592　→実践編
→p.87

11 『天草版伊曽保物語』（エソポのハブラス） Esopo no Fabulas　天草　1593　→実践編「7.1. 日本
語ローマ字本（口語）と CHJ の使い方　天草版平家物語」も参照
→p.87

影印：◎（大英図書館）、福島邦道解説（1976）『天草版イソポ物語（勉誠社文庫3）』勉誠社（同左）、
など

影印・翻刻・索引：大塚光信・来田隆編（1999）『エソポのハブラス 本文と総索引』清文堂出版

12 『金句集』Qincuxŭ　天草　1593

影印：◎（大英図書館）

影印・翻刻・索引：山内洋一郎（2007）『天草本金句集の研究』汲古書院

13 **『天草版ラテン文典』** De Institutione Grammatica Libri Tres　天草　1594　**→実践編**
→p.73

14 **『羅葡日辞書』** Dictionarium Latino Lusitanicum, ac Iaponicum　天草　1595　**→実践編**
→p.67

15 **『コンテムツスムンヂ』**（ローマ字本）　Contemptus Mundi　（天草 ?）　1596

影印：◎（ヘルツォーク・アウグスト図書館、ボードレー図書館）、松岡洸司・三橋健解解題（1979）『コンテムツス・ムンヂ』勉誠社（ボードレー図書館本）、南欧（アンブロシア文庫本）

翻刻：尾原悟編（2002）『コンテムツスムンヂ』教文館

　　　小島幸枝編著（2009）『コンテムツスムンヂの研究』武蔵野書院

索引：近藤政美編（1980）『ローマ字本コンテムツス・ムンヂ総索引』勉誠社

16 **『心霊修行』** Exercitia Spirtualia　天草　1596

影印：◎（シレジア図書館）

17 **『精神修養の提要』** Compendium Spiritualis Doctrinae　（天草 ?）　1596

影印：集成（天理図書館本）

18 **『ナバルスの告解提要』** Compendium Manualis Nauarri　（天草 ?）　1597

影印：◎（サントマス大学図書館）

19 **『さるばとるむんぢ』** Confessionarium　（長崎 ?）　1598

影印：◎（カサナテンセ図書館、ユトレヒト大学図書館）、南欧（カサナテンセ図書館本）

翻刻：漆崎正人（2017）「翻刻 キリシタン版『さるばとる・むんぢ』」『藤女子大学国文学雑誌』97、pp. 35-52

翻刻・索引：松岡洸司（1973）「慶長三年耶蘇会板 サルバトル・ムンヂの本文と索引」『上智大学国文学論集』6、pp. 149-200

20 **『落葉集』** Racuyoxu　（長崎 ?）　1598　**→実践編**
→p.48

21 **『ぎやどぺかどる』** Guia do Pecador　（長崎 ?）　1599　**→実践編**
→p.112

22 **『ドチリナキリシタン』**（後期ローマ字本）Doctrina Christan　（長崎 ?）　1600　**→実践編**
→p.105

23 **『どちりなきりしたん』**（後期国字本）Doctrina Christam　長崎　1600　**→実践編**
→p.105

24 **『おらしよの翻訳』** Doctrinae Christianae rudimenta　長崎　1600

影印：版集 1（天理図書館本）、集成（同左）

翻刻：尾原悟編（2005）『きりしたんのおらしよ』教文館

翻刻・索引：林重雄編（1981）『ばうちずもの授けやう おらしよの飜訳 本文及び総索引』笠間書院

25 **『朗詠雑筆』**（倭漢朗詠集）Royei Zafit　（長崎 ?）　1600

影印・翻刻：京都大学文学部国語学国文学研究室編（1964）『慶長五年耶蘇会板倭漢朗詠集 本文・釈文・解題』京都大学国文学会（エル・エスコリアル図書館本）

26 **『金言集』** Aphorismi Confessariorum　（長崎 ?）　1603

影印：高祖敏明解説（2010）『金言集』雄松堂出版（中国国家図書館本）

27 **『日葡辞書』** Vocabulario da Lingoa de Iapam　長崎　1603-04　**→実践編**
→p.42

28 **『日本大文典』** Arte da Lingoa de Iapam　長崎　1604-08　**→実践編**
→p.56

29 **『サカラメンタ提要』** Manuale ad Sacramenta Eccelesiae Ministranda　長崎　1605

影印：◎（トゥールーズ図書館）、豊島正之解説（2014）『サクラメンタ提要 長崎版』勉誠出版（東洋文庫本）、高祖敏明解説（2006）『サカラメンタ提要』雄松堂出版（キリシタン文庫本）、大橋紀子解説（1972）『近代語研究』3（大英図書館本）など

（附録）影印・翻字：高祖敏明解説（2010）『キリシタン版『サカラメンタ提要付録』影印・翻字・現代語文と解説』雄松堂出版（中国国家図書館本）

海老沢有道・H. チースリク・土井忠生・大塚光信校注（1970）『キリシタン書 排耶書』岩波書店

（歌詞）翻字・日本語訳：皆川達夫（2004）『洋楽渡来考』日本キリスト教団出版局

皆川達夫監修・解説（2006）『CD & DVD 版　洋楽渡来考』日本伝統文化振興財団

30『**スピリツアル修行**』Spiritual Xuguio　長崎　1607

影印・翻字：林田明（1975）『スピリツアル修行の研究 影印・翻字篇』風間書房（大浦天主堂本）

（部分）影印：小島幸枝（1989）『キリシタン版『スピリツアル修行』の研究 ―「ロザイロの観念」対訳の国語学的研究 資料篇』武蔵野書院（アウグスチヌス会修道院本）

翻刻：海老沢有道編著（1994）『スピリツアル修行』教文館

（部分）翻刻：海老沢有道・H. チースリク・土井忠生・大塚光信校注（1970）『キリシタン書 排耶書』岩波書店

（部分）翻刻：尾原悟編（2006）『きりしたんの殉教と潜伏』教文館

国字写本については以下参照。石塚晴通・豊島正之（2000）「天理図書館蔵「スピリツアル修業鈔」写本」『ビブリア』113、pp. 176-145

31『**フロスクリ**』(聖教精華) Flosculi　長崎　1610

影印：豊島正之解説(2015)『聖教精華 FLOSCVLI』勉誠出版(東洋文庫本)、南欧(ポルト市立図書館本)

（部分）翻刻・日本語訳：尾原悟編（2006）『きりしたんの殉教と潜伏』教文館

32『**こんてむつすむんぢ**』(国字本) Contemptus Mundi　京都　1610

影印：版集 1（天理図書館本）、集成（同左）

翻刻：新村出・柊源一校注（1993）『吉利支丹文学集 1』（日本古典全書（1957）の復刊）

小島幸枝編著（2009）『コンテムツスムンヂの研究』武蔵野書院

索引：近藤政美編（1977）『国字本こんてむつすむん地総索引』笠間書院

33『**ひですの経**』Fidesno Quio　長崎　1611

影印：◎（ハーバード大学ホートン図書館）、折井善果・白井純・豊島正之釈文・解説（2011）『ひですの経』八木書店（同左）

翻刻：折井善果編著（2011）『ひですの経』教文館

34『**太平記抜書**』(出版地不明)　1611/12?

影印：版集 2（天理図書館本）、集成（同左）

翻刻：高祖敏明（2007-09）『キリシタン版太平記抜書』1 〜 3　教文館

35『**日本小文典**』Arte Breve da Lingoa Iapoa　マカオ　1620　→**実践編**
→p.56

36『**ロザリヨ記録**』Rosario Qirocu　マニラ　1622

影印：◎（マドリード国立図書館）、三橋健編・解題（1978）『ロザリオ記録』桜楓社（同左）

翻刻・翻字：高羽五郎（1952-53）『国語学資料』私家版

37『**ロザリヨの経**』Rosario no Qio　マニラ　1623

翻刻・翻字：高羽五郎（1954, 55-60）『国語学資料』私家版

翻字：三橋健・宮本義男翻字・註（1986）『ロザリヨ記録』平河出版社

38 『日西辞書』 Vocabulario de Iapon　マニラ　1630

　　影印：◎（フランス国立図書館など）、CL Section 1, Linguistics 1（天理図書館本）

39 『日本文典』 Ars Grammaticae Iaponicae Linguae　ローマ　1632　**→実践編**
　　　　　　　　　　　　　　　　　　　　　　　　　　　　　　　　　→p.79

40 『懺悔録』 Niffon no Cotoba ni yô Confesion　ローマ　1632

　　影印：◎（筑波大学図書館など）

　　影印・翻字・索引：大塚光信（1985）『さんげろく私注』臨川書店（個人蔵本）

　　影印・翻刻・翻字：日埜博司編著（2016）『コリャード懺悔録―キリシタン時代日本人信徒の
　　　肉声―』八木書店（天理図書館本）

41 『羅西日辞書』 Dictionarium sive Thesauri Linguae Iaponicae Compendium　ローマ　1632

　　影印：◎（ローマ・アレッサンドリーナ図書館など）

　　影印・索引：大塚光信（1966）『羅西日辞典』臨川書店（マドリード国立図書館本・京都大学本）

　　写　本（言語資料としても使われてきた主要なもの。おおむね成立年順）

「エヴォラ屏風文書」

　　影印・翻刻：海老沢有道・松田毅一（1963）『エヴォラ屏風文書の研究』ナツメ社

　　伊藤玄二郎編著（2000）『エヴォラ屏風の世界』エヴォラ屏風修復保存出版実行委員会

　　（部分）翻刻：海老沢有道・井手勝美・岸野久編著（1993）『キリシタン教理書』教文館

「貴理師端往来」

　　影印・翻刻：土井忠生（1963）『吉利支丹文献考』三省堂

「バレト写本」　**→実践編**
　　　　　　　　→p.117
　　難語句解　**→実践編**「7.1. 日本語ローマ字本（口語）と CHJ の使い方　天草版平家物語」も参照
　　　　　　　　　　　　　　　　　　　　　　　　　　　　　　　　　→p.87
　　影印：◎（大英図書館）

　　翻刻：森田武（1976）『天草版平家物語難語句解の研究』清文堂出版

「講義要綱」

　　影印：上智大学キリシタン文庫監修・編集（1997）『イエズス会日本コレジヨの講義要綱（コ
　　　ンペンディウム）』大空社（1「二儀略説」内閣文庫本、2, 3 オックスフォード大学本）、（部分）◎（ヘ
　　　ルツォーク・アウグスト図書館）

　　翻刻：尾原悟編著（1997）『講義要綱』1 ～ 3　教文館

バレト 『葡羅辞書』

　　（部分）翻刻・日本語訳：岸本恵実・豊島正之（2005）「バレト著「葡羅辞書」のキリシタン語学
　　　に於ける意義」（石塚晴通教授退職記念会編『日本学・敦煌学・漢文訓読の新展開』汲古書院）

『妙貞問答』

　　（部分）影印・翻刻・日本語訳：末木文美士編（2014）『妙貞問答を読む―ハビアンの仏教批判―』
　　　法蔵館（影印は天理図書館本）

　　（部分）翻刻：海老沢有道・井手勝美・岸野久編著（1993）『キリシタン教理書』教文館、海老
　　　沢有道・H. チースリク・土井忠生・大塚光信校注（1970）『キリシタン書 排耶書』岩波書店

　　英訳：Baskind, James and Bowring, Richard (2015) *The Myōtei dialogues*. Leiden: Brill
　　　Academic Pub

『日本教会史』

翻刻：Pinto, João de Amaral Abranches ed. (1954-55) *Historia da igreja do Japão*. Macau: Noticias de Macau.

日本語訳：江馬務ほか訳注（1967, 70）『日本教会史』上・下　岩波書店

（部分）英訳 Cooper, Micael (2001) *João Rodrigues's Account of Sixteenth-Century Japan.* London: Hakluyt Society

「吉利支丹抄物」

影印・翻刻：大塚英二編（2019）『吉利支丹抄物 隠れキリシタンの布教用ノート 影印・翻刻・現代語訳』勉誠出版

『こんちりさんのりやく』

翻刻：尾原悟編（2006）『きりしたんの殉教と潜伏』教文館
　　　片岡弥吉校注（1970）『キリシタン書 排耶書』岩波書店

『耶蘇教叢書』

（部分）翻刻：尾原悟編（2005）『きりしたんのおらしよ』教文館、尾原悟編（2006）『きりしたんの殉教と潜伏』教文館、海老沢有道・井手勝美・岸野久編著（1993）『キリシタン教理書』教文館、海老沢有道・H. チースリク・土井忠生・大塚光信校注（1970）『キリシタン書 排耶書』岩波書店

（B）キリシタン文献全体に関わる基本参考書

日本キリスト教歴史大事典編集委員会編（1988）『日本キリスト教歴史大事典』教文館
日本キリスト教歴史大事典編集委員会編（2020）『日本キリスト教歴史人名事典』教文館
H. チースリク 監修 太田淑子編（1999）『日本史小百科 キリシタン』東京堂出版
上智学院新カトリック大事典編纂委員会編『新カトリック大事典』（1996-2010）研究社

キリシタン文化研究会編『キリシタン研究』（1942-）
『キリシタン文学双書』（1993-）教文館
『大航海時代叢書』（1965-1988）岩波書店

Schütte, Joseph Franz (1968) *Introductio ad Historiam Societatis Jesu in Japonia, 1549-1650.* Roma: Institutum historicum Soc. Jesu

Schütte, Joseph Franz (1975) *Textus Catalogorum Japoniae, 1553-1654.* Roma: Monumenta Historica Soc. Jesu

尾原悟編（1981）『キリシタン文庫 イエズス会日本関係文書』南窓社
天理図書館編（1973）『きりしたん版の研究 富永先生古稀記念』天理大学出版部
J. ラウレス編（1983）『上智大学吉利支丹文庫』（新訂第3版）臨川書店
高祖敏明（2011-12）『プティジャン版集成 本邦キリシタン布教関係資料』雄松堂書店
五野井隆史監修（2021）『潜伏キリシタン図譜』かまくら春秋社

海老沢有道（1991）『キリシタン南蛮文学入門』教文館
海老沢有道・H.チースリク・土井忠生・大塚光信校注(1970)『キリシタン書 排耶書』岩波書店

【岸本惠実・白井　純】

ポルトガル語・スペイン語・ラテン語の調べ方

1. 基礎知識

　キリシタン文献は、**ポルトガル語・ラテン語・スペイン語**で書かれているのだから、これらの
*p.68　　　　*p.68　　　　*p.68
言語を読まねばならない。

　Google 翻訳のようなオンライン翻訳サービスも、進化はしているものの、到底、キリシタン
文献の精確な理解に使える状況ではない。例えば、『日葡辞書』序文の最初の一文

　　Sendo o Vocabulario meyo tam necessario, & importante para aprender qualquer lingoa, ha
　　muito tempo que os Padres da Companhia, que estamos em Iapão, desejauamos sair com
　　elle impresso pera os Padres, & Irmãos que vem de nouo a cultiuar（辞書は、どのような言語を
　　学ぶにも、必要且つ重要な手段であるから、かなり前から、日本在住の**イエズス会**の神父達は、新たに宣教
　　　　　　　　　　　　　　　　　　　　　　　　　　　　　　　　　　　　　　　*p.85
　　に来たる神父・イルマン達のために、それを出版したいものと願って来た）。

は、「語彙 meyo が必要になる前に、会社の父親は、Iapão にいて、父親によって印刷されたも
のと一緒に去りたいと願っていました。」という調子である。ここまで壊滅的なら、使えないこ
とはすぐに分かるが、一応もっともらしい訳が出て来たときこそ要注意で、翻訳ソフトを通せば、
大体の意味は取れる等と思っていたら痛い目に遭う。**文献学**に必要なのは、細部に至る精読であっ
　　　　　　　　　　　　　　　　　　　　　　　　*p.142
て、「大体の意味を取る」ことではない。

　まず、現代ポルトガル語、現代スペイン語、古典期ラテン語は、それなりに心得て置かねばな
らない。

　以下は、あくまで「それなり」の話である。RTP（ポルトガル国営放送）や、TVE（スペイン国営放
送）のニュースが「ながら」で分かり、Cicero の演説集くらいなら寝転がって読める、という方々
は、以下は読むだけ無駄である。

　「それなり」という水準は、高校数学に似ている。高校数学の問題（典型的には大学の入試問題）
が自力では解けなくても、その解答を読めば逐一理解できる、という水準が、ここでいう「それ
なり」である。自分で積分が導けなくても、積分の過程が解法として書いてあれば、その論理を
辿って解答の結論にまで到達できるという水準であれば、（大学入試には合格できないかも知れないが）、
何が起きているかの理解はできている。一方、積分の過程が追えないとか、そもそも積分って何、
というレベルでは、「それなり」の心得のために、学習が必要である。コインブラ大学やサラマ
ンカ大学など、3週間程度の語学集中コースを提供している大学も少なくなく、現地に短期留学
するのも効果的だが、あくまで基礎力を養ってからのことで、基礎力無しでの語学留学は、資金
と時間の無駄である。

　幸い、スペイン語は良い入門書が豊富にあり、古典期ラテン語も、（数ではスペイン語の比では無
いが）、良質の教科書が複数ある。ポルトガル語の入門書は、多くはブラジル・ポルトガル語だ
が、ポルトガルのポルトガル語の教科書も出た。どの言語も、接続法現在あたりまでの知識は必
須で、ラテン語の場合は名詞・形容詞・代名詞の曲用、動詞活用では直説法・接続法の能動・受
動、deponens、及び各前置詞の格支配、絶対奪格くらいは理解して置かないと、先に進めない。
もっとも、曲用・活用などの記憶が怪しくても、手頃な文法表がオンライン上に沢山あり、また、
Whitaker's word (http://archives.nd.edu/whitaker/words.htm) のような便利なソフトウェアもあるの

で、全部を完璧に記憶して置かねばならない訳でもない。

　ポルトガル語とスペイン語はよく似ていて、片方を心得ていれば、もう一方の学習はスムーズである（似過ぎていて混乱することもあり Iberian contamination と言われる）。スペイン語の入門書の方が遥かに多いので、まずスペイン語に親しみ、次いでポルトガル語に進むのも一案である。但し、スペイン語の強引な類推でポルトガル語を話すのは、portonhol と言って嫌われる。

> ＊**文献学**：哲学・史学・文学の共通課題に文献の正しい解釈がある。文献に記録された情報の信頼性は歴史的研究の基盤で、文献学（Philology）は文献の成立過程を明らかにし、本文を正しく解釈するための知識を提供するものである。鎌倉時代初期の定家本だと考えた本文が江戸時代の冷泉家の写本だったとしたら、また、7世紀の敦煌文献だと考えた本文が20世紀の偽写本だったとしたら、それに基づく歴史的研究は信頼できるだろうか。言語学は当初、そうした間違いが起こらないようにするための共通知識としての文献学を意味したが、次第に文献に記録された言語そのものを対象とする学問として独立し、歴史言語学（Historical Linguistics）という研究分野を確立した。しかし Philology が歴史言語学の意味でも用いられるように、文献学は依然として歴史言語学（日本語史）の重要な研究課題であり続けている。

2. 16世紀の特有事情

　イベリア半島の言語では、「中世」は15世紀以前であって、16世紀の言語は、もはや近代語に近い。現代ポルトガル語・スペイン語の理解があれば、語源辞書類（後述）の扶けがあれば、さほど難渋しない。これは言語があまり変化していないという意味ではなく、16世紀以降の書物が現代語の基盤となっているからである。

　但し、綴りが違う。何しろ、キリシタンの時代は、特にポルトガルでは、正書法書が何種類も出版され、様々な提案がなされる時代である。スペインにおいても、Nebrija (1517) を嚆矢として、1713年の王立アカデミー創設によって国家規範としての正書法に落ち着くまで、枚挙に暇なく出版されている。言い換えれば、統一された正書法が無い。

　例えば、ポルトガル語の基本の動詞 ser（be）・haver（have）も、直説法現在一人称複数は、現代正書法ではそれぞれ são、hão であるが、この時代は sam、ham と書かれるのが珍しくない。ser の é は he が普通で、これは接続詞の e と混じないように現代の e-mail でも he と書く人がいる程だが、冠詞の um、uma も hum、hūa の方が普通である。

　弱勢（átono）の e/i、o/u は、ほぼ自由に交替するので、*menina/minina*、*suceder/soceder*、*guardar/goardar* 等は、『日葡辞書』にも両形併存している。但し、coração/coraçam, geração/geraçam のような ão/am 交替は、**ロドリゲス**『大文典』では、前半94丁以前 ão/ 後半95丁以降 am（丸山1984）、『日葡辞書』では本篇が ão 専用、補遺が両者混用（豊島2021）と、綴り字規範が製版時に決されていることが分かる。 ＊p.56

　je/ge、ça/sa の音韻弁別が失われたことを反映して、これらの綴りも自由に交替しており、*sujeitar/sugeitar*、*alcançar/alcansar* も、『日葡辞書』に両形併存する。因みに、ça/sa の弁別は、20世紀前半までポルトガル北部では維持されており、北部**セルナンセーリェ**出身のロドリゲス自筆本でも、全く混ずることが無い。これは『日本大文典』の記述にも影響しており、57r の na pronunciação Iapoa não ha propriamente a letra, S, simples como no latim & no portugues, ... mas tem mas propriamente a letra, ç, portuguesa, & castelhana, ...（日本語には、ラテン語・ポルトガル語の如き単純な S は無く、寧ろポルトガル語・スペイン語の ç であって）という記述は、この区別を保持 ＊p.56

していたロドリゲスの個人方言に遡らなければ、理解できない。これに限らず、ロドリゲスの著作は、彼の個人方言（豊島 2009）が無視できず、現代リスボン方言を一律に援用しての解釈には限界がある。これを含むポルトガル語の音韻史では Teyssier (1982) が必見で、その仏語版の影響が強い池上岑夫（1984）も参考になる。丸山徹（2020）は、キリシタン時代のポルトガル語に関する最高の参考文献である。

　遡って、Nebrija (1492) などの incunabula 時代の版本となると、写本の再現のためか、（同じことかも知れないが）紙数の節約のためか、極めて多くの縮約形 abreviatura が用いられる。q̃ (que)、spē (speciem)、nr̄i (nostri) のような tilde を用いるもの、p（位置によって par/per/por など）と ꝑ (pro 専用）のように、見た目はよく似るが使い分けのあるもの、⁹ (us) のように単数主格・複数奪格語尾 (Do⁹ : Dominus、oı̄b⁹: omnibus) の機能を示すもの等、特殊記号も豊富にあり、それぞれ当該文献での用法を整理した上でなければ、正しく翻刻できない。文字の同定にはまず用例調査が必要であって、逆ではない。Maruyama (2001) が参考になる。詳しくは、abreviatura 集成を参照し、更には paleography の専門書を参考にせねばならない時もある。代表的な abreviatura 集成は、Cappelli,R（1929, 1979 復刻）、Pelzer (1966)、Terrero (1983)。

3. 古語辞典・語源辞典類

　上述のように、イベリア半島の 16 世紀の言語は、もはや近代語に近いが、それでも、現代語では理解できない語は多い。

　ロドリゲス『日本大文典』1r に como quando dizemos (quanto a foão &c.) とあるが、この foão は、そのままでは、現代語辞書に見えない。ser や ir の活用形か、または s と f の誤植で soão（鳴る）か、等と見誤り易いが、José Pedro Machado (1952) の語源辞典によれば fulano（某）の古形であり、quanto a foão は、「誰それは」である。（『日本大文典』が掲げる日本語例も、コノ人ハ、ソレガシハ、コレハ）。上述の o/u 交替から、foão → fuão と探せば、「古形」として掲載している現代語辞書もあろう。

　ポルトガル語の語源辞典・古語辞典には、José Pedro Machado (1952)、Cunha (1982)、José Barbosa Machado (2015-2019) 等があり、また、同時代の Camões (1572) の総索引 (Cunha, 1980) も、役に立つ。

　スペイン語の語源辞典・古語辞典では、Coromines（1954, 2010 復刻）が権威だが、少しく大部に過ぎるので、その簡易版 Coromines (1961) が便利で、また Alonso (1986) も参照に値する。

　中世ラテン語・教会ラテン語は、Blaise (1986) が詳しいが、Niermeyer（2002 新版）、Arnaldi (2001) も参照に値する。Sleumer（1926, 1990 復刻）は、教会関係に詳しく有益である。

　15-19 世紀の、イベリア半島で出たラテン語辞書である Nebrija (1492)、Cardoso(1562, 1569)、Barbosa (1611)、Pereyra (1634, 1647)、Bluteau (1712-1728)、18 世紀までのスペイン語・ポルトガル語辞書（例えば Moraes Silva, 1789）なども、問題に応じて、必ず参看すべきである。Pereyra は、キリシタンの辞書と直接の関連があることが、近時明らかになった。

　なお、『ぎやどぺかどる』『ひですの経』などの原著者**ルイス・デ・グラナダ**、『スピリツアル修行』第 1 部の原著者ガスパル・ロアルテ、『サントスの御作業』の原典の 1 つと目されるアロンソ・デ・ビジェガスなどを読む場合は、Real Academia de la Historia (1726-1739) 全 6 巻が有用である。本辞書は今日 23 版を数えるスペイン王立アカデミー辞書『Diccionario de la Lengua Española』全 1 巻の源泉であり、13 世紀のカスティーリャ法典（フエロ・フスゴ Fuero Juzgo）にはじまる多様な

文献から編纂された辞書であり用例集である。グラナダはいうまでもなく、アビラの聖テレサ、ルイス・デ・レオン、ペドロ・デ・リバデネイラなど当時の宗教文学の用例も豊富で、当時の常套句や言い回しを知ることができる、スペイン黄金世紀文学研究者の必携書でもある。現代スペイン語・現代ポルトガル語・古典期ラテン語の辞書は、それぞれの教科書に推薦があるであろう。

4. 参考とすべき文献

a) 古辞書

Nebrija, Antonio (1492) *Dictionarium ex hispaniensi in latinum sermonem* (BNE)

Nebrija, Antonio (1517) *Reglas de orthografia en la lengua castellana* (BNE)

Cardoso, Jeronimo (1562) *Dictionarium ex lusitanico in latinum sermonem* (BNP)

Cardoso, Jeronimo (1569) *Dictionarium latino lusitanicum & vice versa lusitanico latinum* (BNP)

Barbosa, Agostinho (1611) *Dictionarium lusitanico latinum* (BNP)

Pereyra, Bento (1634) *Prosodia da língoa portuguesa*

Pereyra, Bento (1647) *Tesouro da língoa portuguesa* (BNP)

Bluteau, Raphael (1712-1728) *Vocabulario portuguez e latino* (BNP)

Real Academia de la Historia (1726-1739) *Diccionario de Autoridades* (BNE)

Moraes Silva, António de (1789) *Diccionário da língua portugueza* (BNP)

BNE は、スペイン国立図書館 https://bne.es/ から、

BNP は、ポルトガル国立図書館 https://bndigital.bnportugal.gov.pt/ から、画像が得られる。

b) 現代

Alonso, Martin (1986) *Diccionario medieval español* (Universidad pontificia de Salamanca)

Arnaldi, Francisco（2001 合綴版）*Latinitatis italicae medii aevi lexicon* (Sismel, Firenze)

Blaise, Albert (1986) *Dictionnaire latin-français des auteurs du moyen-age* (Brepols, Turnhout)

Cappelli, R（1929, 1979 復刻）*Dizionario di abbreviature latine ed italiane* (Hoepli, Milano)

Coromines, Joan（1954, 2010 復刻）*Diccionario crítico etimológico de la lengua castellana* (Gredos, Madrid)

Coromines, Joan (1961) *Breve diccionario etimológico de la lengua castellana* (Gredos, Madrid)

Cunha, Antônio Geraldo da (1980) *Índice analítico do Vocabulário de Os Lusíadas* (Presença, Rio de Janeiro)

Cunha, Antônio Geraldo da (1982, 4ed 2010) *Dicionário etimológico da língua portuguesa* (Lexikon, Rio de Janeiro)

Machado, José Barbosa (2015-2019) *Dicionário dos primeiros livros impressos em língua portuguesa* (Edições Vercial, Braga)

Machado, José Pedro (1952) *Dicionário da língua portuguesa* (Horizonte, Lisboa)

Niermeyer, J.F. (2002) *Mediae latinitatis lexicon minus* (Brill, Leiden)（1984 年初版の 1 巻本を 2 巻本に大幅増補したもの）

Pelzer, Auguste (1966) *Abréviations latines médiévales* (Publications universitaires, Louvain)

Sleumer, Albert (1926, 1990 復刻) *Kirchenlateinisches Wörterbuch* (Olms, Hildesheim)

Terrero, Angel Riesco (1983) *Diccionario de abreviaturas hispanas de los siglos XIII al XVIII* (Varona, Salamanca)

Teyssier, Paul (1976) *Manuel de langue portugaise : Portugal - Brésil* (Klincksieck, Paris)

Teyssier, Paul (1980) *Histoire de la langue portuguesa* (Que sais-je, PUF)

Teyssier, Paul (1982) *História da língua portuguesa* (Sá da Costa, Lisboa) Teyssier (1980) の翻訳・改訂版。

Vázquez Cuesta, Pilar (1980) *Gramática da língua portuguesa* (Edições 70, Coimbra, 1971 スペイン語版のポ訳)

池上岑夫 (1984)『ポルトガル語とガリシア語』大学書林

丸山徹 (2020)『キリシタン世紀の言語学 —大航海時代の語学書—』八木書店

Maruyama, Tôru (2001) Keyword-in-context index of the *Grammatica da linguagem portuguesa* (1536) by Fernão de Oliveyra（科学研究費報告書）

引用文献

豊島正之 (2009)「通事ロドリゲスの故郷セルナンセーリェを訪ねて―通事自身の言語を探る―」『日本近代語研究』5、ひつじ書房、pp. 277-292

豊島正之 (2021)「キリシタン版「ラポ日対訳辞書」のポルトガル語綴り字規範に就て」『上智大学国文学科紀要』38、pp. 左 1-9

丸山徹 (1984)「ロドリゲス日本文典におけるポルトガル語正書法―/āw/ の表記について―」『南山国文論集』9、pp. 1-9（丸山徹 2020『キリシタン世紀の言語学―大航海時代の語学書―』八木書店）

【豊島正之・折井善果】

仮名・ローマ字綴り対照表

1　この表は、現代語の発音に基づき、イエズス会のキリシタン版（印刷された辞書・宗教書・文学書）で表記された日本語を求める際に利用されるべき表である。

2　カタカナで現代語の音を示し、それに対応するローマ字綴りを後続させる。同じ行に2つ以上並記されるものは、同音の異表記である。また（　）で囲う表記は、主要でない書き方を示す。

3　1つのカタカナ表記に、別音となる複数のローマ字綴りが対応する場合は、上下に重ねて示し、ローマ字綴りの左にひらがな表記を付し区別をつける。このひらがな表記は歴史的かなづかいによる。

4　大文字で注意が必要なものに限り、大文字の表記も挙げておく。

5　ウ段の長音箇所に û, ù が用いられることもあるが、本表からは除いた。

6　ロドリゲス『日本大文典』『日本小文典』および「バレト写本」のような写本類では異なる表記も用いられる。また、ドミニコ会資料ではヤ行は「ia・iu・io」で記される。

短音節

ア a	イ I, i, j, y	ウ V, v, u	エ ye	オ Vo, vo, uo
カ ca	キ qi, qui	ク cu, qu	ケ qe, que	コ co
ガ ga	ギ gui	グ gu	ゲ gue	ゴ go
サ sa	シ xi	ス su	セ xe	ソ so
ザ za	ジ [じ Ii, ji / ぢ gi]	ズ [ず zu / づ zzu]	ゼ Ie, je	ゾ zo
タ ta	チ chi	ツ tçu	テ te	ト to
ダ da			デ de	ド do
ナ na	ニ ni	ヌ nu	ネ ne	ノ no
ハ fa	ヒ fi	フ fu	ヘ fe	ホ fo
バ ba	ビ bi	ブ bu	ベ be	ボ bo
パ pa	ピ pi	プ pu	ペ pe	ポ po
マ ma	ミ mi	ム mu	メ me	モ mo
ヤ ya		ユ yu		ヨ yo
ラ ra	リ ri	ル ru	レ re	ロ ro
ワ Va, va, ua				

拗音短音節

キャ qia		キョ qio, (qeo)	
ギャ guia		ギョ guio	
シャ xa	シュ xu	ショ xo	
ジャ [じゃ Ia, ja / ぢゃ gia]	ジュ Iu, ju	ジョ [-じょ Io, jo / -ぢょ gio]	
チャ cha		チョ cho	
ヂャ gia		ヂョ gio	
ニャ nha		ニョ nho	
ヒャ fia		ヒョ fio	
ビャ bia			
ピャ pia			
ミャ mia, mea			
リャ ria, rea		リョ rio, (reo)	
クヮ qua			
グヮ gua			

*f は s の異体字として用いられる。

長音節

	オゥ	あう	Vŏ, vŏ, uŏ
		おう	Vô, vô, uô
クゥ cŭ	コゥ	かう	cŏ
		こう	cô
		くわう	quŏ
グゥ gŭ	ゴゥ	がう	gŏ
		ごう	gô
スゥ sŭ	ソゥ	さう	sŏ
		そう	sô
ズゥ づう zzŭ	ゾゥ	ざう	zŏ
		ぞう	zô
ツゥ tçŭ	トゥ	たう	tŏ
		とう	tô
	ドゥ	だう	dŏ
		どう	dô
ヌゥ nŭ	ノゥ	なう	nŏ
		のう	nô
フゥ fŭ	ホゥ	はう	fŏ
		ほう	fô
	ボゥ	ばう	bŏ
		ぼう	bô
プゥ pŭ	ポゥ	ぱう	pŏ
		ぽう	pô
ムゥ mŭ	モゥ	まう	mŏ
		もう	mô
ユゥ yŭ	ヨゥ	やう	yŏ
		よう	yô
ルゥ rŭ	ロゥ	らう	rŏ
		ろう	rô

拗音長音節

キュゥ qiŭ	キョゥ	きやう	qiŏ, (qeŏ)
		けう	qeô, (qiô)
ギュゥ guiŭ	ギョゥ	ぎやう	guiŏ, (gueŏ)
		げう	guiô, (gueô)
シュゥ xŭ, xiŭ	ショゥ	しやう	xŏ
		せう	xô
ジュゥ じう Iŭ, jŭ	ジョゥ	じやう	Iŏ, jŏ
ぢう giŭ		ぜう	Iô, jô
		ぢやう	giŏ
		でう	giô
チュゥ chŭ	チョゥ	ちやう	chŏ
		てう	chô, (teô)
ニュゥ nhŭ, niŭ	ニョゥ		nhô, (neô)
ヒュゥ fiŭ	ヒョゥ	ひやう	fiŏ, (feŏ)
		へう	feô, fiô
ビュゥ biŭ	ビョゥ	びやう	biŏ, (beŏ)
		べう	beô, biô
	ピョゥ	ぴやう	piŏ
		ぺう	peô, piô
	ミョゥ	みやう	miŏ, (meŏ)
		めう	meô, (miô)
リュゥ riŭ	リョゥ	りやう	riŏ, (reŏ)
		れう	reô, (riô)

ン　n, m, ~ （例　ã, õ）
ッ　ッ （入声語尾　促音） -t
　　 っ （促音） -cc- -cq- -pp- -ss- -tt- -xx-

【千葉軒士・山田昇平】

147

仮名字体一覧

キリシタン版国字本には前期本（『どちりいなきりしたん』『ばうちずもの授けやう』の2本）と後期本（『さ
るばとるむんぢ』『ぎやどぺかどる』他）があり、本書「**4. 印刷技術**」にも紹介したように使用する活
字が全く異なる。活字水準では後期本が多くの字形を持つが字体水準では出入りがあり、単独活
字として前期本にあった「具」「介」「沙」などの字体が後期本の単独活字には見られないが、連
綿活字には現れているので比較する際には注意する必要がある。

　主要な国字本の翻刻本文は公開されているので変体仮名を含む本文の読解に大きな支障はない
が、表記論として字母を識別して研究するために独力での読解が求められるのは、キリシタン版
に限った話ではない。しかしキリシタン版は活字印刷本であり、量産された金属活字の形状は字
母毎に原則として同じであるから、慣れてしまえば読解の難しさは激減する。ここでは演習レ
ポートで翻刻本文を作成するために独力で国字本を読むことを前提として仮名字体一覧を掲載し
たが、

1. 同一母型から量産される金属活字のため同じ形状の字母が繰り返される
2. 連綿表記にみられる字母の組み合わせの種類が限られている
3. 清音仮名と濁音仮名は同じ形状であり濁音仮名には原則として濁点が付く

などの特徴があるため、初心者の変体仮名読解の教材としてキリシタン版国字本を活用するとい
う考え方もある。見慣れた日本の古典文学を原文で読む楽しみも捨てがたいが、Js（ゼズス）やあ
にま（魂）などの見慣れない言葉が含まれたエキゾチズム溢れるテキストの読解には、それとは
違った面白さもあるだろう。キリシタン版独特の記号は初めて読む際に戸惑うが、後期本に次の
例がある。

　　　　Deus（ds）デウス　　　　　　　　　　　　　　Jesus（Js）ゼズス
　　　　Jesus Christo（Jx）ゼズキリシト　　　　　　　Christo（X°）キリシト

図　国字本にみられるキリスト教関連の記号

　仮名字体表では濁音仮名・連綿表記は省略した。連綿表記に現れる仮名字母は原則として仮名
字体表の字母を用いるので、推測は比較的容易だろう。くずし字読解のツールとしては児玉（1993a·
b）が定番だが、初心者にはそもそも辞書を使いこなすことすら難しいので、変体仮名を中心と
する例題を含む安価な教科書を購入するのもよい。くずし字を本格的に読めるようにするために
は知識と経験の蓄積が重要なことは全く否定しないが、スマートフォンでも利用可能なくずし字
学習支援アプリ KuLA（大阪大学）やくずし字読解支援オンラインサイト「みんなで翻刻」（国立歴
史民俗博物館他）があり、共同作業による翻刻本文の作成や AI を用いたくずし字の解読システム
も稼働を始めている。若い世代には、こうした学習への抵抗感は無いだろう。徒弟制の職人芸だ
けに頼らない効率的な学習のためにも、大学の講義や演習で積極的に取り上げたい。

参考文献

児玉幸多（1993a）『くずし字解読辞典　普及版』東京堂出版

児玉幸多（1993b）『くずし字用例辞典　普及版』東京堂出版

参考サイト（アプリケーション）

くずし字学習支援アプリ「KuLA」　大阪大学

KuroNet くずし字認識サービス　人文学オープンデータ共同利用センター

みんなで翻刻　国立歴史民俗博物館・東京大学地震研究所・京都大学古地震研究会

仮名字体表

仮名	字母	前期本	後期本
あ	亜		
	阿		
い	以		
う	宇		
え	衣		
お	於		
か	加		
	可		
き	幾		
く	久		
	具		

仮名	字母	前期本	後期本
け	計		
	介		
こ	己		
	古		
さ	左		
	沙		
し	之		
	志		
す	寸		
	春		
せ	世		
そ	曽		
た	太		
	多		
	堂		

仮名	字母	前期本	後期本
ち	知		
つ	川		
	徒		
て	天		
と	止		
な	奈		
に	仁		
	尓		

仮名	字母	前期本	後期本
ぬ	奴		
ね	祢		
の	乃		
	能		
は	波		
	者		
	八		
	盤		
ひ	比		
ふ	不		
	婦		
へ	部		
	遍		
ほ	保		
	本		

仮名	字母	前期本	後期本
ま	末		
	満		
み	美		
	三		
む	武		
め	女		
も	毛		
や	也		
	屋		
ゆ	由		
よ	与		
ら	良		
り	利		
	里		

仮名	字母	前期本	後期本
る	留		
	累		
	流		
	類		
れ	礼		
	連		
ろ	呂		
わ	和		
	王		
ゐ	為		
ゑ	恵		
を	遠		
	越		
ん	无		

【白井　純】

索　引

一．本書の用語を書名・言語・人名・地名・一般に分類した。

一．章節で主要テーマとして扱っている語句は，ページ数ではなく，章節を太字で表示した。

例）日葡辞書　**6.1.**

一．用語説明をした語句は，ページ数を太字で表示した。

2. 言　語

3. 人　名

一．ミドルネームを省略し，仮名書き50音順とした。

4. 地　名

一．キリシタン版以外の刊行地，キリシタン版の現在
　所蔵機関を表す地名は除いた。

5. 一　　般

図版出典一覧

一，**図書館名**はアルファベット順とした。

一，請求番号，資料内での所在［本書の掲載ページ，図版番号］で示した。

Acervo da Fundação Biblioteca Nacional- Brasil（ブラジル国立図書館）

205,002,022　titlepage [frontispiece.3 Frontispiece ⑥ , p.42 Figure.1]　1r [p.42 Figure.2]　12v [p.44 Figure.4]　30v [p.44 Figure.3]　63v [p.45 Figure.5]　164r [p.46 Figure.8]　206v [p.45 Figure.7]

Archivum Romanum Societatis Iesu（イエズス会ローマ文書館）
©Archivum Romanum Societatis Iesu

Jap.Sin.I-201　titlepage [p.48 Figure.1]　本 篇 1r [p.48 Figure.2]　本 篇 7r, 27r, 55r, 58r [p.53 Figure.8]　色葉字集 1r [p.48 Figure.3]　色葉字集 1v, 9r, 11v [p.53 Figure.8]　小玉篇 1r [p.48 Figure.4]　小玉篇 7v [p.52 Figure.6]　小玉篇 5r, 13v, 15v, 17r [p.52 Figure.7]　小玉篇 13v, 15r [p.45 Figure.6]　小玉篇 5v, 9r, 11v, 12r, 14v, 16v, 17r [p.53 Figure.8]

Bayerische Staatsbibliothek（バイエルン州立図書館）

Cod. Jap. 5　titlepage [p.112 Figure.1]　vol.1 2r [p.112 Figure.2]

Biblioteca da Ajuda（アジュダ文庫）

50/XI/3　titlepage [p.63 Figure.6]　1r [p.63 Figure.7]

Biblioteca Angelica（アンジェリカ図書館）

Fondo Leg. D 74　[frontispiece.1 Frontispiece ①]

n.13.61*　p.141 [p.70 Figure.5]　p.572 [p.70 Figure.6]　p.724 [p.71 Figure.8]　p.858 [p.71 Figure.7]　p.1189 [p.69 Figure.4]

Biblioteca Apostolica Vaticana（バチカン図書館）

Barb.Orient. 153-A (2)　1r [p.33 Figure.10-left]

Reg.Lat.459　1r [p.117 Figure.2]　p.2 [p.117 Figure.1]　168v [p.99 Figure.8]　pieces [pp.148-150]

Biblioteca Casanatense（カサナテンセ図書館）
By permission of the Casanatense Library, Rome, MiC

L/VII/39/CCC　titlepage [frontispiece.1 Frontispiece ② , p.105 Figure.1]　49r-54r [p.29

Figure.3]　8v [p.30 Figure.5]　1v [p.33 Figure.10-right, p.109 Figure.3-left, p.110 Table]　2r [p.110 Table]　3r [p.105 Figure.2, p.110 Table]　3v [p.109 Figure.3-right, Fighre.4-right]　6r [p.110 Table]　8r [p.110 Table]　40v [p.109 Figure.4-left]　pieces [p.148–150]

Bibliothèque nationale de France （フランス国立図書館）

JAPONAIS 312 / 1517 F III　vol.2. titlepage [frontispiece.4 Frontispiece ⑧]

Biblioteca Pública de Évora （エヴォラ図書館）

Reservado 63　titlepage [p.73 Figure.1]　3v [p.73 Figure.2]　39v [p.75 Figure.3]

Bodleian Libraries （ボードレー図書館）

Arch. B d. 13　1v [p.33 Figure.9-2]

Arch. B d. 14　titlepage [p.32 Fighre.8-right, p.57 Figure.1]　1r [p.57 Figure.2]　105r [p.58 Figure.3]　174r [p.61 Figure.4, p.61 Figure.5]

Arch. B e. 41　titlepage [p.67 Figure.1]　p.1 [p.67 Figure.2, p.68 Figure.3]　p.236 [p.33 Figure.9-1]

Arch. B f. 69　vol.1 titlepage [p.32 Figure.8-left, p.95 Figure.1]　vol.1. p.1 [p.95 Figure.2]　vol.1 p.12 [p.98 Figure.7]　vol.1 p.302 [p.96 Figure.5]　vol.2. titlepage [p.95 Figure.3]　vol.2. p.3 [p.95 Figure.4]　vol.2 p.353 [p.96 Figure.6, p.101 Figure.9]

British Library （大英図書館）

Or 59.aa.1　titlepage [p.87 Figure.1]　p.3 [p.87 Figure.2]　p.4 [p.89 Figure.3]　p.206 [p.31 Figure.7-1, p.104 Figure.1]　p.207 [p.31 Figure.7-2, p.104 Figure.2]　p.337 [frontispiece.5 Frontispiece ⑨]

Herzog August Bibliothek （ヘルツォーク・アウグスト図書館）

Cod. Guelf. 7.5 Aug. 4° 386v [frontispiece.3 Frontispiece ⑤]

Bd 462:1b　frontispiece [p.29 Figure.2]　p.106 annex [p.34 Figure.11]

Houghton Library, Harvard University （ハーバード大学ホートン図書館）

Typ 684. 11 435.　58r [p.34 Figure.12]

Real Biblioteca del Monasterio de San Lorenzo de El Escorial （エル・エスコリアル図書館）

75-VI-20　71r [p.21 Figure]

Sophia University Kirishitan Bunko Library （上智大学キリシタン文庫）

KB211:42　titlepage [p.79 Figure.1]　p.6 [p.79 Figure.2]　p.33 [p.81 Figure.3]　titlepage [p.85 Figure.4]

Tenri Central Library（天理図書館）

191- イ 19　9v,20v [p31 Figure.6]

Universitaire Bibliotheken Leiden（ライデン大学図書館）

OOSHSSKLUIS 21521 D　1r [front cover]

SER36　色葉字集 19v [back cover]　百官 2v-3r [frontispiece.2 Frontispiece ④]

SER614　titlepage [frontispiece.2 Frontispiece ③]

Utrecht University Library（ユトレヒト大学図書館）

V oct 852 (Rariora)　fragment [frontispiece.4 Frontispiece ⑦]

川口敦子　撮影

[frontispiece.6 Frontispiece ⑫]

白井純　撮影

[frontispiece.5 Frontispiece ⑩]　[frontispiece.6 Frontispiece ⑪]　[frontispiece.7 Frontispiece ⑬ , Frontispiece ⑭]

Gaskell, Philip (1972)　*A new Introduction to Bibliography*, Winchester, UK : St. Paul's Bibliographies; New Castle, Del.: Oak Knoll Press; New York: Distributed in the USA by Lyons & Burford, p.11 Fig.2 [p.28 Figure.1]

本書は、次の助成を受けた研究成果の一部です。

科学研究費補助金
17K01179, 17H02341, 17H02392, 18K00608, 19K00626, 19K00643, 20H01267, 20H05721, 20K00107, 21K00612, 21K13017, 21H00517, 21J11144, 23320093

上智大学学術研究特別推進費重点領域研究（2014 〜 2016 年度）「キリシタン文献類に基づく能楽及び近世初期日本芸能史の研究」、（2019 〜 2020 年度）「キリシタン版文字論の集大成」

公益財団法人平和中島財団 2019 年度国際学術共同研究助成「新出キリシタン文献に関する緊急国際共同調査」

公益財団法人松下幸之助記念志財団 2020 年度研究助成「キリシタン版文法書の典拠となった、イベリア半島文典類の原典的研究」（助成番号：20-G20）

執筆者紹介

【編者】
岸 本 恵 実（きしもと えみ）
白 井　　純（しらい じゅん）

岩 澤　　克（いわさわ かつみ）　青山学院高等部非常勤講師。日本語音韻史。〔主な著作〕「図書寮本『類聚名義抄』における和訓—引用方法とアクセント注記について—」『訓点語と訓点資料』134、2015 年、pp. 23-38 ／「コリャード『羅西日辞書』続篇の成立過程とその出典について」『上智大学国文学論集』50、2017 年、pp. 160-146 ／「ドミニコ会文献のアクセント注記と母音単独音節 "o" の存在について」『日本近代語研究』6、2017 年、pp. 横 271-290

岡　美穂子（おか みほこ）　東京大学大学院情報学環准教授（史料編纂所兼任）。海域アジア史、日本キリシタン史。〔主な著作〕『商人と宣教師—南蛮貿易の世界—』東京大学出版会、2010 年／ *A Maritime History of East Asia*, APP & Kyoto University Press (co-edition with Masashi Haneda), 2019／*The Namban Trade: merchants and missionaries*, Brill, 2021

折 井 善 果（おりい よしみ）　慶應義塾大学法学部教授。スペイン文献学、思想史。〔主な著作〕The Dispersion of Jesuit Books Printed in Japan: Trends in Bibliographical Research and in Intellectual History. *Journal of Jesuit Studies* (Brill) 2 (2) pp.189–207, 2015／*Cruces y Áncoras: La Influencia de Japón y España en un Siglo de Oro Global*. Madrid: ABADA Editores (co-edition with María Jesús Zamora Calvo), 2020 ／「「奇跡」と適応—イエズス会宣教師による「理性」概念の形成と日本—」（齋藤晃編『宣教と適応—グローバル・ミッションの近世—』名古屋大学出版会、2020 年）

川 口 敦 子（かわぐち あつこ）　三重大学人文学部教授。キリシタン手稿類を中心とする表記・音韻の研究。〔主な著作〕「バレト写本の「四つがな」表記から」『国語学』51-3、2000 年、pp.1-15 ／『『日葡辞書提要』索引』清文堂出版、2012 年／「キリシタン手稿類のヅ表記とその周辺」『国語国文』84-4、2015 年、pp.115-129

黒 川 茉 莉（くろかわ まり）　上智大学大学院文学研究科国文学専攻博士後期課程、日本学術振興会特別研究員 DC2。キリシタン時代の語学書の研究。〔主な著作〕「ロドリゲス『日本大文典』の品詞 particula と artigo に就いて」『訓点語と訓点資料』145、2020 年、pp. 81-63 ／「イエズス会日本語文法の「格」の由来」『上智大学国文学論集』54、2021 年、pp. 122-104

千 葉 軒 士（ちば たかし）　中部大学現代教育学部講師。日本語史。〔主な著作〕「キリシタン・ローマ字文献の撥音表記について」『訓点語と訓点資料』131、2013 年、pp. 98-87

豊 島 正 之（とよしま まさゆき）　上智大学文学部教授。キリシタン文献の文献学的研究、宣教に伴う言語学。〔主な著作〕『キリシタンと出版』八木書店、2013 年／「キリシタン文献の典拠問題」『国語と国文学』96-5、2019 年、pp.74-87

中 野　　遙（なかの はるか）　上智大学グローバル教育センター特任助教（実践女子大学非常勤講師）。『日葡辞書』を中心としたキリシタン版学辞書の構造・注釈の研究。〔主な著作〕『リオ・デ・ジャネイロ国立図書館蔵 日葡辞書』2020 年、八木書店（解説担当）／『キリシタン版 日葡辞書の解明』2021 年、八木書店

平 岡 隆 二（ひらおか りゅうじ）　京都大学人文科学研究所准教授。科学史、東西交流史。〔主な著作〕『南蛮系宇宙論の原典的研究』花書院、2013 年／「ジュネーブ天儀—17 世紀日本の天文模型—」『洋学』26（クリストファー カレンとの共著）、2019 年、pp. 49-78

丸 山　　徹（まるやま とおる）　南山大学名誉教授。言語学。〔主な著作〕『キリシタン世紀の言語学—大航海時代の語学書—』2020 年、八木書店

山 田 昇 平（やまだ しょうへい）　奈良大学講師。日本語音韻史・キリシタン語学。〔主な著作〕「「言便」名義考」『日本語の研究』10-4、2014 年、pp. 33-47 ／「コリャードが用いる子音字 ʼvʼ のない ʼoʼ ʼöʼ は何をあらわすか—キリシタンのローマ字表記に対する解釈をめぐって—」『語文』（大阪大学国語国文学会）111、2018 年、pp. 左 1-16 ／「キリシタン・ローマ字文献を中心にみた t 入声」『訓点語と訓点資料』147、2021 年、pp. 1-17

【編者】

岸 本 恵 実（きしもと えみ）
　　大阪大学大学院文学研究科准教授。キリシタン語学、特に辞書編纂の研究。
〔主な著作〕『ヴァチカン図書館蔵 葡日辞書』解説（京都大学文学部国語学国文
　学研究室編）1999 年、臨川書店／『フランス学士院本 羅葡日対訳辞書』2017 年、
　清文堂出版

白 井　　純（しらい じゅん）
　　広島大学大学院人間社会科学研究科准教授。キリシタン語学、特に表記論
　の研究。
〔主な著作〕『ひですの経』（折井善果・豊島正之と共著）2011 年、八木書店／『リ
　オ・デ・ジャネイロ国立図書館蔵 日葡辞書』（エリザ・タシロと共編）2020 年、
　八木書店

キリシタン語学入門

2022 年 3 月 25 日　　初版第一刷発行　　　　　定価（本体 2,500 円＋税）

編者　岸　本　恵　実
　　　　　　白　井　　　純
発 行 所　株式
　　　　　会社　八 木 書 店 出 版 部
　　　　　　代表 八　木　乾　二
　　　　〒 101-0052 東京都千代田区神田小川町 3-8
　　　　電話 03-3291-2969（編集）-6300（FAX）

発 売 元　株式
　　　　　会社　八　木　書　店
　　　　〒 101-0052 東京都千代田区神田小川町 3-8
　　　　電話 03-3291-2961（営業）-6300（FAX）
　　　　https://catalogue.books-yagi.co.jp/
　　　　E-mail pub@books-yagi.co.jp

印刷　上 毛 印 刷
製本　牧製本印刷

ISBN978-4-8406-2245-5